厚大法考
Judicial Examination

2023年国家法律职业资格考试

主观题

带写带练·真题集萃·进阶案例

刑 法

沙盘推演

Criminal Law

陈 橙 ◎ 编著

厚大出品

中国政法大学出版社

读不在三更五鼓　功只怕一曝十寒

2023厚大在线学习群专享

01 法考讯息速递
节点提醒，考情分析，关键信息整合

02 备考策略分享
备考方法，科目攻略，复习方案规划

03 专属内部资料
思维导图，阶段讲义，每日干货分享

04 专场直播分享
热点评析，干货讲座，资料直播解读

05 好课即速获取
超值课程，专属优惠，尽揽一手信息

扫码回复"学习群"
即可加入

代总序
做法治之光
——致亲爱的考生朋友

如果问哪个群体会真正认真地学习法律，我想答案可能是备战法考的考生。

当厚大的老总力邀我们全力投入法考的培训事业，他最打动我们的一句话就是：这是一个远比象牙塔更大的舞台，我们可以向那些真正愿意去学习法律的同学普及法治的观念。

应试化的法律教育当然要帮助同学们以最便捷的方式通过法考，但它同时也可以承载法治信念的传承。

一直以来，人们习惯将应试化教育和大学教育对立开来，认为前者不登大雅之堂，充满填鸭与铜臭。然而，没有应试的导向，很少有人能够真正自律到系统地学习法律。在许多大学校园，田园牧歌式的自由放任也许能够培养出少数的精英，但不少学生却是在游戏、逃课、昏睡中浪费生命。人类所有的成就靠的其实都是艰辛的训练；法治建设所需的人才必须接受应试的锤炼。

应试化教育并不希望培养出类拔萃的精英，我们只希望为法治建设输送合格的人才，提升所有愿意学习法律的同学整体性的法律知识水平，培育真正的法治情怀。

厚大教育在全行业中率先推出了免费视频的教育模式，让优质的教育从此可以遍及每一个有网络的地方，经济问题不会再成为学生享受这些教育资源的壁垒。

最好的东西其实都是免费的，阳光、空气、无私的爱，越是弥足珍贵，越是免费的。我们希望厚大的免费课堂能够提供最优质的法律教育，一如阳光遍洒四方，带给每一位同学以法律的温暖。

没有哪一种职业资格考试像法考一样，科目之多、强度之大令人咂舌，这也是为什么通过法律职业资格考试是每一个法律人的梦想。

法考之路，并不好走。有沮丧、有压力、有疲倦，但愿你能坚持。

坚持就是胜利，法律职业资格考试如此，法治道路更是如此。

当你成为法官、检察官、律师或者其他法律工作者，你一定会面对更多的挑战、更多的压力，但是我们请你持守当初的梦想，永远不要放弃。

人生短暂，不过区区三万多天。我们每天都在走向人生的终点，对于每个人而言，我们最宝贵的财富就是时间。

感谢所有参加法考的朋友，感谢你愿意用你宝贵的时间去助力中国的法治建设。

我们都在借来的时间中生活。无论你是基于何种目的参加法考，你都被一只无形的大手抛进了法治的熔炉，要成为中国法治建设的血液，要让这个国家在法治中走向复兴。

数以万计的法条，盈千累万的试题，反反复复的训练。我们相信，这种貌似枯燥机械的复习正是对你性格的锤炼，让你迎接法治使命中更大的挑战。

  亲爱的朋友，愿你在考试的复习中能够加倍地细心。因为将来的法律生涯，需要你心思格外的缜密，你要在纷繁芜杂的证据中不断搜索，发现疑点，去制止冤案。

  亲爱的朋友，愿你在考试的复习中懂得放弃。你不可能学会所有的知识，抓住大头即可。将来的法律生涯，同样需要你在坚持原则的前提下有所为、有所不为。

  亲爱的朋友，愿你在考试的复习中沉着冷静。不要为难题乱了阵脚，实在不会，那就绕道而行。法律生涯，道阻且长，唯有怀抱从容淡定的心才能笑到最后。

法律职业资格考试不仅仅是一次考试，它更是你法律生涯的一次预表。

我们祝你顺利地通过考试。

不仅仅在考试中，也在今后的法治使命中——

不悲伤、不犹豫、不彷徨。

但求理解。

厚大®全体老师 谨识

目录

第一部分 刑法攻略 001

学科特点 001
一、分值分布 001
二、考情分析 001
三、命题规律 005

写作套路 009
一、阅读技巧 009
二、设问角度 012
三、答题思路 013
四、写作步骤 016

写作标准 021
一、不要写大前提，以小前提起手表达 021
二、不要写法条，也不要写量刑结论 021
三、不要完整表达三阶层 022
四、共犯的表达要分层次 023
五、表达必须完整 024
六、"观点展示"问题的回答 024

案例带写 026
一、"一案一问"型 026
二、"分问散案"型 034

三、"分问整案"型 038

四、"观点展示"型 041

五、"论述写作"型 043

第二部分 ▶ 真题集萃　　046

"一案一问"型 046

案例一　2020年法考主观题回忆版 046

案例二　2017年司考卷四第二题 051

案例三　2015年司考卷四第二题 055

案例四　2014年司考卷四第二题 060

案例五　2009年司考卷四第二题 064

案例六　2006年司考卷四第四题 067

案例七　2004年司考卷四第四题 071

案例八　2003年司考卷四第四题 074

案例九　2002年司考卷四第四题 077

"分问散案"型 080

案例十　2012年司考卷四第四题 080

案例十一　2010年司考卷四第四题 085

案例十二　2008年司考卷四第四题 089

案例十三　2008年司考卷四第四题（延考卷） 093

案例十四　2007年司考卷四第四题 096

"分问整案"型 101

案例十五　2013年司考卷四第四题 101

案例十六　2011年司考卷四第四题 105

"观点展示"型 109

案例十七　2022年法考主观题回忆版 109

案例十八　2021年法考主观题回忆版（延考卷） 111

"论述写作"型 114

案例十九　2006年司考卷四第六题 114

第三部分 ▶ 大综案例 ... 116

"一案一问"型 ... 116
- 案例一　自己摩托自己偷，遭遇路人把人抽 ... 116
- 案例二　暴打精神病，父子双毙命 ... 119
- 案例三　杀人放火偷手表，抢劫望风全想到 ... 123
- 案例四　"洪、白、吴各怀鬼胎"案 ... 130
- 案例五　夫妻共谋奸杀案 ... 136
- 案例六　抢劫又刷卡，还把警察打 ... 141
- 案例七　"逼人下海"案 ... 146

"分问散案"型 ... 152
- 案例八　"行凶从没成功过"案 ... 152
- 案例九　"被害人白死"案 ... 157
- 案例十　枪支、药品和坟墓 ... 162
- 案例十一　老汉扒灰找帮手，绑架一套送人走 ... 166
- 案例十二　"恶徒魏某化名'孙静'"案 ... 171
- 案例十三　吴某贪污受贿案 ... 176

"分问整案"型 ... 181
- 案例十四　"恋爱脑杨某某"案 ... 181
- 案例十五　"装订厂长李某黑化"案 ... 185
- 案例十六　射线照领导，开车撞亲妈 ... 190
- 案例十七　"杜某杀红眼"案 ... 194
- 案例十八　王某及其单位犯罪案 ... 198
- 案例十九　骗色又赌博，开设赌场把人打 ... 202

"观点展示"型 ... 207
- 案例二十　特定罪名的观点展示 ... 207

"论述写作"型 ... 210
- 案例二十一　材料论述题 ... 210

刑法攻略 第一部分

学科特点

一、分值分布

年　份	2018年	2019年	2020年	2021年	2022年
分　值	30分	36分	34分	31分	31分

二、考情分析

"重者恒重"是刑法主观题颠扑不破的规律，历年考查的重点在今年一定依然是重点。我们以2012～2022年的11年真题为例，看看刑法主观题涉及的考点和具体知识点。

年　份	涉及考点	具体问题
2022年	（1）贷款诈骗罪	在被害人没有遭受经济损失的情况下，行为人是否构成贷款诈骗罪？
	（2）共犯从属性和独立性	在被教唆者不构成犯罪的情况下，对教唆者如何定性？
	（3）非法侵入住宅罪	私自侵入长期无人居住的住宅，是否构成非法侵入住宅罪？
	（4）信用卡诈骗罪；盗窃罪	私自通过他人支付宝内绑定的银行卡转账的，如何定性？构成信用卡诈骗罪还是盗窃罪？
	（5）非法拘禁罪；故意伤害罪	非法拘禁之后故意伤害的，应当数罪并罚还是认定为故意伤害罪一罪？
2021年	（1）承继共犯	在他人敲诈勒索中途帮助其取得财物的，是按照敲诈勒索罪的共犯认定还是按照侵占罪认定？
	（2）转化抢劫	实施盗窃行为后误以为对方是所有权人而使用暴力的，是否构成转化抢劫？

续表

年 份	涉及考点	具体问题
2021 年	（3）故意伤害罪；非法拘禁罪	非法拘禁之后故意伤害的，是数罪并罚还是转化为故意伤害罪一罪？
	（4）犯罪中止；犯罪未遂	看到子女在旁边而放弃犯罪的，属于犯罪中止还是未遂？
2021 年（延考卷）	（1）抢劫罪；故意杀人罪	为了免除债务而杀人的，构成抢劫罪还是故意杀人罪？
	（2）假冒注册商标罪；诈骗罪	假冒注册商标的，是否构成诈骗罪？
	（3）信用卡诈骗罪；盗窃罪	将他人微信、支付宝中的财物转走的，构成信用卡诈骗罪还是盗窃罪？
	（4）诈骗罪；盗窃罪	被害人没有处分能力，行为人取得财物的，是诈骗还是盗窃？
2020 年	（1）故意毁坏财物罪	随意砍伐他人林木的行为如何定性？
	（2）徇私枉法罪	有监督职责的人看到他人实施违法行为不管的，构成何罪？
	（3）行贿罪；受贿罪	低价为他人提供服务、低价接受他人服务的，是否构成行贿罪、受贿罪？
	（4）诈骗罪；敲诈勒索罪	以虚构的第三人相要挟索要财物的，构成诈骗罪还是敲诈勒索罪？
	（5）转化抢劫	盗窃之后以非暴力相威胁的，是否转化为抢劫罪？
	（6）妨害公务罪	阻碍林业主管部门工作人员行使职权的，是否构成妨害公务罪？
	（7）打击错误；偶然防卫	打击错误中涉及偶然防卫的，根据防卫意思需要说、防卫意思不要说这两种不同观点，分别如何处理？
	（8）共同犯罪	共同犯罪中，无法查明轻伤结果具体是由谁导致的，如何处理？
	（9）正当防卫	林业主管部门工作人员在执法过程中遭到妨害公务而反击，造成他人重伤的，是否属于正当防卫？
2019 年	（1）共同犯罪	有共谋的情况下，共谋者是否成立共同犯罪？
	（2）抢劫罪	抢劫的方式有哪些？抢劫过程中导致他人死亡的，如何定性？
	（3）事前故意	事前故意如何处理？如何进行观点展示？
	（4）贷款诈骗罪；骗取贷款罪	贷款诈骗罪和骗取贷款罪如何区分？各有哪些标志？

续表

年份	涉及考点	具体问题
2019年	（5）行贿罪	行贿罪的构成要件是什么？行贿罪是否以对方构成受贿罪为前提？
	（6）斡旋受贿（受贿罪）	斡旋受贿的成立条件是什么？和利用影响力受贿罪的区别是什么？
	（7）信用卡诈骗罪；盗窃罪	冒用他人信用卡的行为如何界定？
	（8）故意杀人罪；故意伤害罪	故意杀人和故意伤害如何区分？在题目中如何根据案情描述进行判断？
	（9）间接正犯	利用他人不知情的行为杀人的，如何定性？
	（10）抢劫罪	以暴力、威胁方式取得财物的，如何定性？
	（11）自首；立功	如何区分自首和立功？二者的成立条件分别是什么？
2018年	（1）诈骗罪	诈骗罪当中的处分意识需要达到怎样的要求？如何进行观点展示？
	（2）非法拘禁罪；抢劫罪	非法拘禁罪和抢劫罪的区别是什么？如何理解"非法占有目的"？
	（3）非法拘禁	非法拘禁过程中导致他人死亡的，如何处理？
	（4）故意杀人罪；故意伤害罪	故意杀人和故意伤害如何区分？在题目中如何根据案情描述进行判断？
	（5）共同犯罪	共同犯罪中，如果查不清被害人的死亡结果具体由谁导致，共同犯罪人是否对死亡结果负责？
2017年	（1）绑架罪；犯罪既遂	绑架罪的既遂标准是什么？
	（2）绑架罪；非法拘禁罪	绑架罪和非法拘禁罪的区别是什么？
	（3）对象错误	对象错误如何处理？
	（4）共同犯罪	两个行为人主观心态不同，一个有非法拘禁的故意，一个有绑架的故意，二人可否成立共同犯罪？
	（5）帮助毁灭、伪造证据罪	帮助运送尸体的行为如何定性？
	（6）故意杀人罪；故意伤害罪；过失致人死亡罪	"捂住口鼻"导致他人死亡的，是故意犯罪还是过失犯罪？
	（7）诈骗罪；敲诈勒索罪；绑架罪	虚构他人被绑架的事实取得财物的，如何定性？
2016年	（1）抢劫罪；侵占罪	抢劫罪的对象能否包括财产性利益？如何表达不同观点？

续表

年　份	涉及考点	具体问题
2016 年	（2）事前故意	事前故意如何处理？如何进行观点展示？
	（3）帮助犯；间接正犯	在他人存在事前故意的案件中提供帮助的，如何处理？如何进行观点展示？
	（4）敲诈勒索罪	敲诈勒索罪的行为方式是什么？
	（5）犯罪既遂；犯罪未遂	意图敲诈勒索 800 万元财物，实际取得 8000 元财物的，如何定性？如何表达不同观点？
	（6）犯罪故意	没有认识到是赝品而出售的，是否构成诈骗罪？
2015 年	（1）故意杀人罪	故意杀人罪的成立条件是什么？
	（2）结果提前实现	结果提前实现如何处理？如何进行观点展示？
	（3）共犯脱离	共犯脱离需要满足什么条件？
	（4）死者的占有	杀人后另起犯意，取得死者财物的，如何定性？如何进行观点展示？
	（5）掩饰、隐瞒犯罪所得罪	明知是犯罪所得而收下的，构成何种犯罪？
	（6）信用卡诈骗罪；盗窃罪	盗窃信用卡后唆使他人冒用的，双方如何定性？
2014 年	（1）贪污罪；犯罪既遂	贪污罪的既遂标准是什么？
	（2）帮助犯；教唆犯	没有国家工作人员身份者能否构成贪污罪、受贿罪的帮助犯？
	（3）自首	自首的成立条件是什么？是否需要供述同案犯的犯罪事实？
	（4）立功	立功的成立条件是什么？提供他人犯罪线索的，如何认定？
	（5）为亲友非法牟利罪	为亲友非法牟利罪的成立条件是什么？
	（6）受贿罪；行贿罪	受贿和行贿的关系是什么？
2013 年	（1）转化抢劫	转化抢劫是否以存在真实的抓捕为前提？
	（2）假想防卫	在误以为存在不法侵害的情况下"防卫"的，如何定性？假想防卫如何处理？
	（3）因果关系	在被害人自陷风险的情况下，如何判断因果关系？
	（4）利用影响力受贿罪；介绍贿赂罪；行贿罪	利用影响力受贿罪、介绍贿赂罪、行贿罪的区别是什么？如何适用正确的模型？
	（5）侵占罪	侵占贿款的行为如何定性？如何进行观点展示？
2012 年	（1）受贿罪；非国家工作人员受贿罪	受贿罪和非国家工作人员受贿罪的区别是什么？

续表

年 份	涉及考点	具体问题
2012年	(2) 受贿罪；利用影响力受贿罪	受贿罪和利用影响力受贿罪的区别是什么？
	(3) 贪污罪	贪污罪的成立条件是什么？
	(4) 共同犯罪	成立贪污罪的共同犯罪的，数额上如何认定？
	(5) 教唆犯	教唆他人盗窃，他人事实上故意毁坏财物的，如何定性？
	(6) 等价性	不作为犯中的"等价性"如何理解？
	(7) 因果关系	被害人闯入火场救财物的，是否切断因果关系？

可以看到，在11年来的12场考试中，考点出现频次由高到低分别是：

就总则来说：共同犯罪考查10次，事实认识错误考查5次，未完成罪考查4次，正当防卫考查2次，自首和立功考查2次，因果关系考查2次，犯罪故意考查1次，不作为犯考查1次。另外，罪数的问题不会直接设问考查，但一定会有所涉及。在触犯多个罪名的情况下，应当数罪并罚还是从一重罪处罚，或是按照法定的其他方式处罚，在每一年的主观题中都有涉及。

就分则来说：抢劫罪考查7次，贪污贿赂犯罪考查5次，盗窃罪考查5次，诈骗罪考查5次，故意伤害罪考查5次，故意杀人罪考查5次，非法拘禁罪考查4次，信用卡诈骗罪考查4次，绑架罪考查3次，敲诈勒索罪考查3次，侵占罪考查2次，赃物犯罪考查2次，故意毁坏财物罪考查1次，徇私枉法罪考查1次，非国家工作人员受贿罪考查1次。

可以看到，刑法主观题的考查集中在共同犯罪、财产犯罪、人身犯罪三章中，考查的内容约占全部考点的3/4。因此，这三章至关重要，对于其中涉及的知识点、罪名的判断和表达，要达到炉火纯青的程度。

三、命题规律

（一）题型分析

从2002年的"司考时代"到如今的"法考时代"，刑法主观题的题型包括以下五种：

1. "一案一问"型

这一题型的特征是通篇只有一个问题。

[例] 请综合全案，分析刘某、任某、王某、龚某、洪某、赵某和郑某的刑事责任（包括罪名、犯罪形态、量刑情节等）。有不同观点的，请说明理由。

这一类型的题目难度高，在历年刑法主观题考试中约占48%。

2. "分问散案"型

这一题型的特征是分点设问，但问题的答案没有确定的对应段落，而是分散在前后段落、甚至全文中。

[例] 关于赵某杀害钱某以便将名画据为己有这一事实,可能存在哪几种处理意见? 各自的理由是什么?

这一类型的题目难度较高,在历年刑法主观题考试中约占26%。

3. "分问整案"型

这一题型的特征是分点设问,且问题的答案有确定的对应段落,直接在对应位置寻找答案即可。

[例] 事实一中,关于吴某的行为定性,有几种处理意见? 须说明理由。

这一类型的题目难度不高,比重也不大,在历年刑法主观题考试中约占13%。

4. "观点展示"型

这是2021年出现的新题型,它的特征是,给几段案情,告诉考生不同观点得出的结论,让考生论述理由。2022年刑法主观题的题型也算是"观点展示"型。

[例] 甲敲诈勒索乙,威胁公布其隐私,乙按照甲的要求将10万元放在垃圾桶中。甲告知丙真相,丙去取了该10万元现金,两人平分。对于本案存在两种观点：第一种观点认为,丙构成敲诈勒索罪；第二种观点认为,丙构成侵占罪。请分别说明理由。

这一题型属于新类型,在2021、2022年考查过。

5. "论述写作"型

这一题型的特征是,给若干材料,让考生分析材料写作。

[例] 根据罪刑法定原则,评述上述两个网上"裸聊"案的处理结果。

这一题型只在2006、2008年各出现过一次,之后再没有出现过。

五种题型对应的年份

题 型	年 份
"一案一问"型	2020、2019、2017、2015、2014、2009、2006~2002年
"分问散案"型	2016、2012、2010、2008、2008（延考）、2007年
"分问整案"型	2018、2013、2011年
"观点展示"型	2022、2021年
"论述写作"型	2008年第七题、2006年第七题

对于不同的题型,读题和做题的步骤也大相径庭,这会在后文中详细分析。

(二) 篇幅问题

除了题型之外,刑法主观题的题干篇幅也是做题之前需要关注的重要指标,如果篇幅长,考生必然要花更多的时间阅读题干。过去8年,刑法主观题题干的字数统计见下表：

年 份	2015年	2016年	2017年	2018年	2019年	2020年	2021年	2022年
字 数	812字	737字	496字	约551字	约1604字	约775字	约386字	约341字

总体来说,刑法主观题的题干长、信息量大、读题耗时,考生要注意预留读题和做题时间。

(三)"观点展示"问题

"观点展示"问题不仅出现在"观点展示"题型中,而且出现在其他各种题型中。几乎每年刑法主观题考试都有"观点展示"问题。

"观点展示",是指对于同一个刑法问题,存在不同的学说观点,多种观点都有一定道理,但得出的结论往往有差异。考试中,多种观点均要写出,不能只写一种。

历年考试中涉及的"观点展示"问题

年 份	涉及考点	"观点展示"问题
2022 年	(1) 贷款诈骗罪	在被害人没有遭受经济损失的情况下,行为人是否构成贷款诈骗罪?
	(2) 共犯从属性和独立性	在被教唆者不构成犯罪的情况下,对教唆者如何定性?
	(3) 非法拘禁罪;故意伤害罪	非法拘禁之后故意伤害的,应当数罪并罚还是认定为故意伤害罪一罪?
2021 年	(1) 承继共犯	在他人敲诈勒索中途帮助其取得财物的,是按照敲诈勒索罪的共犯认定还是按照侵占罪认定?
	(2) 转化抢劫	实施盗窃行为后误以为对方是所有权人而使用暴力的,是否构成转化抢劫?
	(3) 故意伤害罪;非法拘禁罪	非法拘禁之后故意伤害的,是数罪并罚还是转化为故意伤害罪一罪?
2021 年 (延考卷)	(1) 抢劫罪;故意杀人罪	为了免除债务而杀人的,构成抢劫罪还是故意杀人罪?
	(2) 假冒注册商标罪;诈骗罪	假冒注册商标的,是否构成诈骗罪?
	(3) 信用卡诈骗罪;盗窃罪	将他人微信、支付宝中的财物转走的,构成信用卡诈骗罪还是盗窃罪?
	(4) 诈骗罪;盗窃罪	被害人没有处分能力,行为人取得财物的,是诈骗还是盗窃?
2020 年	打击错误;偶然防卫	打击错误中涉及偶然防卫的,根据防卫意思需要说、防卫意思不要说这两种不同观点,分别如何处理?
2019 年	事前故意	事前故意如何处理?如何进行观点展示?
2018 年	诈骗罪	诈骗罪当中的处分意识需要达到怎样的要求?如何进行观点展示?
2016 年	(1) 抢劫罪;侵占罪	抢劫罪的对象能否包括财产性利益?如何表达不同观点?
	(2) 事前故意	事前故意如何处理?如何进行观点展示?
	(3) 帮助犯;间接正犯	在他人存在事前故意的案件中提供帮助的,如何处理?如何进行观点展示?

续表

年　份	涉及考点	"观点展示"问题
2016年	（4）犯罪既遂；犯罪未遂	意图敲诈勒索800万元财物，实际取得8000元财物的，如何定性？如何表达不同观点？
2015年	（1）结果提前实现	结果提前实现如何处理？如何进行观点展示？
	（2）死者的占有	杀人后另起犯意，取得死者财物的，如何定性？如何进行观点展示？
2013年	侵占罪	侵占赃款的行为如何定性？如何进行观点展示？
2012年	因果关系	被害人闯入火场救财物的，是否切断因果关系？
2011年	死者的占有	杀人后另起犯意，取得死者财物的，如何定性？如何进行观点展示？
2010年	事前故意	事前故意如何处理？如何进行观点展示？

写作套路

一、阅读技巧

1. 总有考生问，读题的时候是先看案情还是先看问题？其实，这需要视不同的题型而定，针对不同的题型对策不同。

一般来说，应对"一案一问"型和"分问散案"型的题目，需要先把案情从头到尾梳理一遍，圈画出要点，然后再看问题，否则容易遗漏案情；而"分问整案"型的题目直接看问题，再找到问题所对应的案情事实即可。

2. 要学会提取题目中有用的事实。

[例1] 甲与余某有一面之交，知其孤身一人。某日凌晨，甲携匕首到余某家盗窃，物色一段时间后，未发现可盗财物。在这段案情中：

（1）"甲与余某有一面之交，知其孤身一人"是无用事实，仅交代背景；

（2）"携匕首"是次重要事实，可以得出"携带凶器盗窃"的结论；

（3）"到余某家盗窃"是重要事实，可以得出"入户盗窃"的结论；

（4）"未发现可盗财物"是次重要事实，可以得出"犯罪未遂"的结论。

"重要事实"对应的是"答题要点"，而"次重要事实"对应的是"答题次要点"。

"答题要点"直接影响到答案的框架和完整性，是得分的前提，如上段事实中对罪名"盗窃罪"的确定，是答题的关键得分点。

"答题次要点"是对答题框架的细节完善，会影响得分，如上段事实中是否能准确找出"携带凶器盗窃"和"犯罪未遂"，会影响 1~2 分。

[例2] 刘某随即让林某、丁某二人开枪。武某中弹身亡。事后查明，林某朝武某腿部开枪，丁某朝武某腹部开枪，只有一颗子弹击中武某心脏，导致其死亡，但无法查明击中心脏的这颗子弹是谁射击的。在这段案情中：

（1）"刘某让开枪"是重要事实，可以得出"刘某有杀人故意"的结论。

（2）"林某朝腿部开枪"是重要事实，可以得出"林某有伤害故意"的结论。

（3）"丁某朝腹部开枪"是重要事实，可以得出"丁某有杀人故意"的结论。

（4）"无法查明击中心脏的这颗子弹是谁射击的"是次重要事实，会影响三人是否需要对被害人的死亡结果负责。

（5）还有一个隐藏事实，即刘某、林某、丁某三人成立共同犯罪，其中林某、丁某是实行者，属于共同正犯；刘某是教唆者，属于教唆犯。

常见案情事实和涉及知识点的对应关系

案情事实	涉及知识点
"共谋"	共同犯罪
"一起"	
"商量"	
"指使"	教唆犯
"唆使"	
"鼓励"	帮助犯
"望风"	
"欺骗"	间接正犯
"威胁"	
"暗中"	片面共犯
"中途离开"/"没有按约到现场"/"提出不干了"	共犯脱离
"中途加入"	承继共犯
"未能得逞"	犯罪未遂
"自动放弃"	犯罪中止
"不救助"	不作为犯
"被害人明知有危险"	自陷风险
"认错人"	对象错误
"子弹打偏"	打击错误
"后查明,'抛尸'导致被害人溺死"	事前故意
"计划实施过程中导致被害人死亡"	结果提前实现
"抗拒抓捕"	转化抢劫
"查不清"	归责问题;"逻辑双刀"
"反击"	正当防卫
"保全更大的法益"	紧急避险
"反击导致死亡"	特殊防卫权
"扭打在一起"	故意伤害罪;妨害公务罪;正当防卫
"不知情"	过失

3. "一案一问"型和"分问散案"型的题目中，需要将整体的"案情"整合为"案件"。将"案情"整合为"案件"是分析问题的前提。一般情况下，一类主体在一个时间段内实施的行为称为一个"案件"。

[例] 同年6月26日，赵某将钱某约至某大桥西侧泵房后，二人发生争执。赵某顿生杀意，突然勒钱某的颈部、捂钱某的口鼻，致钱某昏迷。赵某以为钱某已死亡，便将钱某"尸体"缚重扔入河中。(P1)*

6月28日凌晨，赵某将恐吓信置于钱某家门口，谎称钱某被绑架，让钱某之妻孙某（某国有企业出纳）拿20万元到某大桥赎人，如报警将杀死钱某。孙某不敢报警，但手中只有3万元，于是在上班之前从本单位保险柜拿出17万元，急忙将20万元送至某大桥处。赵某蒙面接收20万元后，声称2小时后孙某即可见到丈夫。(P2)

28日下午，钱某的尸体被人发现（经鉴定，钱某系溺水死亡）。……公安人员将20万元退还孙某，孙某于8月3日将17万元还给公司。(P3)

这三段案情，可以整合为三个案件：

案 件		重要事实
案件1	赵某杀人案	○同年6月26日，赵某将钱某约至某大桥西侧泵房后，二人发生争执。赵某顿生杀意，突然勒钱某的颈部、捂钱某的口鼻，致钱某昏迷。赵某以为钱某已死亡，便将钱某"尸体"缚重扔入河中。(P1) ○经鉴定，钱某系溺水死亡。(P3)
案件2	赵某"假绑架"案	○6月28日凌晨，赵某将恐吓信置于钱某家门口，谎称钱某被绑架，让钱某之妻孙某（某国有企业出纳）拿20万元到某大桥赎人，如报警将杀死钱某。 ○（孙某）将20万元送至某大桥处。赵某蒙面接收20万元后，声称2小时后孙某即可见到丈夫。(P2)
案件3	孙某挪用案	○孙某（某国有企业出纳）不敢报警，但手中只有3万元，于是在上班之前从本单位保险柜拿出17万元，急忙将20万元送至某大桥处。(P2) ○公安人员将20万元退还孙某，孙某于8月3日将17万元还给公司。(P3)

只有在整合案件的基础上，才能准确作出进一步的判断和表达。

4. 在每个案件之上，还需要进一步拆分成法律关系，即根据主体、对象、法益等的不同，将一个案件再进行细分。

[例] 2018年8月，洪某向林业主管部门举报了有人在国有森林中种植沉香的事实。林业主管部门工作人员赵某与郑某上山检查时，刘某与任某为了抗拒抓捕，对赵某与郑某

---

* P在本书为"段落"的简称。P1表示第一段，其他由此类推。

实施暴力，赵某与郑某反击，形成互殴状态。赵某被打成轻伤，该轻伤由刘某、任某造成，但不能查明是刘某的行为所致，还是任某的行为所致。刘某被打成重伤、任某被打成轻伤，其中，刘某的重伤由赵某与郑某共同造成，任某的轻伤则是由刘某的打击错误造成（刘某攻击郑某时，郑某及时躲闪，导致刘某击中了同伙任某）。

本案中，"互殴"的双方是刘、任 VS 赵公务（赵某是公务人员，简称"赵公务"）、郑公务（郑某是公务人员，简称"郑公务"）。其中，根据受害人的不同，可以将这个案件进一步分为三个法律关系：

（1）刘某、任某对公务人员赵某造成轻伤，即"刘、任→赵公务（轻伤）"；

（2）公务人员赵某、郑某对刘某造成重伤，即"赵公务、郑公务→刘（重伤）"；

（3）刘某因为打击错误造成同伙任某轻伤，即"刘→任（轻伤）"。

将这一案件拆分为三个法律关系，是能够准确定性的前提。

5. 在"一案一问"型的题目的阅读过程中，需要顺带思考本案中有哪几处"观点展示"问题。

从近几年的命题趋势来看，几乎每年都有"观点展示"问题，且在"一案一问"型的题目中，"观点展示"一般有1到2处，不超过3处。因此，在阅读过程中，考生需要找出全部案情中最可能出观点展示的1到2个问题，为答题做好铺垫，尤其是到"事实认识错误"和"财产犯罪"中去找，这两处是最容易出"观点展示"问题的地方。

二、设问角度

1. 在"一案一问"型的题目中，设问是高度相似的，如"对上述……进行分析""分析……的刑事责任"等。在这种设问下，不必拘泥于设问的具体内容。在"一案一问"型的题目中，所有案情给到的重要事实和次重要事实全部要在答案中体现出来，包括罪名、特殊情节、未完成形态等。

2. 在"分问散案"型和"分问整案"型的题目中，要注意提问方式，问啥答啥。

常见的问题关键词

关键词	具体考查
如何定罪？	需要确定罪名以及原因。
构成何罪？	
如何定性？	需要确定罪名、特殊情节、未完成形态以及原因。
性质是什么？	
罪过是什么？	即问"主观上是故意、过失还是意外事件"以及原因。
犯罪形态是什么？	即问"是犯罪既遂、犯罪未遂、犯罪中止还是犯罪预备"。
是否构成……？	二选一，"是"或"不是"，并说明理由。
触犯的数个罪名如何处理？	即问"是数罪并罚、从一重罪处罚还是其他罪数处理方式"以及原因。

续表

关键词	具体考查
有哪些处理意见？	需进行完整的"观点展示"。
有哪些观点？	
你同意哪一种观点？	需要选择一种观点论述，并且尽量选通说。因为这类题目虽然可能都给分，但不同答案的分值上限不同。

三、答题思路

（一）思考刑法问题的基本逻辑层次

如上文所述，案例题中，无论是"一案一问"型、"分问散案"型还是"分问整案"型，最小的分析单位都是案件中的"法律关系"。而对于一个"法律关系"来说，在进行"全面定性"的时候，需要遵循思考刑法问题的基本逻辑层次，依次考虑以下内容：

1. 罪名是什么？
2. 是否存在特殊情节？

特殊情节包括从重情节、加重情节、不需要数额的情节和转化情节。

从重情节	累犯	
	受贿罪	索贿
	强奸罪	奸淫幼女
加重情节 （标*的为结果加重犯）	抢劫罪	入户抢劫
		抢劫致人重伤、死亡*
		持枪抢劫
		在公共交通工具上抢劫
	强奸罪	强奸致人重伤、死亡*
		在公共场所强奸
		轮奸
	拐卖妇女、儿童罪	拐卖妇女、儿童致人重伤、死亡*
		拐卖又强奸
		拐卖又强迫卖淫
	交通肇事罪	交通肇事后逃逸
		交通肇事逃逸致人死亡
	非法拘禁罪	非法拘禁致人重伤、死亡*（拘禁行为本身致人重伤、死亡）
	绑架罪	绑架并杀害被绑架人

续表

不需要数额的特殊情节	盗窃罪	入户盗窃
		扒窃
		携带凶器盗窃
		多次盗窃
转化情节	非法拘禁	导致他人重伤的，转化为故意伤害罪（拘禁之外的行为致人重伤）
		导致他人死亡的，转化为故意杀人罪（拘禁之外的行为致人死亡）
	聚众斗殴	导致他人重伤的，转化为故意伤害罪
		导致他人死亡的，转化为故意杀人罪

3. 是否既遂？如果没有，是预备、未遂、中止中的哪一种？
4. 是否存在量刑上的法定从宽事由？其包括以下内容：

未遂犯	可以比照既遂犯从轻或者减轻处罚
预备犯	可以比照既遂犯从轻、减轻或者免除处罚
中止犯	没有造成损害的，应当免除处罚
	造成损害的，应当减轻处罚
从 犯	应当从轻、减轻或者免除处罚
自 首	可以从轻或者减轻处罚；其中，犯罪较轻的，可以免除处罚
立 功	一般立功，可以从轻或者减轻处罚
	重大立功（被检举者可能被判处无期徒刑以上刑罚），可以减轻或者免除处罚
未成年人	应当从轻或者减轻处罚

当然，在刑法主观题考试中，以上四个层次都需要考虑，但这不代表四个层次都必须要写出来。例如，一个既遂的案件中，一般情况下，不用专门表达"行为人属于犯罪既遂"。这是因为犯罪既遂是原则，犯罪未遂是例外。一般情况下，原则不用专门表明，例外需要单独说明。

（二）"观点展示"问题的答题思路

刑法中处处有不同观点，因此，"观点展示"问题考查的内容包罗万象、难以穷举，但在考试中，应对"观点展示"问题其实存在一定的套路。

在"观点展示"问题中，不管学界的观点有几种，考试里面一般写两种就够了。这就给考生提供了"猜答案"的空间，也就是针对"观点展示"问题，先预估出两种可能的结论，然后对相应结论凑出表达即可。

注意，除了打击错误中的"法定符合说""具体符合说"之外，其他学说可不写学说名称，直接写作"观点1""观点2"即可。

那么，怎么去"猜答案"呢？常见思路有以下四种：

1. 考虑有罪还是无罪。

[例] 丁告知丙事情办不成，但仅退还丙5万元，其余10万元用于自己炒股。在甲被定罪判刑后，无论丙如何要求，丁均拒绝退还余款10万元。丙向法院自诉丁犯有侵占罪。本案如何定性？请写出不同观点。

⊙第一步：预估结论：侵占罪；无罪。

⊙第二步：凑出表达。

答：对于本案的处理，有两种观点：

观点1：虽然贿款是非法财物，但仍然受到刑法保护，否则会导致"黑吃黑"的案件无法受刑法调整。因此，丁构成侵占罪。

观点2：贿款不受刑法保护，丙对贿款也不具有返还原物请求权。本案中，不存在财产犯罪的被害人，因此，丁不构成侵占罪。

2. 考虑属性相似的罪名。例如，盗窃和诈骗、侵占和盗窃。

[例] 王某、刘某在某酒店就餐，消费3000元。在王某结账时，收银员吴某偷偷调整了POS机上的数额，故意将3000元餐费改成30 000元，交给王某结账。王某果然认错，支付了30 000元。吴某的行为如何定性？

⊙第一步：预估结论：诈骗罪；盗窃罪。

⊙第二步：凑出表达。

答：对于本案的处理，有两种观点：

观点1：吴某通过虚构事实，使得被害人王某主动处分财物，构成诈骗罪；

观点2：吴某打破他人对30 000元财物的占有、建立新的占有，构成盗窃罪。

3. 考虑既遂还是未遂。

[例] 孙某对赵某说："你做了一件对不起朋友的事，我也做一件对不起朋友的事。你将那幅名画（以为价值800万元）给我，否则我向公安机关揭发你的杀人罪行。"3日后，赵某将一幅赝品（价值8000元）交给孙某。孙某的行为如何定性？

⊙第一步：预估结论：未遂（800万元）；既遂（8000元）。

⊙第二步：凑出表达。

答：孙某以恶害相通告，使得对方陷入恐惧处分财物，构成敲诈勒索罪。对于犯罪形态的认定，有两种观点：

观点1：孙某主观上有敲诈勒索800万元的故意，但未得逞，因此对800万元的数额负责，同时适用未遂犯的规定；

观点2：由于孙某客观上的犯罪所得只有8000元，因此对8000元的数额负责，认定为犯罪既遂。

4. 存在若干要素如何搭配组合的问题。

[例1] 2015年3月，魏某（2000年1月20日出生）听说同村村民刘某代收电费款后，遂萌生抢劫之念。次日2时许，魏某携带作案工具，翻墙进入刘某家，发现刘某在东

屋睡觉，便钻入西屋，翻找钱款未果，又至东屋寻找，刘某被惊醒。魏某用钳子朝刘某头部猛击，见刘某不动，在认为刘某已死亡的情况下，用钳子将抽屉撬开，将里面的9700元电费款拿走，并将刘某的手机、银行卡等物品搜刮一空。为了毁灭罪证，魏某用打火机点燃一些纤维编织袋扔在刘某所盖的被子上，导致刘某颅脑损伤后吸入一氧化碳窒息死亡，价值7209元的物品被烧毁。魏某的行为如何定性？

分析事实：将整个案情拆解出三个事实：①抢劫；②放火；③致死。排列组合出两种观点。

⊙第一步：预估结论：抢劫致死+放火（①③合并）；放火致死+抢劫（②③合并）。

⊙第二步：凑出表达。

答：魏某属于事前故意，对此有两种观点：

观点1：魏某为了取得财物杀害他人，导致他人死亡，构成抢劫致人死亡，且属于"入户抢劫"；之后放火的行为危及公共安全，构成放火罪，与抢劫致人死亡数罪并罚。

观点2：魏某试图在用钳子杀死被害人刘某之后取得财物，但未以此法得逞，构成抢劫罪，且属于"入户抢劫"；之后放火的行为造成刘某死亡，成立抢劫罪与放火罪（致人死亡），数罪并罚。

[例2] 2001年1月6日上午，王某某绑架高某后向其父母索要财物。得到钱财后，王某某起了"撕票"之心，趁高某不备，用石头砸击其头部，将高某击昏后将其放到下水道内，并用水泥板盖住后逃离现场。后高某被铁路工人发现，经抢救后脱险。经法医鉴定，高某颅骨多发性骨折，属轻伤。王某某的行为如何定性？

分析事实：将整个案情拆解出三个事实：①绑；②杀；③没死。排列组合出两种观点。

⊙第一步：预估结论：绑架的加重（未遂）（①②合并）；绑架+杀人未遂（②③合并）。

⊙第二步：凑出表达。

答：王某某绑架之后试图杀害高某，但只造成轻伤结果，对此有两种观点：

观点1：王某某适用"绑架并杀害被绑架人"的加重情节，同时适用未遂的规定，可以比照既遂犯从轻或者减轻处罚；

观点2：王某某成立绑架罪的基本犯，再与故意杀人罪（未遂）数罪并罚。

四、写作步骤

（一）基本答题逻辑：倒置三段论

所谓"倒置三段论"理论，指的是在进行具体的解释时，解释者往往是先有了预判结论，再考查事实和规范是否对应。在刑法主观题答题的时候，也需要采用"倒置三段论"的思路，即先根据知识储备得出结论，再根据结论反推表达。

[例] 甲进屋向丙借钱，丙说："家里没钱。"甲在丙家吃饭过夜。乙见甲长时间不出来，只好开车回家。甲一觉醒来，见丙已睡着，便起身试图打开保险柜。丙惊醒大声斥责甲，说道："快住手，不然我报警了！"甲恼怒之下将丙打死，藏尸地窖。

本案中，先得出两个结论：①甲是转化抢劫；②甲是"抢劫致人死亡"。

那么，怎么表达"转化抢劫"呢？需要知道精简表达的框架为"前置罪名+为了抗拒抓捕+使用暴力/以暴力相威胁"，代入案情，写作：甲在盗窃过程中为了抗拒抓捕而使用暴力，转化为抢劫罪。

怎么表达"抢劫致人死亡"呢？需要知道精简表达的框架为"抢劫过程中杀人"或者"导致他人死亡"，代入案情，写作：在抢劫过程中杀人，属于"抢劫致人死亡"。

因此，最终表达为：甲在盗窃过程中为了抗拒抓捕而使用暴力，转化为抢劫罪，且在抢劫过程中杀人，属于"抢劫致人死亡"，加重处罚。

刑法中常见概念的精简表达

概念		关键词	参考表达
不作为犯与因果关系	不作为犯	作为义务	行为人对受伤的妻子有救助义务，构成不作为的故意杀人罪。
	因果关系	介入因素异常/正常	周某自陷风险的行为属于异常介入因素，切断因果关系，行为人不对周某的死亡结果负责。
正当防卫有关	正当防卫	不法侵害	行为人对正在发生的不法侵害采取制止行为，没有超过必要限度，属于正当防卫。
	假想防卫		行为人误以为有不法侵害而进行"防卫"的，属于假想防卫，不构成故意犯罪。
	偶然防卫		行为人以加害的意思偶然造成了制止不法侵害的效果，属于偶然防卫。
	防卫过当	必要限度	行为人的防卫行为超过了必要限度，属于防卫过当，成立故意伤害致人死亡。
犯罪未完成形态	未遂	实行阶段客观原因	行为人在实行阶段因为客观原因未能得逞，属于犯罪未遂。
	预备	预备阶段客观原因	行为人在预备阶段因为客观原因未能得逞，属于犯罪预备。
	中止	主观原因	行为人在预备/实行阶段因为主观原因放弃犯罪，属于犯罪中止。
共同犯罪	成立共同犯罪	轻罪范围内	甲和乙在非法拘禁罪的范围内成立共同犯罪，甲有非法占有目的，成立绑架罪；乙没有非法占有目的，构成非法拘禁罪。
	帮助犯	提供帮助	行为人为他人盗窃提供帮助，属于帮助犯，是从犯，应当从轻、减轻或免除处罚。

续表

概　念		关键词	参考表达
共同犯罪	教唆犯	引起犯意	行为人引起他人盗窃的犯意，构成盗窃罪的教唆犯。
	共犯脱离	切断物理因果关系和心理因果关系	行为人切断对结果的物理因果关系和心理因果关系，属于共犯脱离，成立犯罪未遂/中止。
	实行过限	超出故意	甲的行为超出乙的故意范围，属于实行过限，乙对此不负责。
	片面共犯	暗　中	行为人在对方不知情的情况下暗中提供帮助，为片面帮助犯。
	间接正犯	支　配	行为人支配他人的犯罪行为，属于间接正犯。
罪　数	事后不可罚	缺乏期待可能性	行为人盗窃之后将财物毁坏的行为缺乏期待可能性，属于事后不可罚，不再另行定罪。
	结果加重犯	致人死亡	行为人构成抢劫罪，且属于抢劫致人死亡。
财产犯罪	盗窃罪	打破占有 建立占有	行为人打破他人占有、建立新的占有，构成盗窃罪。
	抢劫罪	压制反抗 取得财物	行为人采用暴力/胁迫/其他方式压制他人反抗，取得财物，具有高度的人身危险性，构成抢劫罪。
	诈骗罪	被害人处分	行为人虚构事实、隐瞒真相，使对方陷入认识错误处分财物，构成诈骗罪。
	敲诈勒索罪	被害人处分	行为人以恶害相通告，使对方陷入恐惧处分财物，构成敲诈勒索罪。
	转化型抢劫（《刑法》第269条）	前置罪名+为了抗拒抓捕+使用暴力/以暴力相威胁	行为人在盗窃过程中为了抗拒抓捕而使用暴力，转化为抢劫罪，且属于抢劫致人死亡。
	侵占罪	变占有为所有	行为人将他人的财物变占有为所有，构成侵占罪。/行为人将遗失物据为己有，构成侵占罪。
	抢夺罪	对物暴力 对人危险	行为人对物使用暴力，对人产生危险，构成抢夺罪。
人身犯罪	故意杀人罪	剥夺生命	行为人故意非法剥夺他人生命，构成故意杀人罪。
	故意伤害罪	损害身体	行为人故意对他人身体/健康造成损害，构成故意伤害罪。
	强奸罪	压制反抗，发生性关系	行为人采用暴力/胁迫/其他方式压制他人反抗，强行与他人发生性关系，构成强奸罪。

续表

概　　念		关键词	参考表达
人身犯罪	绑架罪	控制，非法占有目的	行为人有非法占有目的，控制他人，向第三人索要财物，构成绑架罪。
	非法拘禁罪	剥夺人身自由（控制）	行为人非法剥夺他人人身自由，构成非法拘禁罪。
	强制猥亵罪	性羞耻心	行为人强制侵犯他人性羞耻心，构成强制猥亵罪。
贪污贿赂犯罪	贪污罪	侵吞，职务之便	行为人作为国家工作人员，利用职务之便，非法侵吞公共财物，构成贪污罪。
	受贿罪	职务之便	行为人作为国家工作人员，利用职务之便，非法收受他人财物，为他人谋取利益，构成受贿罪。
	利用影响力受贿罪	通　　过	行为人作为非国家工作人员，通过其他国家工作人员职务上的行为，为请托人谋取不正当利益，收受他人财物，构成利用影响力受贿罪。

（二）涉及多层次结论的表达

如果一个案件中可以得出不同层次的若干结论，那么在进行表达的时候，不要试图把不同层次的结论放在一个短语中，而是尽量用逗号分隔开，这样表达更为清晰。

[例] 甲与余某有一面之交，知其孤身一人。某日凌晨，甲携匕首到余某家盗窃，物色一段时间后，未发现可盗财物。

根据这段事实，我们可以依次得出以下结论：甲属于"携带凶器盗窃"；甲属于"入户盗窃"；甲属于犯罪未遂。

我们先确定罪名，即①盗窃罪；然后确定特殊情节，即②"携带凶器盗窃"和"入户盗窃"；之后确定犯罪形态，即③犯罪未遂；最后确定未遂的处理，即④"可以比照既遂犯从轻或减轻处罚"。

考试中不要把这四个层次的问题放在一个短语中，如有考生写"甲属于入户盗窃（携带凶器的未遂）"。这样的表达不仅层次不清晰，还容易漏点。不妨将四个层次的结论用逗号隔开表达，写作：甲构成盗窃罪，属于"携带凶器盗窃""入户盗窃"，且成立犯罪未遂，可以比照既遂犯从轻或减轻处罚。

其中，"构成""属于""成立"这几个连接词是可以互相替换的，整篇答案中换着使用可以显得表达更加灵活和专业。

（三）共同犯罪的答题逻辑

共同犯罪的案件中，一般采用的是"总-分-分"的答题逻辑。具体而言：

1. 先论述各行为人成立共同犯罪。如果罪名不同，在哪个罪的范围之内成立共同犯罪？如果有分工，谁是正犯？谁是共犯？如果造成了结果，其他人是否也需要对结果负责？

2. 再分别论述各行为人的定性如何？各自定什么罪？是否有特殊情节？是否既遂？如果没有，是预备、未遂、中止中的哪一种？是否存在量刑上的法定从宽事由？ 详见上文"答题思路"中思考刑法问题的基本逻辑层次。

[例] 刘某随即让林某、丁某二人开枪。武某中弹身亡。事后查明，林某朝武某腿部开枪，丁某朝武某腹部开枪，只有一颗子弹击中武某心脏，导致其死亡，但无法查明击中心脏的这颗子弹是谁射击的。

在这段案情中，可以得出以下结论：刘某、林某、丁某三人成立共同犯罪，其中，林某、丁某是实行者，属于共同正犯；刘某是教唆者，属于教唆犯。刘某有伤害故意；林某有伤害故意；丁某有杀人故意。

之后，我们用"总-分-分"的答题逻辑将上述结论铺陈展开：

（1）刘某、林某、丁某三人在故意伤害罪的范围内成立共同犯罪，其中，林某、丁某是实行者，属于共同正犯；刘某引起林某、丁某二人的犯意，属于教唆犯。由于成立共同犯罪，即使无法查明击中心脏的子弹由谁射击，三人均对被害人武某的死亡结果负责。

（2）林某有伤害故意，属于故意伤害致人死亡；丁某有杀人故意，属于故意杀人（既遂）。

（3）教唆犯刘某有伤害故意，构成故意伤害罪，且对武某的死亡结果负责，属于故意伤害致人死亡。

（四）结论和理由的先后顺序

是否要把结论提到理由前面，应当视情况而定。

把结论提到开头的目的是让阅卷老师迅速找到并给分，因此，如果对于该问题论述的理由本来就少，那就没有必要将结论提到开头，直接按照"理由-结论"布局答案即可。

[例] 孙某的行为是否构成诈骗罪？

此时由于理由很短，只要回答"孙某不具有诈骗故意，因此，孙某出卖赝品的行为不构成诈骗罪"即可，没必要写成"孙某不构成诈骗罪。因为不具有诈骗故意，所以，孙某出卖赝品的行为不构成诈骗罪"。后者的表达显得呆板且冗长。

但是，如果理由比较长，且结论不容易一眼看出，建议将结论写在最前面，更加清晰。

[例] 周某和高某的行为如何定性？

应回答：周某属于抢劫致人重伤，高某属于抢劫罪的基本犯。本案中，周某压制他人反抗取得财物，构成抢劫罪；高某中途加入，成立抢劫罪的承继共犯。高某与周某构成抢劫罪的共同犯罪。周某在抢劫过程中导致他人重伤，属于抢劫致人重伤；高某不对被害人的重伤结果负责，属于抢劫罪的基本犯。

由此可见，是否要把结论提到理由前面是因题而异的，任何形式上的安排都是为阅卷老师迅速找到得分点并给分而服务的。

写作标准

一、不要写大前提，以小前提起手表达

所谓"大前提"，是指刑法中对于某个概念的理解。刑法主观题考试中，不要将刑法概念作为主语进行"解释"，而是要将行为人作为主语进行"代入"，即"行为人……"。

[例] 在丙背对着甲穿衣服时，甲乘机将丙放在桌上的手表拿走。(3分)

◎如果回答：盗窃罪是指打破他人占有、建立新的占有的行为。甲犯的是盗窃罪。

采分点评：这样的表达就没有把案情和盗窃罪的构成要件结合在一起，显得大前提和小前提划分刻意且脱节，只能得1~2分。

◎如果回答：盗窃罪是指打破他人占有、建立新的占有的行为。甲打破他人占有、建立新的占有，构成盗窃罪。

采分点评：这样的表达严格使用了三段论的推理模式，即"大前提-小前提-结论"，但问题在于，这样冗长的表达没有必要，且不现实。一个案情中如果涉及若干考点，每一个考点都这样回答的话，毫无疑问增加了时间成本、降低了效率。并且，阅卷老师在干扰信息太多、无法直接找到得分点的情况下，依然会酌情扣分。所以有强迫症的考生请注意，考试中不是写得越详细越好！

◎如果回答：甲以平和手段打破他人对手表的占有、建立新的占有，构成盗窃罪，数额为2100元。

采分点评：这样的表达不是无视大前提，而是把大前提融合到小前提中进行表达，并且代入"手表"这一案情事实，表达干练，争得了更多的时间。在阅卷老师看来，得分点显眼，是典型的上乘表达。该回答可以稳稳拿下3分。

◎如果回答：盗窃罪是指打破他人占有、建立新的占有的行为。值得注意的是，盗窃罪有"平和窃取说"和"秘密窃取说"两种，其中，"平和窃取说"是法考通说。甲的行为构成盗窃罪。

采分点评：这样的表达初衷可能是想把自己学到的知识全部展现在考试中，但在阅卷老师看来，离题万里，有凑字数之嫌疑，只得结论分1分。

二、不要写法条，也不要写量刑结论

刑法主观题考试中，没有时间搜索法条，也没有必要引用法条。

[例] 2010年3月，刘某与任某为了种植沉香，擅自砍伐了国有森林中的一片林木（1200株），将砍伐的林木扔在一旁，然后种植沉香，一直没有被人发现。(2分)

◎如果回答：《刑法》第275条规定，故意毁坏公私财物，数额较大或者有其他严重情节

的，处 3 年以下有期徒刑、拘役或者罚金；数额巨大或者有其他特别严重情节的，处 3 年以上 7 年以下有期徒刑。刘某与任某毁坏林木，构成故意毁坏财物罪。

采分点评：该回答太过冗长，阅卷老师无法快速找到得分点。更重要的是，考试中的法条可以查询却无法复制，抄写法条必定会浪费大量时间，且在效果上南辕北辙。该回答只能得 1 分。

◎**如果回答**：刘某与任某砍伐零星树木，构成故意毁坏财物罪，判处 3 年以下有期徒刑、拘役或者罚金；数额巨大或者有其他特别严重情节的，处 3 年以上 7 年以下有期徒刑。

采分点评：该回答画蛇添足，并无必要。原则上，只要写到从宽情节即可，具体量刑问题无需浪费时间着笔。另外，"从一重罪处罚"也是最终结论，无需比较到底哪一个罪名更重。该回答得 2 分。

◎**如果回答**：刘某与任某不具有非法占有目的，二人砍伐林木，使得财物效用丧失，构成故意毁坏财物罪。二人成立共同犯罪。

采分点评：该回答简练准确，直击故意毁坏财物罪的构成要件"使得财物效用丧失"，从而得出结论"构成故意毁坏财物罪"。"不具有非法占有目的"在从正面论述的同时排除了构成盗伐林木罪、盗窃罪等罪的可能。之后，点出了"二人成立共同犯罪"的事实。该回答稳稳得 2 分。

三、不要完整表达三阶层

刑法主观题考试中，三阶层的犯罪构成、特殊情节、未完成罪都是需要考虑的内容，但是不必也不能全部表达在卷面上，否则会造成表达臃肿、不知所云。在表达时，"原则"不需要写，"例外"才需要特别写。例如，"主客观相统一"是原则，因此，一般情况下只要表达客观行为即可，主观默认跟客观统一，只有在"主客观不统一"的例外出现时才需要将主观、客观分开表达。又如，"犯罪既遂"是原则，一般情况下无需表达，只有在"犯罪未遂"等例外作为得分点出现时，才需要考生写出。

[例] 甲以刀相威胁，逼迫丙脱光衣服，丙一边顺手将已摘下的手表放在桌子上，一边流着泪脱完衣服。甲不顾丙的反抗强行摸了丙的乳房后对丙说："好吧，你可以穿上衣服了。"（2分）

◎**如果回答**：甲主观上有强制猥亵的故意，客观上实施了强制猥亵的行为，构成强制猥亵罪。

采分点评：该表达只得结论分 1 分，因为在表达中没有实质性地指出强制猥亵的构成要件是什么，只是对于概念的同义重复、循环论证。另外，"主客观相统一"是原则，在一般情况下，只需要表达客观行为即可，无需再强调主观上的故意，因为在"主客观相统一"的情况下，主观是跟着客观走的。

◎**如果回答**：①在构成要件层面，甲符合强制猥亵、侮辱罪的构成要件；②在违法性层面，甲的行为不具有违法阻却事由；③在责任层面，甲的行为不具有责任阻却事由。综上所述，甲构成强制猥亵、侮辱罪。由于既遂结果已经发生，因此，甲是犯罪既遂。

采分点评：写出该表达的考生看得出是熟练掌握三阶层的，但却没有掌握基本的答题技巧。原则上，违法阻却事由、责任阻却事由需要在表达前考虑，但无需在表达时写出。此外，"犯罪既遂"是原则，无需写出。另外，强制猥亵罪全称为"强制猥亵、侮辱罪"，但按照学界的约定俗成，写"强制猥亵罪"即可。因此，为了避免错误，考试中写"强制猥亵罪"即可。该表达不得分。

◎**如果回答**：甲强制摸了丙的乳房，构成强制猥亵罪。

采分点评：该表达只得结论分1分。考试中，不在不得已的情况下尽量不要抄案情，要学会将常考罪名的构成要件用最简练的法律用语表达出来。例如，盗窃罪是"打破他人占有、建立新的占有"；侵占罪是"变占有为所有"；强制猥亵罪是"强制侵犯他人的性羞耻心"。

◎**如果回答**：甲强制侵犯丙的性羞耻心，构成强制猥亵罪。

采分点评：该表达简练准确，在表达精炼构成要件的基础上代入案情，不遗漏、不多余，得满分2分。

四、共犯的表达要分层次

如上文所述，共同犯罪中，一般按照"总-分-分"的思路作答，分清法律关系，条理清晰。

[例] 甲找到在私营保险公司当定损员的朋友陈某，告知其自己毁坏财物的真相，请求其帮忙向保险公司申请赔偿。陈某遂向保险公司报告说是他人驾车造成事故，并隐瞒其他不利于甲的事实。甲顺利获得7万元保险赔偿。(5分)

◎**如果回答**：甲骗取保险，构成保险诈骗罪；陈某侵吞公司财物，构成职务侵占罪。

采分点评：该回答得2分，因为共同犯罪的问题完全没有提及。

◎**如果回答**：甲和陈某成立保险诈骗罪的共同犯罪，甲是保险诈骗罪的正犯，陈某是帮助犯。此外，陈某和甲成立职务侵占罪的共同犯罪，陈某是职务侵占罪的正犯，甲是帮助犯。

采分点评：该回答得4分。该回答的失分点在于，刑法最终的定性一定是对个人而言的，而不是对罪名而言的，因此，需要总结本案中甲和陈某分别如何定罪量刑。

◎**如果回答**：

1. 甲和陈某分别在保险诈骗罪以及职务侵占罪的范围内成立共同犯罪。

2. 甲作为投保人，虚构事实，骗取保险金，构成保险诈骗罪的正犯；陈某为其欺骗行为提供帮助，属于保险诈骗罪的帮助犯。

3. 陈某以非法占有为目的，使他人非法占有公司财物，成立职务侵占罪；甲引起陈某的犯意，是职务侵占罪的教唆犯。

综上所述，甲成立保险诈骗罪与职务侵占罪（教唆犯），从一重罪处罚；陈某成立职务侵占罪与保险诈骗罪（帮助犯），从一重罪处罚。

采分点评：该回答得满分5分。首先"分罪名"，就涉及的两个罪名分别分析构成保险诈骗罪和职务侵占罪中二人的定性；之后"分人"，分别分析甲和陈某构成哪些犯罪、如何处理罪数等问题。

五、表达必须完整

表达的时候，需要注意句子结构的完整性。一个完整的句子需要有主语、谓语等要素，不能缺少成分。

[例] 司机谢某见甲、乙打人后驾车逃离，对乙车紧追。甲让乙提高车速并走"蛇形"，以防谢某超车。汽车开出2公里后，乙慌乱中操作不当，车辆失控撞向路中间的水泥隔离墩。谢某刹车不及撞上乙车受重伤。赶来的警察将甲、乙抓获。（5分）

◎**如果回答**：不负责，因为自陷风险，介入因素异常。

采分点评：该表达只得结论分1分。这是因为刑法主观题的表达要是完整的句子，不可以只有短语。该表达中甚至找不到一个主语或者一个完整的句子，阅卷老师会有非常不好的阅卷感受。

◎**如果回答**：谢某自陷风险，属于异常介入因素，不对重伤结果负责。

采分点评：该表达在成分上残缺，得3分。我们知道，在中文语法中，如果短句没有主语，则沿用逗号前面句子的主语。例如，"我没有太努力，过了法考。""过了法考"这个短句没有主语，因此沿用逗号前面一个短句的主语，即"我"。回到这个表达，"不对重伤结果负责"的主语从逻辑上应该是"甲和乙"，但从句子结构上看，却成了"谢某"自己，这显然有语病问题，应该改为"谢某自陷风险，属于异常介入因素，甲、乙不对重伤结果负责"。应当注意，在诈骗罪、被害人承诺、被害人自陷风险等问题中，尤其需要关注主语的切换问题。

◎**如果回答**：谢某自陷风险，切断了甲、乙走"蛇形"和谢某受到重伤，不能把谢某的重伤结果归责给甲、乙。

采分点评：该表达存在病句瑕疵，得4分。在考试中，考生需要尽量避免长难句的使用，因为在短句中更容易看出成分的缺失。在该表达中，考生遗漏了"切断"的宾语"因果关系"，句子变成了"切断了重伤"，这显然不是考生想表达的意思，应当改为"切断了甲、乙走'蛇形'和谢某受到重伤之间的因果关系"。考生需要养成习惯，当表达中出现"存在"的时候，后面要接诸如"故意"的宾语；当表达中出现"造成"的时候，后面要接诸如"结果"的宾语，不可缺少。

◎**如果回答**：谢某明知前方车辆"蛇形"驾驶仍然追击，属于自陷风险，系异常介入因素，切断甲、乙的行为与谢某的重伤结果之间的因果关系，因此，甲、乙不对谢某的重伤结果负责。

采分点评：该表达得满分5分。在阅卷老师看来，该表达结论清晰，成分齐全，表达流畅，是绝对的上乘表达。

六、"观点展示"问题的回答

"观点展示"的问题中，一般写两种观点即可，需要有结论、有论述，但无需过度展开学说，学说的名称也可以不写（"法定符合说""具体符合说"除外）。在格式上，建议考生将不同观点分段书写，前面加过渡句，这样会更加清晰，容易让阅卷老师找到得分点并给分，即：

"本案属于……对于本案有两种不同的观点：（过渡句）

"观点1：如果认为……则……

"观点2：如果认为……则……"

[例] 甲、乙合谋杀害丙，计划由甲对丙实施砍杀，乙持枪埋伏于远处，若乙逃跑则伺机射杀。案发时，丙不知道乙的存在。为防止甲的不法侵害，丙开枪射杀甲，子弹击中了远处的乙，致乙死亡。该案如何处理？（6分）

◎**如果回答**：丙构成正当防卫。

采分点评：该表达得1分。因为没有写理由，所以只有结论分，而且只有一种观点的结论分。

◎**如果回答**：法定符合说认为，不同的具体人在人的本质上可以等价。因此，不法侵害人之间具有价值上的等同性。既然对不法侵害人的攻击进行防卫成立正当防卫，那么由于打击错误对其他不法侵害人进行的防卫也可成立正当防卫，所以丙构成正当防卫。具体符合说认为，人身专属法益不能等价，防卫人的行为只能针对正在实施不法侵害的行为人，所以丙构成偶然防卫。

采分点评：该表达得4分。这一表达累赘阐述观点的具体理论，浪费时间，可能导致考生答题时间不够，且该表达没有对照小前提分析认识错误类型。

◎**如果回答**：丙意图对甲进行正当防卫，却导致乙死亡。对于本案，存在两种观点：

观点1：丙针对他人的不法侵害进行反击，造成他人死亡的结果，属于正当防卫，不构成犯罪；

观点2：丙在针对甲的不法侵害进行反击时发生了行为偏差，导致了乙的死亡结果，但在客观上实现了防卫效果，属于偶然防卫。

采分点评：该表达得6分。结论正确，且对结论有基本表达即可，无需过度展开学说。

案例带写

一、"一案一问"型

做"一案一问"型的题目分成五步进行：读案情→分案件→找事实→得结论→写表达。

[示例]

案情： 1995年7月，在甲市生活的洪某与蓝某共谋抢劫。蓝某在事前打探了被害人赵某的行踪后，二人决定在同年7月13日晚20点拦路抢劫赵某的财物。当晚19点55分，洪某到达了现场，但没有发现蓝某。赵某出现后，洪某决定独自抢劫赵某。于是，洪某使用事先准备的凶器，击打赵某的后脑部，导致赵某昏倒在地不省人事。蓝某此时到达了现场，与洪某一并从赵某身上和提包中找出价值2万余元的财物。随后蓝某先离开了现场，洪某以为赵某已经死亡，便将赵某扔到附近的水库，导致赵某溺死（经鉴定，赵某在死亡前头部受重伤）。公安机关一直未能破案，洪某逃至乙市，化名在某保险公司做保险代理。（事实一）（P1）

2006年9月，洪某被某保险公司辞退后回到甲市，由于没有经济来源，洪某打算从事个体经营。洪某使用虚假的产权证明作担保，从A银行贷款30万元用于经营活动，但由于经营不善而亏损。为了归还贷款，洪某想通过租车用于质押骗取他人借款。洪某从B汽车租赁公司（以下简称"B公司"）员工钱某那里得知，所有的汽车都装有GPS系统，如果租车人没有按时归还，B公司就会根据GPS定位强行将汽车收回。洪某心想，即使自己欺骗了B公司，租期届满时B公司也会将汽车收回，因而不会有财产损失。于是，洪某以真实身份与B公司签订了租车协议，从B公司租了一辆奥迪车，约定租车一周，并在租车时交付了租金。租到车后，洪某伪造了车辆行驶证与购车发票，找到C小贷公司借款50万元，孙某信以为真，将奥迪车留在公司（但没有办理质押手续），借给洪某50万元。洪某归还了A银行的30万元贷款本息。一周后，B公司发现洪某没有归还车辆，便通过GPS定位找到车辆，并将车辆开回。孙某发现自己上当后报警。（事实二）（P2）

2018年，公安机关以洪某犯诈骗罪为由在网上通缉洪某。洪某看到通缉后，得知公安机关并没有掌握自己1995年的犯罪事实，便找到甲市环保局副局长白某，请白某向公安局领导说情，并给白某5万元现金。白某向公安局副局长李某说情时，李某假装答应大事化小，同时从白某处打听到洪某的藏身之处。随后，李某带领公安人员抓获了洪某。洪某到案后，如实供述了自己对C小贷公司的诈骗事实，但否认自己对B公司构成合同诈骗罪，也没有交代1995年的犯罪事实，但主动交代了公安机关尚未掌握的另一起犯罪事实，并且检举了黄某与程某的一起犯罪事实。（事实三）（P3）

洪某主动交代的另一起犯罪事实是：2016年10月5日，洪某潜入某机关办公室，发现办公桌内有一个装有现金的信封，便将信封和现金一起盗走。次日，洪某取出信封中的现金（共8000元）时，意外发现信封里还有一张背面写着密码的银行卡。于是，洪某就对其妻青某说："我捡了一张银行卡，你到商场给自己买点衣服去吧！"青某没有去商场购买衣服，而是用银行卡从自动取款机里取出了4万元现金，但没有将此真相告诉洪某。（事实四）（P4）

洪某检举的犯罪事实，是其与程某喝酒时由酒后的程某透露出来的：2015年，黄某雇请程某伤害黄某的前妻周某，声称只要将周某手臂砍成轻伤就行，程某表示同意。黄某预付给程某10万元，并许诺事成后再给20万元。程某跟踪周某后，威胁周某说："有人雇我杀你，如果你给我40万元，我就不杀你了，否则我就杀了你。"周某说："你不要骗我，我才不相信呢！"程某为了从黄某那里再得到20万元，于是拿出水果刀砍向周某的手臂。周某以为程某真的要杀害自己，情急之下用手臂抵挡，程某手中的水果刀正好划伤了周某手臂（构成轻伤）。周某因患有白血病，受伤后流血不止而死亡。程某不知道周某患有白血病，但黄某知道。后来程某向黄某索要约定的20万元时，黄某说："我只要你砍成轻伤，你却把人砍死了，所以20万元就不给了。"程某恼羞成怒，将黄某打成重伤。（事实五）（P5）

洪某主动交代的事实与检举的事实，经公安机关查证属实。经公安机关进一步讯问，洪某如实交代了自己1995年的犯罪事实（公安机关虽然知道该犯罪事实，但一直未发觉犯罪嫌疑人）。（事实六）（P6）

问题：请根据《刑法》的相关规定与刑法原理分析相关人的刑事责任。（要求注重说明理由，并可以同时答出不同观点和理由）

解答思路

S1*：通读案情，圈画关键词，做基本的概念翻译和考点对应工作。

段落	事　实	思路与问题
P1	1995年7月，在甲市生活的洪某与蓝某共谋抢劫。蓝某在事前打探了被害人赵某的行踪后，二人决定在同年7月13日晚20点拦路抢劫赵某的财物。	共同犯罪。
P1	当晚19点55分，洪某到达了现场，但没有发现蓝某。赵某出现后，洪某决定独自抢劫赵某。于是，洪某使用事先准备的凶器，击打赵某的后脑部，导致赵某昏倒在地不省人事。蓝某此时到达了现场，与洪某一并从赵某身上和提包中找出价值2万余元的财物。	共犯脱离问题。
P1	随后蓝某先离开了现场，洪某以为赵某已经死亡，便将赵某扔到附近的水库，导致赵某溺死（经鉴定，赵某在死亡前头部受重伤）。	事前故意。（观点展示）
P1	公安机关一直未能破案，洪某逃至乙市，化名在某保险公司做保险代理。	追诉时效延长。
P2	2006年9月，洪某被某保险公司辞退后回到甲市，由于没有经济来源，洪某打算从事个体经营。洪某使用虚假的产权证明作担保，从A银行贷款30万元用于经营活动，但由于经营不善而亏损。	骗取贷款问题。

---

* S在本书为"步骤"的简称。S1表示"步骤1"，其他由此类推。

续表

段落	事　　实	思路与问题
P2	为了归还贷款，洪某想通过租车用于质押骗取他人借款。洪某从B汽车租赁公司（以下简称"B公司"）员工钱某那里得知，所有的汽车都装有GPS系统，如果租车人没有按时归还，B公司就会根据GPS定位强行将汽车收回。洪某心想，即使自己欺骗了B公司，租期届满时B公司也会将汽车收回，因而不会有财产损失。于是，洪某以真实身份与B公司签订了租车协议，从B公司租了一辆奥迪车，约定租车一周，并在租车时交付了租金。租到车后，洪某伪造了车辆行驶证与购车发票，找到C小贷公司借款50万元，孙某信以为真，将奥迪车留在公司（但没有办理质押手续），借给洪某50万元。	贷款诈骗问题。
	洪某归还了A银行的30万元贷款本息。一周后，B公司发现洪某没有归还车辆，便通过GPS定位找到车辆，并将车辆开回。孙某发现自己上当后报警。	A银行没有受损，B公司也没有受损。
P3	2018年，公安机关以洪某犯诈骗罪为由在网上通缉洪某。	公安已经掌握P2中的诈骗事实。
	洪某看到通缉后，得知公安机关并没有掌握自己1995年的犯罪事实，便找到甲市环保局副局长白某，请白某向公安局领导说情，并给白某5万元现金。	斡旋受贿。
	白某向公安局副局长李某说情时，李某假装答应大事化小，同时从白某处打听到洪某的藏身之处。随后，李某带领公安人员抓获了洪某。	受贿罪；立功的问题。
	洪某到案后，如实供述了自己对C小贷公司的诈骗事实，但否认自己对B公司构成合同诈骗罪，也没有交代1995年的犯罪事实，但主动交代了公安机关尚未掌握的另一起犯罪事实，并且检举了黄某与程某的一起犯罪事实。	坦白、自首和立功。
P4	洪某主动交代的另一起犯罪事实是：……	特别自首。
	2016年10月5日，洪某潜入某机关办公室，发现办公桌内有一个装有现金的信封，便将信封和现金一起盗走。次日，洪某取出信封中的现金（共8000元）时，意外发现信封里还有一张背面写着密码的银行卡。	盗窃罪；盗窃信用卡。
	于是，洪某就对其妻青某说："我捡了一张银行卡，你到商场给自己买点衣服去吧！"	洪某盗窃信用卡并使用；青某以为是捡的。
	青某没有去商场购买衣服，而是用银行卡从自动取款机里取出了4万元现金，但没有将此真相告诉洪某。	青某以为是捡拾的信用卡并使用。
P5	洪某检举的犯罪事实，是其与程某喝酒时由酒后的程某透露出来的：……	立功。
	2015年，黄某雇请程某伤害黄某的前妻周某，声称只要将周某手臂砍成轻伤就行，程某表示同意。黄某预付给程某10万元，并许诺事成后再给20万元。	程某是伤害故意。

续表

段落	事 实	思路与问题
P5	程某跟踪周某后，威胁周某说："有人雇我杀你，如果你给我40万元，我就不杀你了，否则我就杀了你。"周某说："你不要骗我，我才不相信呢！"	抢劫罪；未遂。
	程某为了从黄某那里再得到20万元，于是拿出水果刀砍向周某的手臂。周某以为程某真的要杀害自己，情急之下用手臂抵挡，程某手中的水果刀正好划伤了周某手臂（构成轻伤）。周某因患有白血病，受伤后流血不止而死亡。程某不知道周某患有白血病，但黄某知道。	特殊体质，程某无法预见死亡结果；黄某利用不知情的人。
	后来程某向黄某索要约定的20万元时，黄某说："我只要你砍成轻伤，你却把人砍死了，所以20万元就不给了。"程某恼羞成怒，将黄某打成重伤。	故意伤害罪。
P6	洪某主动交代的事实与检举的事实，经公安机关查证属实。经公安机关进一步讯问，洪某如实交代了自己1995年的犯罪事实（公安机关虽然知道该犯罪事实，但一直未发觉犯罪嫌疑人）。	自首问题；追诉时效问题。

S2：拆分案件，将整篇案情拆分成小案件。

案 件	事实概括	角 色	时 间	对应段落
案件1	抢劫途中把人锤，抛入水中方才没	洪、蓝	1995年	P1
案件2	租车抵押拿贷款，租车公司又开还	洪	2006年	P2
案件3	送钱托人说说情，不料碰到真铁钉	洪、白、李	2018年	P3
案件4	偷卡交给妻子花，妻子对机器盗刷	洪、青	2016年	P4
案件5	黄某知道特殊病，还叫程某给教训	黄、程	2015年	P5
案件6	洪某交代事实一，20年后又提起	洪	2018年归案后	P6

1995年	2006年	2015年	2016年	2018年
案件1	案件2（公安机关掌握）	案件5（立功）	案件4（自首）	案件3

S3：按照法律关系不同，找出上述案件对应的有关事实。

案 件	重要事实
案件1	◦洪某与蓝某共谋抢劫。（P1） ◦洪某使用事先准备的凶器，击打赵某的后脑部，导致赵某昏倒在地不省人事。（P1） ◦洪某以为赵某已经死亡，便将赵某扔到附近的水库，导致赵某溺死（经鉴定，赵某在死亡前头部受重伤）。（P1） ◦蓝某此时到达了现场，与洪某一并从赵某身上和提包中找出价值2万余元的财物。（P1）

续表

案 件	重要事实
案件2	◎租到车后，洪某伪造了车辆行驶证与购车发票，找到C小贷公司借款50万元。(P2) ◎一周后，B公司发现洪某没有归还车辆，便通过GPS定位找到车辆，并将车辆开回。(P2) ◎洪某归还了A银行的30万元贷款本息。(P2)
案件3	◎洪某找到甲市环保局副局长白某，请白某向公安局领导说情，并给白某5万元现金。(P3) ◎白某向公安局副局长李某说情。(P3) ◎李某假装答应大事化小，同时从白某处打听到洪某的藏身之处。随后，李某带领公安人员抓获了洪某。(P3)
案件4	◎洪某潜入某机关办公室，发现办公桌内有一个装有现金的信封，便将信封和现金一起盗走。次日，洪某取出信封中的现金（共8000元）。(P4) ◎(洪某)发现信封里还有一张背面写着密码的银行卡，于是，洪某就对其妻青某说："我捡了一张银行卡，你到商场给自己买点衣服去吧！"(P4) ◎青某用银行卡从自动取款机里取出了4万元现金。(P4)
案件5	◎黄某雇请程某伤害黄某的前妻周某，声称只要将周某手臂砍成轻伤就行。(P5) ◎周某因患有白血病，受伤后流血不止而死亡。(P5) ◎黄某知道（周某患有白血病）。(P5) ◎黄某雇请程某伤害黄某的前妻周某，声称只要将周某手臂砍成轻伤就行，程某表示同意。(P5) ◎程某为了从黄某那里再得到20万元，于是拿出水果刀砍向周某的手臂。(P5) ◎周某因患有白血病，受伤后流血不止而死亡。程某不知道周某患有白血病。(P5) ◎(程某)威胁周某说："有人雇我杀你，如果你给我40万元，我就不杀你了，否则我就杀了你。"周某说："你不要骗我，我才不相信呢！"(P5) ◎程某恼羞成怒，将黄某打成重伤。(P5)
案件6	◎洪某如实交代了自己1995年的犯罪事实。(P6)

S4：分析案件中的法律关系，得出结论。

案 件	重要事实	结论和理由
案件1	◎洪某与蓝某共谋抢劫。(P1) ◎洪某使用事先准备的凶器，击打赵某的后脑部，导致赵某昏倒在地不省人事。(P1) ◎洪某以为赵某已经死亡，便将赵某扔到附近的水库，导致赵某溺死（经鉴定，赵某在死亡前头部受重伤）。(P1)	[结论] 洪某和蓝某构成抢劫罪的共同犯罪。 [结论] 根据不同观点，洪某可能属于抢劫致人死亡，也可能构成抢劫致人重伤与过失致人死亡罪，数罪并罚。 [解析] 洪某在抢劫中杀人，却出现了死亡结果的推迟实现。如果把死亡结果归属于前行为，则洪某属于抢劫致人死亡；如果把死亡结果归属于"抛尸"行为，则洪某构成抢劫致人重伤与过失致人死亡罪，数罪并罚。这里存在观点展示。

续表

案件	重要事实	结论和理由
案件1	⊙蓝某此时到达了现场,与洪某一并从赵某身上和提包中找出价值2万余元的财物。(P1)	[结论]蓝某属于抢劫致人死亡。 [解析]蓝某参与了抢劫行为,且对死亡结果有预见可能性,也对死亡结果负责。
案件2	⊙租到车后,洪某伪造了车辆行驶证与购车发票,找到C小贷公司借款50万元。(P2) ⊙一周后,B公司发现洪某没有归还车辆,便通过GPS定位找到车辆,并将车辆开回。(P2)	[结论]洪某对C小贷公司构成贷款诈骗罪。 [解析]贷款诈骗罪的对象是金融机构,有资质的小贷公司属于金融机构,当然可以成为贷款诈骗罪的对象。洪某以非法占有为目的,使得C小贷公司遭受损失,属于贷款诈骗罪。
	⊙洪某归还了A银行的30万元贷款本息。(P2)	[结论]洪某对A银行不构成骗取贷款罪。 [解析]骗取贷款罪需要造成金融损失,洪某归还了A银行的30万元贷款本息,没有对A银行造成损失,因此不构成骗取贷款罪。
案件3	⊙洪某找到甲市环保局副局长白某,请白某向公安局领导说情,并给白某5万元现金。(P3)	[结论]洪某给予国家工作人员财物,构成行贿罪。
	⊙白某向公安局副局长李某说情。(P3)	[结论]白某收受他人财物,意图通过其他国家工作人员的职务行为,为请托人洪某谋取不正当利益,构成(斡旋受贿型)受贿罪。 [解析]斡旋受贿需要"通过"其他国家工作人员的职务行为,为请托人谋取不正当利益。所谓"通过",是指"就事论事",即让对方办事,但没有跟对方说自己收了钱。如果办事者知道收钱的事实,则不考虑斡旋受贿的问题。本案的关键在于"说情",即李某对白某收钱的事实不知情,因此,白某属于斡旋受贿。
	⊙李某假装答应大事化小,同时从白某处打听到洪某的藏身之处。随后,李某带领公安人员抓获了洪某。(P3)	[结论]李某没有收受财物的意思,不构成犯罪。既然不构成犯罪,那么也不是立功。 [解析]自首、立功的成立以构成犯罪为前提。
	⊙公安机关以洪某犯诈骗罪为由在网上通缉洪某。(P3) ⊙洪某到案后,如实供述了自己对C小贷公司的诈骗事实,但否认自己对B公司构成合同诈骗罪,也没有交代1995年的犯罪事实,但主动交代了公安机关尚未掌握的另一起犯罪事实,并且检举了黄某与程某的一起犯罪事实。(P3)	[结论]由于公安机关已经知道洪某案件2中的犯罪事实,因此,洪某对案件2成立坦白。洪某对案件4属于特别自首。案件5中,洪某揭发他人的犯罪事实,对案件5构成立功。 [解析]特别自首和一般自首的核心区别在于,特别自首是犯罪嫌疑人已经处于被采取强制措施的状态,一般自首需要"自动投案"。特别自首与坦白的区别在于,特别自首供述的是公安机关未掌握的事实,坦白供述的是公安机关已经掌握的事实。

续表

案　件	重要事实	结论和理由
案件 4	⊙洪某潜入某机关办公室，发现办公桌内有一个装有现金的信封，便将信封和现金一起盗走。次日，洪某取出信封中的现金（共 8000 元）。(P4)	[结论] 洪某构成盗窃罪。
	⊙(洪某) 发现信封里还有一张背面写着密码的银行卡，于是，洪某就对其妻青某说："我捡了一张银行卡，你到商场给自己买点衣服去吧！"(P4)	[结论] 洪某盗窃信用卡并使用，构成盗窃罪。 [解析] 盗窃信用卡，隐瞒盗窃的事实教唆他人冒用的，即属于"盗窃信用卡并使用"。洪某构成盗窃罪，又构成信用卡诈骗罪的教唆犯。考试的时候回答哪一种都可以。
	⊙青某用银行卡从自动取款机里取出了 4 万元现金。(P4)	[结论] 青某盗刷他人信用卡，构成信用卡诈骗罪。 [解析] 遇到盗刷信用卡的案件，盗窃信用卡并使用的定盗窃，抢劫信用卡并使用的定抢劫，其他全部定信用卡诈骗罪。
案件 5	⊙黄某雇请程某伤害黄某的前妻周某，声称只要将周某手臂砍成轻伤就行。(P5) ⊙周某因患有白血病，受伤后流血不止而死亡。(P5) ⊙黄某知道（周某患有白血病）。(P5)	[结论] 黄某属于故意杀人罪的间接正犯。 [解析] 间接正犯在题目中的标志包括欺骗、胁迫、特殊认知。而本案就是最典型的"特殊认知"型的间接正犯，即行为人知道的比别人多，利用他人作为工具实施犯罪。
	⊙黄某雇请程某伤害黄某的前妻周某，声称只要将周某手臂砍成轻伤就行，程某表示同意。(P5) ⊙程某为了从黄某那里再得到 20 万元，于是拿出水果刀砍向周某的手臂。(P5) ⊙周某因患有白血病，受伤后流血不止而死亡。程某不知道周某患有白血病。(P5)	[结论] 程某仅有伤害的故意，且被害人有特殊体质，程某无法预见，因此，程某仅构成故意伤害罪的基本犯。 [解析] "特殊体质"，是指异于常人的健康体质且表现为生理机能缺失，以致在受到外界刺激时能产生超乎行为人主观认识的不良后果。在涉及特殊体质的案件中，虽然被害人的死亡结果和行为人的行为之间依然存在因果关系，但由于行为人主观上没有预见可能性，因此，本案中，程某不对周某的死亡结果负责。
	⊙(程某) 威胁周某说："有人雇我杀你，如果你给我 40 万元，我就不杀你了，否则我就杀了你。"周某说："你不要骗我，我才不相信呢！"(P5)	[结论] 程某以暴力相威胁，试图取得财物，属于抢劫罪。 [解析] 一般情况下，以暴力相威胁取得财物的是抢劫，以非暴力相威胁取得财物的是敲诈勒索。
	⊙程某恼羞成怒，将黄某打成重伤。(P5)	[结论] 程某对黄某构成故意伤害罪。
案件 6	⊙洪某如实交代了自己 1995 年的犯罪事实。(P6)	[结论] 案件 1 的抢劫致人死亡最高可以判处死刑，追诉时效为 20 年，即从 1995 年到 2015 年，2018 年已过最长追诉时效 20 年。除非最高人民检察院核准，否

续表

案　件	重要事实	结论和理由
案件6	同　前	则不应追究洪某所犯抢劫罪的刑事责任。 [解析] 法定最高刑为无期徒刑、死刑的，追诉时效为20年。如果20年以后认为必须追诉，须报请最高人民检察院核准。

S5：最后，将结论用"倒置三段论"的方式表达出来。

答案

1. 关于事实一

洪某、蓝某二人共同实施抢劫行为，成立抢劫罪的共同犯罪。

洪某属于事前故意，对此有两种观点：

观点1：洪某有抢劫的故意，且导致了他人死亡的结果，属于抢劫致人死亡；

观点2：洪某在实施抢劫之后"抛尸"的行为过失导致他人死亡，构成抢劫致人重伤与过失致人死亡罪，数罪并罚。

蓝某与洪某共同实施了抢劫行为，对他人的死亡结果有预见可能性，成立抢劫致人死亡。

2. 关于事实二

洪某客观上伪造相关证件、骗取金融机构C小贷公司贷款，主观上没有归还贷款的意思，具有非法占有贷款目的，构成贷款诈骗罪。

A银行没有遭受损失，洪某对A银行不构成骗取贷款罪。

3. 关于事实三

洪某给予国家工作人员白某财物，构成行贿罪；白某收受他人财物，意图通过其他国家工作人员李某的职务行为，为请托人洪某谋取不正当利益，构成"斡旋受贿"型的受贿罪。李某没有收受贿赂的故意，不构成受贿罪。由于诈骗罪的事实已经被公安机关掌握，因此，洪某如实供述自己对C小贷公司的诈骗事实（事实二）属于坦白；主动交代自己所犯盗窃罪的事实（事实四）构成特别自首；供述黄某和程某的犯罪事实（事实五）属于立功。

4. 关于事实四

洪某主动交代自己所犯盗窃罪的事实（事实四），构成特别自首。洪某盗窃他人8000元现金，并且盗窃信用卡并使用，构成盗窃罪，数额累计计算。青某以为是捡到的信用卡而冒用，构成信用卡诈骗罪。

5. 关于事实五

洪某对他人的犯罪事实进行检举属于立功。

黄某主观上明知被害人存在特殊体质，利用程某的杀人行为导致他人死亡，构成故意杀人罪的间接正犯。程某有伤害他人的故意，但对周某的死亡结果没有预见可能性，只构成故意伤害罪。二人在故意伤害罪的范围内成立共同犯罪。另外，程某以暴力相威胁，意图取得财物，但未得逞，还成立抢劫罪（未遂）。

另外，程某恼羞成怒，将黄某打成重伤，构成故意伤害罪。

6. 关于事实六

洪某对1995年所犯之罪主动交代属于特别自首，且于2018年洪某交代此犯罪事实之时，本案已过最长追诉时效20年。除非最高人民检察院核准，否则不应追究洪某所犯抢劫罪的刑事责任。

二、"分问散案"型

做"分问散案"型的题目分成四步进行：读案情→找事实→得结论→写表达。由于问题的设问已经把案件分好，因此，对比"一案一问"型题目，省去"分案件"一步即可。

[示例]

案情：赵某与钱某原本是好友，赵某受钱某之托，为钱某保管一幅名画（价值800万元）达3年之久。某日，钱某来赵某家取画时，赵某要求钱某支付10万元保管费，钱某不同意。赵某突然起了杀意，为使名画不被钱某取回进而据为己有，用花瓶猛砸钱某的头部，钱某头部受重伤后昏倒，不省人事，赵某以为钱某已经死亡。刚好赵某的朋友孙某来访。赵某对孙某说"我摊上大事了"，要求孙某和自己一起将钱某的尸体埋在野外，孙某同意。(P1)

二人一起将钱某抬至汽车的后座，由赵某开车，孙某坐在钱某身边。开车期间，赵某不断地说着"真不该一时冲动""悔之晚矣"。其间，孙某感觉钱某身体动了一下，仔细察看，发现钱某并没有死。但是，孙某未将此事告诉赵某。到野外后，赵某一人挖坑并将钱某埋入地下（致钱某窒息身亡），孙某一直站在旁边没做什么，只是反复催促赵某动作快一点。(P2)

1个月后，孙某对赵某说："你做了一件对不起朋友的事，我也做一件对不起朋友的事。你将那幅名画给我，否则我向公安机关揭发你的杀人罪行。"3日后，赵某将一幅赝品（价值8000元）交给孙某。孙某误以为是真品，以600万元的价格卖给李某。李某发现自己购买了赝品，向公安机关告发孙某，导致案发。(P3)

问题：

1. 关于赵某杀害钱某以便将名画据为己有这一事实，可能存在哪几种处理意见？各自的理由是什么？
2. 关于赵某以为钱某已经死亡，为毁灭罪证而将钱某活埋导致其窒息死亡这一事实，可能存在哪几种主要处理意见？各自的理由是什么？
3. 孙某对钱某的死亡构成何罪（说明理由）？是成立间接正犯还是成立帮助犯（从犯）？
4. 孙某向赵某索要名画的行为构成何罪（说明理由）？关于法定刑的适用与犯罪形态的认定，可能存在哪几种观点？
5. 孙某将赝品出卖给李某的行为是否构成犯罪？为什么？

▲ 解答思路

S1：通读案情，圈画关键词，做基本的概念翻译和考点对应工作。

沙盘推演 ▶ 第一部分　刑法攻略

段落	事　　实	思路与问题
P1	赵某与钱某原本是好友，赵某受钱某之托，为钱某保管一幅名画（价值800万元）达3年之久。	名画由赵某占有、钱某所有。
	某日，钱某来赵某家取画时，赵某要求钱某支付10万元保管费，钱某不同意。赵某突然起了杀意，为使名画不被钱某取回进而据为己有，用花瓶猛砸钱某的头部，钱某头部受重伤后昏倒，不省人事，赵某以为钱某已经死亡。	赵某构成抢劫罪还是杀人罪？
	刚好赵某的朋友孙某来访。赵某对孙某说"我摊上大事了"，要求孙某和自己一起将钱某的尸体埋在野外，孙某同意。	共犯问题。
P2	二人一起将钱某抬至汽车的后座，由赵某开车，孙某坐在钱某身边。开车期间，赵某不断地说着"真不该一时冲动""悔之晚矣"。	无用事实。
	其间，孙某感觉钱某身体动了一下，仔细察看，发现钱某并没有死。但是，孙某未将此事告诉赵某。	孙某存在"特殊认知"。
	到野外后，赵某一人挖坑并将钱某埋入地下（致钱某窒息身亡），孙某一直站在旁边没做什么，只是反复催促赵某动作快一点。	事前故意问题。 因赵某单独实施"埋尸"行为，孙某催促的行为就不可能是直接正犯，只可能成立间接正犯或者帮助犯。（观点展示）
P3	（孙某）说："你将那幅名画给我，否则我向公安机关揭发你的杀人罪行。"	敲诈勒索罪。
	孙某误以为是真品，以600万元的价格卖给李某。	犯罪故意问题。

S2：按照法律关系不同，找出上述案件对应的有关事实。

问　　题	对应事实
1. 关于赵某杀害钱某以便将名画据为己有这一事实，可能存在哪几种处理意见？各自的理由是什么？	⊙赵某突然起了杀意，为使名画不被钱某取回进而据为己有，用花瓶猛砸钱某的头部，钱某头部受重伤后昏倒，不省人事，赵某以为钱某已经死亡。(P1) ⊙赵某一人挖坑并将钱某埋入地下（致钱某窒息身亡）。(P2)
2. 关于赵某以为钱某已经死亡，为毁灭罪证而将钱某活埋导致其窒息死亡这一事实，可能存在哪几种主要处理意见？各自的理由是什么？	⊙赵某以为钱某已经死亡。(P1) ⊙（赵某）要求孙某和自己一起将钱某的尸体埋在野外。(P1) ⊙赵某一人挖坑并将钱某埋入地下（致钱某窒息身亡）。(P2)
3. 孙某对钱某的死亡构成何罪（说明理由）？是成立间接正犯还是成立帮助犯（从犯）？	⊙赵某以为钱某已经死亡。刚好此时，赵某的朋友孙某来访。赵某对孙某说"我摊上大事了"，要求孙某和自己一起将钱某的尸体埋在野外，孙某同意。(P1)

续表

问　　题	对应事实
3. 孙某对钱某的死亡构成何罪（说明理由）？是成立间接正犯还是成立帮助犯（从犯）？	⊙孙某感觉钱某身体动了一下，仔细察看，发现钱某并没有死。但是，孙某未将此事告诉赵某。（P2） ⊙孙某一直站在旁边没做什么，只是反复催促赵某动作快一点。（P2）
4. 孙某向赵某索要名画的行为构成何罪（说明理由）？关于法定刑的适用与犯罪形态的认定，可能存在哪几种观点？	⊙（赵某）为钱某保管一幅名画（价值800万元）。（P1） ⊙孙某对赵某说："你做了一件对不起朋友的事，我也做一件对不起朋友的事。你将那幅名画给我，否则我向公安机关揭发你的杀人罪行。"（P3） ⊙赵某将一幅赝品（价值8000元）交给孙某。（P3）
5. 孙某将赝品出卖给李某的行为是否构成犯罪？为什么？	⊙赵某将一幅赝品（价值8000元）交给孙某。孙某误以为是真品，以600万元的价格卖给李某。（P3）

S3：分析案件中的法律关系，得出结论。

问　　题	关键事实	结论和理由
1. 关于赵某杀害钱某以便将名画据为己有这一事实，可能存在哪几种处理意见？各自的理由是什么？	⊙赵某突然起了杀意，为使名画不被钱某取回进而据为己有，用花瓶猛砸钱某的头部，钱某头部受重伤后昏倒，不省人事，赵某以为钱某已经死亡。（P1） ⊙赵某一人挖坑并将钱某埋入地下（致钱某窒息身亡）。（P2）	[结论]赵某可能构成抢劫罪一罪，也可能构成故意杀人罪与侵占罪，数罪并罚。 [解析]赵某为了不归还自己保管的名画而杀死画主人，对于他的行为，有哪两种观点？ 　　本案中存在两笔损害，"人死了""画归我了"。如果合二为一，就评价为抢劫致人死亡；如果分开评价，就是故意杀人罪+侵占罪，数罪并罚。 [注意]本问只探讨罪名，不要被事前故意干扰。事前故意属于事实认识错误，事实认识错误只会影响既遂、未遂的问题，一般不影响定罪。
2. 关于赵某以为钱某已经死亡，为毁灭罪证而将钱某埋活导致其窒息死亡这一事实，可能存在哪几种主要处理意见？各自的理由是什么？	⊙赵某以为钱某已经死亡。（P1） ⊙（赵某）要求孙某和自己一起将钱某的尸体埋在野外。（P1） ⊙赵某一人挖坑并将钱某埋入地下（致钱某窒息身亡）。（P2）	[结论]赵某属于事前故意，对此有两种观点： 观点1：既遂； 观点2：未遂+过失。 [解析]如果将赵某前后的行为视为一个整体，赵某属于故意杀人既遂；如果将赵某的行为拆分来看，赵某属于故意杀人未遂与过失致人死亡罪，数罪并罚。
3. 孙某对钱某的死亡构成何罪（说明理由）？是成立间接正犯还是成立帮助犯（从犯）？	⊙赵某以为钱某已经死亡。刚好赵某的朋友孙某来访。赵某对孙某说"我摊上大事了"，要求孙某和自己一起将钱某的尸体埋在野外，孙某同意。（P1）	[结论]孙某的行为性质根据对赵某行为的定性，也有两种观点： 观点1：如果赵某定既遂，孙某是帮助犯； 观点2：如果赵某定未遂+过失，孙某是间接正犯。

续表

问　　题	关键事实	结论和理由
3. 孙某对钱某的死亡构成何罪（说明理由）？是成立间接正犯还是成立帮助犯（从犯）？	⊙孙某感觉钱某身体动了一下，仔细察看，发现钱某并没有死。但是，孙某未将此事告诉赵某。（P2） ⊙孙某一直站在旁边没做什么，只是反复催促赵某动作快一点。（P2）	[解析] 如果将赵某前后的行为视为一个整体，赵某属于故意杀人既遂；孙某在中途强化了赵某的犯意，属于帮助犯。如果将赵某的行为拆分来看，赵某属于故意杀人未遂与过失致人死亡罪，数罪并罚；孙某在后半段加入，利用了不知情的赵某的"埋尸"行为导致他人死亡，属于故意杀人罪的间接正犯。
4. 孙某向赵某索要名画的行为构成何罪（说明理由）？关于法定刑的适用与犯罪形态的认定，可能存在哪几种观点？	⊙（赵某）为钱某保管一幅名画（价值800万元）。（P1） ⊙孙某对赵某说："你做了一件对不起朋友的事，我也做一件对不起朋友的事。你将那幅名画给我，否则我向公安机关揭发你的杀人罪行。"（P3） ⊙赵某将一幅赝品（价值8000元）交给孙某。（P3）	[结论] 孙某想敲诈勒索800万元，只得到价值8000元的财物。他的行为属于"求大得小"，有两种观点： 观点1：大数额的未遂； 观点2：小数额的既遂。
5. 孙某将赝品出卖给李某的行为是否构成犯罪？为什么？	⊙赵某将一幅赝品（价值8000元）交给孙某。孙某误以为是真品，以600万元的价格卖给李某。（P3）	[结论] 孙某不知道是假画，没有诈骗的故意，当然不构成诈骗罪。 [解析] 成立故意犯罪，需要认识到所有的客观要素，即"一一对应"。如果行为人没有认识到是赝品而出售，缺乏诈骗的故意，不构成诈骗罪。

S4：最后，将结论用"倒置三段论"的方式表达出来。

答案

1. 关于赵某杀害钱某以便将名画据为己有这一事实，存在两种观点：

观点1：如果认为财产性利益不能成为抢劫的对象，则赵某剥夺他人生命，构成故意杀人罪；将名画变占有为所有，构成侵占罪，数罪并罚。

观点2：如果认为财产性利益可以成为抢劫的对象，赵某杀害钱某，使得钱某对名画的返还请求权这一财产性利益归于消灭，属于抢劫致人死亡。

2. 赵某以为钱某已经死亡，为毁灭罪证而将钱某活埋导致其窒息死亡，属于事前故意。对此存在两种观点：

观点1：赵某有杀害钱某的故意，且导致钱某死亡，构成故意杀人罪既遂。

观点2：赵某有用花瓶击杀钱某的故意，但未以此法得逞，属于故意杀人罪（未遂）；之后"埋尸"的行为属于过失致人死亡罪，与故意杀人罪（未遂）数罪并罚。

如果行为人属于抢劫致人死亡，同理。

3. 孙某的行为性质取决于上一题中对赵某行为的定性。

根据上一题观点1，如果认为赵某构成故意杀人罪既遂，则孙某在此过程中强化了赵某的犯意，属于故意杀人罪的帮助犯。

根据上一题观点2，如果认为赵某构成故意杀人罪（未遂）与过失致人死亡罪，则孙某利用了不知情的赵某的"埋尸"行为导致被害人的死亡结果，属于故意杀人罪的间接正犯。

4. 孙某以恶害相通告，使得对方陷入恐惧处分财物，构成敲诈勒索罪。对于犯罪形态的认定，有两种观点：

观点1：孙某主观上有敲诈勒索800万元的故意，但未得逞，因此按照800万元适用"数额特别巨大"的法定刑，同时适用未遂犯的规定；

观点2：由于孙某客观上的犯罪所得只有8000元，因此按照8000元适用"数额较大"的法定刑，认定为犯罪既遂。

5. 孙某以为出卖的是名画真品，不具有诈骗故意，因此，孙某出卖赝品的行为不构成诈骗罪。

三、"分问整案"型

做"分问整案"型的题目分成三步进行：读案情→得结论→写表达。由于案件事实已经对应分好，无需再进行归类整合，因此，对比"分问散案"型题目，省去"分案件"一步即可。

[示例]

案情：王某组织某黑社会性质的组织，刘某、林某、丁某积极参加。一日，王某、刘某在某酒店就餐，消费3000元。在王某结账时，收银员吴某偷偷调整了POS机上的数额，故意将3000元餐费改成30 000元，交给王某结账。王某果然认错，支付了30 000元。（事实一）（P1）

王某发现多付了钱以后，与刘某去找吴某还钱，吴某拒不返还。王某、刘某恼羞成怒，准备劫持吴某让其还钱。在捆绑吴某的过程中，不慎将吴某摔成重伤，因为担心酒店其他人员报警，故放弃挟持，离开酒店。（事实二）（P2）

王某和刘某走出酒店时，在门口被武某等四名保安拦截。王某遂让刘某打电话叫人过来帮忙，刘某给林某、丁某打电话，并私下叫二人带枪过来。林某、丁某二人将枪支藏在衣服里，来到酒店门口护送王某上私家车。武某等人见状遂让四人离开。王某上车时气不过，让刘某"好好教训这个保安"，随即开车离开。刘某随即让林某、丁某二人开枪。武某中弹身亡。事后查明，林某朝武某腿部开枪，丁某朝武某腹部开枪，只有一颗子弹击中武某心脏，导致其死亡，但无法查明击中心脏的这颗子弹是谁射击的。（事实三）（P3）

问题：

1. 事实一中，关于吴某的行为定性，有几种处理意见？须说明理由。

2. 事实二中，王某、刘某对吴某构成何罪？须说明理由。

3. 事实三中，王某、刘某、林某、丁某对武某的死亡构成何罪？其中，关于王某的行为，有几种处理意见？须说明理由。

📌 解答思路

S1：找到每一问对应的案件事实，通读案情，圈画关键词，做基本的概念翻译和考点对应工作。

问 题	事 实	思路与问题
1. 事实一中，关于吴某的行为定性，有几种处理意见？须说明理由。	王某组织某黑社会性质的组织，刘某、林某、丁某积极参加。(P1)	黑社会性质组织犯罪。
	一日，王某、刘某在某酒店就餐，消费3000元。在王某结账时，收银员吴某偷偷调整了POS机上的数额，故意将3000元餐费改成30 000元，交给王某结账。王某果然认错，支付了30 000元。(P1)	处分意思的不同理解（观点展示）；诈骗和盗窃。
2. 事实二中，王某、刘某对吴某构成何罪？须说明理由。	王某发现多付了钱以后，与刘某去找吴某还钱，吴某拒不返还。王某、刘某恼羞成怒，准备劫持吴某让其还钱。(P2)	合法债务；非法拘禁罪。
	在捆绑吴某的过程中，不慎将吴某摔成重伤，因为担心酒店其他人员报警，故放弃挟持，离开酒店。(P2)	非法拘禁致人重伤。
3. 事实三中，王某、刘某、林某、丁某对武某的死亡构成何罪？其中，关于王某的行为，有几种处理意见？须说明理由。	王某和刘某走出酒店时，在门口被武某等四名保安拦截。王某遂让刘某打电话叫人过来帮忙，刘某给林某、丁某打电话，并私下叫二人带枪过来。(P3)	共同犯罪；刘某有杀人故意。
	林某、丁某二人将枪支藏在衣服里，来到酒店门口护送王某上私家车。武某等人见状遂让四人离开。王某上车时气不过，让刘某"好好教训这个保安"，随即开车离开。(P3)	王某有伤害故意。
	刘某随即让林某、丁某二人开枪。(P3)	刘某有杀人故意。
	武某中弹身亡。事后查明，林某朝武某腿部开枪，丁某朝武某腹部开枪，只有一颗子弹击中武某心脏，导致其死亡，但无法查明击中心脏的这颗子弹是谁射击的。(P3)	共同犯罪；"查不清"问题。 林某朝武某腿部开枪，是伤害故意；丁某朝武某腹部开枪，是杀人故意。

S2：分析案件中的法律关系，得出结论。

问 题	关键事实	结论和理由
1. 事实一中，关于吴某的行为定性，有几种处理意见？须说明理由。	王某组织某黑社会性质的组织，刘某、林某、丁某积极参加。(P1)	[结论] 王某组织黑社会性质的组织，刘某、林某、丁某构成参加黑社会性质的组织罪。
	一日，王某、刘某在某酒店就餐，消费3000元。在王某结账时，收银员吴某偷偷调整了POS机上的数额，故意	[结论] 吴某构成盗窃罪或者诈骗罪。 [解析] 关于处分意思，有两种观点：抽象处分说和具体处分说。抽象处分说认为，被害人只要

续表

问　　题	关键事实	结论和理由
1. 事实一中，关于吴某的行为定性，有几种处理意见？须说明理由。	将3000元餐费改成30 000元，交给王某结账。王某果然认错，支付了30 000元。（P1）	认识到物品的标的、种类，就可以认定其有处分意思；具体处分说认为，被害人不仅需要认识到物品的具体标的、种类，还要认识到数量，才能认定其有处分意思。本案中，如果采用抽象处分说，被害人王某有处分意思，吴某构成诈骗罪；如果采用具体处分说，被害人王某没有处分意思，吴某构成盗窃罪。
2. 事实二中，王某、刘某对吴某构成何罪？须说明理由。	王某发现多付了钱以后，与刘某去找吴某还钱，吴某拒不返还。王某、刘某恼羞成怒，准备劫持吴某让其还钱。（P2）	［结论］王某、刘某是非法拘禁。 ［解析］为索取债务非法扣押、拘禁他人的，依照非法拘禁罪的规定处罚，不构成绑架罪或者抢劫罪。 ［注意］在实践中，构成非法拘禁罪，需要拘禁被害人达到一定的时间标准。但法考中不考虑时间要素，有拘禁行为就可以构成非法拘禁罪。
	在捆绑吴某的过程中，不慎将吴某摔成重伤，因为担心酒店其他人员报警，故放弃挟持，离开酒店。（P2）	［结论］王某、刘某是非法拘禁致人重伤。 ［解析］拘禁行为本身导致他人重伤的，属于非法拘禁罪的结果加重犯。所谓"拘禁行为本身"，是指为了拘禁而采取的措施。捆绑过程中导致重伤的，就属于这种情况。
3. 事实三中，王某、刘某、林某、丁某对武某的死亡构成何罪？其中，关于王某的行为，有几种处理意见？须说明理由。	王某和刘某走出酒店时，在门口被武某等四名保安拦截。王某遂让刘某打电话叫人过来帮忙，刘某给林某、丁某打电话，并私下叫二人带枪过来。（P3）	［结论］王某、刘某、林某、丁某成立故意伤害罪的共同犯罪。 ［解析］四人的关系是：王某→（教唆）→刘某→（教唆）→林某、丁某
	林某、丁某二人将枪支藏在衣服里，来到酒店门口护送王某上私家车。武某等人见状遂让四人离开。王某上车时气不过，让刘某"好好教训这个保安"，随即开车离开。（P3）	［结论］王某有伤害故意。 ［解析］"教训一下"，如果没有特别交代，推定行为人具有伤害故意。
	刘某随即让林某、丁某二人开枪。（P3）	［结论］刘某有杀人故意。 ［解析］让他人开枪射击，推定具有杀人故意。
	武某中弹身亡。事后查明，林某朝武某腿部开枪，丁某朝武某腹部开枪，只有一颗子弹击中武某心脏，导致其死亡，但无法查明击中心脏的这颗子弹是谁射击的。（P3）	［结论］林某构成故意伤害致人死亡；丁某构成故意杀人罪（既遂）。 ［解析］林某朝武某腿部开枪，具有伤害故意；丁某朝武某腹部开枪，具有杀人故意。二人成立共同犯罪，无论能否查清，二人均对武某的死亡结果负责，分别构成故意伤害致人死亡和故意杀人（既遂）。

S3：最后，将结论用"倒置三段论"的方式表达出来。

> **答案**

1. 王某组织黑社会性质的组织，构成组织黑社会性质组织罪；刘某、林某、丁某参加黑社会性质的组织，构成参加黑社会性质组织罪。

关于吴某偷偷调整了POS机数额的处理，有两种观点：

观点1：如果认为处分意思只需要认识到标的，则被害人有处分意思，行为人欺骗他人、取得财物，构成诈骗罪；

观点2：如果认为处分意思需要认识到标的和数量，则被害人无处分意思，行为人打破他人占有、建立新的占有，构成盗窃罪。

2. 王某和刘某是为了索要合法债务，没有非法占有目的，只构成非法拘禁罪，且在非法拘禁的过程中因为拘禁行为本身导致他人重伤，属于非法拘禁致人重伤，加重处罚。

3. 林某和丁某在故意伤害罪的范围内成立共同犯罪，因此无论能否查明是谁击中心脏导致被害人死亡，二人均对被害人的死亡结果负责。其中，林某有伤害的故意，构成故意伤害致人死亡；丁某有杀人的故意，构成故意杀人罪（既遂）。

刘某引起林某、丁某的犯罪故意，是教唆犯，其对被害人的死亡结果有预见可能性，属于故意杀人罪（既遂）。王某引起刘某的犯罪故意，是教唆犯，其对被害人的死亡结果有预见可能性，属于故意伤害致人死亡。

四、"观点展示"型

做"观点展示"型的题目分成两步进行：猜答案→凑表达。

[例1] 甲敲诈勒索乙，威胁公布其隐私，乙按照甲的要求将10万元放在垃圾桶中。甲告知丙真相，丙去取了该10万元现金，两人平分。对于本案存在两种观点：第一种观点认为，丙构成敲诈勒索罪；第二种观点认为，丙构成侵占罪。请分别说明理由。

[例2] 甲入户盗窃一台笔记本电脑，下楼时遇到乙，为了窝藏赃物，将乙打成轻伤，实际上乙是来发小广告的，不知道甲的罪行。对于本案存在两种观点：第一种观点认为，甲构成转化抢劫；第二种观点认为，甲构成故意伤害罪、盗窃罪。请分别说明理由。

[例3] 甲为了索取债务，和乙一起非法拘禁丙。丙表示不还钱。甲和乙一起商量并砍掉了丙的大拇指（重伤）。有观点认为，甲和乙仅构成故意伤害罪。你赞成还是反对？请分别说明理由。

[例4] 甲和乙系夫妻，甲犯罪，乙劝其自首，不然离婚并带走小孩。甲勒住乙的脖子，欲杀死乙，乙大声呼救，两个小孩过来。甲觉得在小孩面前杀死乙不合适，遂松开乙，乙仅构成轻微伤。甲是构成犯罪未遂还是犯罪中止？请说明理由。

> **解答思路**

S1：先预估出两种可能的结论，并且找到可能导致结论不同的核心点，找出表达关键词。

案 例	结 论	理 由	区分核心	关键词
例1	敲诈勒索罪	如果甲的行为没有既遂，丙加入是承继共犯，构成敲诈勒索罪。	甲的行为是否既遂，也就是考查敲诈勒索的既遂标准是行为人取得财物，还是被害人失去财物。	既遂；承继共犯；取得财物；失去财物
	侵占罪	如果甲的行为已经既遂，丙不是承继共犯，由于甲的行为已经结束，丙只能构成侵占罪。		
例2	转化抢劫	如果认为对象错误不影响转化抢劫，则甲属于转化抢劫。	对象错误是否影响转化抢劫的成立。	转化抢劫；对象错误。
	故意伤害罪与盗窃罪数罪并罚	如果认为对象错误影响转化抢劫，则甲按照原则处理，认定为故意伤害罪与盗窃罪，数罪并罚。		
例3	故意伤害罪一罪	认为属于"使用暴力致人死亡"的，转化为故意伤害罪一罪。	本案是否符合转化犯的条件。	转化犯；数罪并罚。
	故意伤害罪与非法拘禁罪，数罪并罚	认为不属于"使用暴力致人死亡"的，按照原则，认定为故意伤害罪与非法拘禁罪，数罪并罚。		
例4	犯罪中止	相比被警察发现，被小孩发现不是大阻力，因此认定为中止。		

S2：对结论凑出表达即可。

> **答案**

[例1] 甲以恶害相通告，使对方陷入恐惧处分财物，构成敲诈勒索罪。对于丙，存在两种观点：

第一种观点认为，如果甲实际取得财物才是敲诈勒索罪的既遂，则丙在甲敲诈勒索的过程中加入，属于承继共犯，因此，丙认定为敲诈勒索罪。

第二种观点认为，如果被害人失去对财物的控制即为敲诈勒索罪的既遂，则丙在甲敲诈勒索既遂之后将他人的财物变占有为所有，构成侵占罪。

[例2]

第一种观点认为，甲犯盗窃罪，之后为了抗拒抓捕而使用暴力，即使发生了对象错误，也转化为抢劫罪，且属于入户抢劫，加重处罚。

第二种观点认为，甲发生了对象错误，使用暴力的对象并非财物的所有人或者占有人，在客观上不属于"抗拒抓捕"，因此不属于转化抢劫。甲在盗窃之后损害他人身体健康，导致轻伤的结果，构成故意伤害罪，数罪并罚。

[例3] 我不赞同这样的观点。因为甲、乙先后实施了两个行为：先控制他人，构成非法拘禁罪，之后损害他人身体健康，导致他人重伤的结果，应当以非法拘禁罪和故意伤害罪数罪并罚。这种情况不宜认定为"使用暴力致人重伤"的转化情节，因为没有理由将原本应当数罪并罚的情形拟制为更轻的故意伤害罪一罪。

或回答：我赞同这样的观点。因为根据《刑法》第238条第2款的规定，非法拘禁使用暴力致人重伤的，转化为故意伤害罪。因此，甲、乙先控制他人，后来使用暴力导致他人重伤的，应当认定为故意伤害致人重伤。

[例4] 我认为是犯罪中止。甲的犯罪行为仅是被孩子，即一般公民发觉，是一般伦理上的阻碍，不属于不能达成既遂的重大事由，因此，甲在能够得逞的情况下放弃犯罪，属于犯罪中止，从宽处罚。

五、"论述写作"型

做"论述写作"型的题目分成两步进行：建框架→填内容。

[示例]

材料：

案例一： 2005年9月15日，B市的家庭主妇张某在家中利用计算机ADSL拨号上网，以E话通的方式，使用视频与多人共同进行"裸聊"，被公安机关查获。对于本案，B市S区检察院以聚众淫乱罪向S区法院提起公诉，后又撤回起诉。

案例二： 从2006年11月到2007年5月，Z省L县的无业女子方某在网上从事有偿"裸聊"，"裸聊"对象遍及全国22个省、自治区、直辖市，在电脑上查获的聊天记录就有300多人，网上银行汇款记录1000余次，获利2.4万元。对于本案，Z省L县检察院以传播淫秽物品牟利罪起诉，L县法院以传播淫秽物品牟利罪判处方某有期徒刑6个月，缓刑1年，并处罚金5000元。

关于上述两个网上"裸聊"案，在司法机关处理过程中，对于张某和方某的行为如何定罪存在以下三种意见：第一种意见认为应分别定传播淫秽物品罪（张某）和传播淫秽物品牟利罪（方某）；第二种意见认为应定聚众淫乱罪；第三种意见认为"裸聊"不构成犯罪。

问题： 根据罪刑法定原则，评述上述两个网上"裸聊"案的处理结果。

（答题要求：①在综合分析的基础上提出观点，并运用法学知识阐述理由；②观点明确，论证充分，逻辑严谨，文字通顺；③不少于500字，不必重复案情。）

《刑法》参考条文：

※**第3条** 法律明文规定为犯罪行为的，依照法律定罪处刑；法律没有明文规定为犯罪行为的，不得定罪处刑。

※**第363条第1款** 以牟利为目的，制作、复制、出版、贩卖、传播淫秽物品的，处3年以下有期徒刑、拘役或者管制，并处罚金；情节严重的，处3年以上10年以下有期徒刑，并处罚金；情节特别严重的，处10年以上有期徒刑或者无期徒刑，并处罚金或者没收财产。

※**第364条第1款** 传播淫秽的书刊、影片、音像、图片或者其他淫秽物品，情节严重的，处2年以下有期徒刑、拘役或者管制。

※**第301条第1款** 聚众进行淫乱活动的，对首要分子或者多次参加的，处5年以下有期徒刑、拘役或者管制。

※**第367条第1、2款** 本法所称淫秽物品，是指具体描绘性行为或者露骨宣扬色情的

诲淫性的书刊、影片、录像带、录音带、图片及其他淫秽物品。

有关人体生理、医学知识的科学著作不是淫秽物品。

解答思路

S1：建立论述框架，确立每一段的核心思想。

上述事实讨论的核心是罪刑法定原则，尤其是"严格的罪刑法定"中涉及刑法解释论的问题，具体到案情中，需要对"聚众淫乱""传播淫秽物品牟利"中的核心语词作出解读，进而得出结论。因此，论述可以分三段进行：

段 落	论述核心	关键词
第一段	罪刑法定要求严格地对语词进行解释	罪刑法定；约束；司法权；严格的罪刑法定。
第二段	刑法的解释应当在语词理解的范围之内，不应超出公民的预期	扩大解释；类推；可预期。
第三段	单纯"裸聊"不构成聚众淫乱罪；有偿"裸聊"可能构成传播淫秽物品牟利罪	"聚众""淫秽物品""传播"。

S2：填充框架，将论述核心和关键词通过完整的句子结构表达出来。

答案

罪刑法定原则之于刑法，犹如明珠之于桂冠，其重要性不言而喻，在司法判决中需要被奉为圭臬。罪刑法定原则强调立法权对司法权的约束作用，犯罪与刑罚这些关系到国民基本权利的内容，必须由立法的方式加以固定，并且在此过程中体现国民的意志。此外，罪刑法定原则要求立法者事先规定犯罪与刑罚的内容，使得国民能够提前预测自己行为的法律效果，起到保障人权的作用。因此，罪刑法定原则要求，对刑法的解释必须是严格的，禁止不利于行为人的类推，否则必然导致公权力对公民基本权利的褫夺。

如何有效避免扩大解释滑向类推的危险地带呢？这就要求，对刑法分则条文的解释必须同时符合两个条件：一是不能超出刑法用语可能具有的含义，二是必须符合刑法分则条文的目的。也就是说，对刑法条文的理解不能超出国民的预期，否则就是刑法所禁止的类推。

在上述两个"裸聊"的案例中，可能涉及的罪名有聚众淫乱罪、传播淫秽物品牟利罪和传播淫秽物品罪。首先，"聚众"是聚众淫乱罪的核心限制条件，而"聚众"的核心又在于不特定人的参与。由于聚众淫乱罪侵害的是"社会管理秩序"法益，因此不能将特定熟人之间的"裸聊"行为认定为"聚众淫乱"，否则就是对公民私域空间的不当侵夺。其次，传播淫秽物品牟利罪和传播淫秽物品罪中的"淫秽物品"是否包括实时信息呢？从解释论的角度看，答案是肯定的。从客观解释论的角度出发，"物品"一词随着时代的发展在内涵上也不断扩张，从静态信息到动态信息，再到实时信息，"淫秽物品"本质上都是"淫秽性"的表现载体，而实时"裸聊"和"裸聊"视频在本质上别无二致，都属于"淫秽物品"。最后，"传播"一词应当理解为"向不特定人扩散"，如果是特定熟人之间，不能认定为刑法意义上的"传播"，否则不利于对公权力的有效限制。由此可见，案例一中的"裸聊"没有涉及不特定对象，不能将案例一中行为人的行为认定为刑法中的"传播"，行为人不构成传播淫秽物品牟利罪；同时，案例一不符合"聚众"的条件，将案例一认定为聚众淫乱罪也缺乏妥适性。因此，对案例一中的行为人只能作无罪处理。案例二中，行为人与不特定人有偿"裸聊"，符合"淫秽物品"和"传播"的条件，构成传播淫秽物品牟利罪。

第二部分 真题集萃

"一案一问"型

案例一　2020年法考主观题回忆版

案情：

2010年3月，刘某与任某为了种植沉香，擅自砍伐了国有森林中的一片林木（1200株），将砍伐的林木扔在一旁，然后种植沉香，一直没有被人发现。2016年2月，森林公安局的侦查人员王某发现林木被砍伐，但因其与刘某是中学同学，碍于情面便未作处理，导致刘某与任某继续种植沉香。(P1)

2017年3月，王某购买一套房屋后，让刘某负责装修，并将50万元的装修费转交给刘某，同时对装修提出了花100万元才能完成的要求。刘某请甲装修公司装修完工后，甲装修公司应收取120万元的费用，但刘某只给了甲装修公司100万元。甲装修公司负责人钟某执意要求刘某再付20万元，刘某对钟某说："房主是在黑社会混的，你再要20万元，小心我让他捣毁你的装修公司。"钟某听后就没有再要求其支付20万元。后来，刘某对王某说："装修总共花了120万元。"王某说："太贵了，我再出10万元吧。"刘某收下了该10万元。(P2)

2018年7月，喜欢爬野山的龚某、洪某见到一片沉香树之后心生盗念。龚某、洪某二人盗窃时被刘某与任某发现，洪某立即逃跑。龚某为了窝藏所盗沉香，对刘某、任某以不让拿走沉香就向林业主管部门告发相威胁。刘某、任某担心自己非法砍伐林木的行为被发现，就让龚某拿走了盗窃的价值2万元的沉香。(P3)

2018年8月，洪某向林业主管部门举报了有人在国有森林中种植沉香的事实。林业主管部门工作人员赵某与郑某上山检查时，刘某与任某为了抗拒抓捕，对赵某与郑某实施暴力，赵某与郑某反击，形成互殴状态。赵某被打成轻伤，该轻伤由刘某、任某造成，但不能查明是刘某的行为所致，还是任某的行为所致。刘某被打成重伤、任某被打成轻伤，其中，刘某的重伤由赵某与郑某共同造成，任某的轻伤则是由刘某的打击错误造成（刘某攻

击郑某时，郑某及时躲闪，导致刘某击中了同伙任某）。(P4)

问题：请综合全案，分析刘某、任某、王某、龚某、洪某、赵某和郑某的刑事责任（包括罪名、犯罪形态、量刑情节等）。有不同观点的，请说明理由。

解答思路

S1：通读案情，圈画关键词，做基本的概念翻译和考点对应工作。

段 落	事 实	思路与问题
P1	2010年3月，刘某与任某为了种植沉香，擅自砍伐了国有森林中的一片林木（1200株），将砍伐的林木扔在一旁，然后种植沉香，一直没有被人发现。	非法占有目的问题；行为人属于故意毁坏财物还是盗窃？
P1	2016年2月，森林公安局的侦查人员王某发现林木被砍伐，但因其与刘某是中学同学，碍于情面便未作处理，导致刘某与任某继续种植沉香。	森林公安局的侦查人员属于司法工作人员吗？构成徇私枉法吗？

续表

段落	事 实	思路与问题
P2	2017年3月，王某购买一套房屋后，让刘某负责装修，并将50万元的装修费转交给刘某，同时对装修提出了花100万元才能完成的要求。	受贿罪；"索贿"。
	刘某请甲装修公司装修完工后，甲装修公司应收取120万元的费用，但刘某只给了甲装修公司100万元。甲装修公司负责人钟某执意要求刘某再付20万元，刘某对钟某说："房主是在黑社会混的，你再要20万元，小心我让他捣毁你的装修公司。"钟某听后就没有再要求其支付20万元。	行为人是否构成诈骗罪？是否构成敲诈勒索罪？
	后来，刘某对王某说："装修总共花了120万元。"王某："太贵了，我再出10万元吧。"刘某收下了该10万元。	受贿的数额是多少？
P3	2018年7月，喜欢爬野山的龚某、洪某见到一片沉香树之后心生盗念。龚某、洪某二人盗窃时被刘某与任某发现，洪某立即逃跑。	盗窃罪；犯罪未遂。
	龚某为了窝藏所盗沉香，对刘某、任某以不让拿走沉香就向林业主管部门告发相威胁。刘某、任某担心自己非法砍伐林木的行为被发现，就让龚某拿走了盗窃的价值2万元的沉香。	转化抢劫问题。
P4	2018年8月，洪某向林业主管部门举报了有人在国有森林中种植沉香的事实。林业主管部门工作人员赵某与郑某上山检查时，刘某与任某为了抗拒抓捕，对赵某与郑某实施暴力，赵某与郑某反击，形成互殴状态。赵某被打成轻伤，该轻伤由刘某、任某造成，但不能查明是刘某的行为所致，还是任某的行为所致。	共同犯罪；"查不清"问题。
	刘某被打成重伤、任某被打成轻伤，其中，刘某的重伤由赵某与郑某共同造成。	正当防卫。
	任某的轻伤则是由刘某的打击错误造成（刘某攻击郑某时，郑某及时躲闪，导致刘某击中了同伙任某）。	打击错误；偶然防卫（观点展示）。

S2：拆分案件，将整篇案情拆分成小案件。

案 件	事实概括	角 色	对应段落
案件1	刘任砍树扔一地，警察王某不管理	刘某、任某、王某	P1
案件2	欺上瞒下不老实，连骗带吓贴四十	刘某、王某	P2
案件3	龚洪偷木一路跑，威胁再追就举报	龚某、洪某	P3
案件4	组队混战分敌我，共犯防卫伤同伙	刘某、任某 VS 赵公务、郑公务	P4

S3：按照法律关系不同，找出上述案件对应的有关事实。

案 件	重要事实
案件1	⊙刘某与任某为了种植沉香，擅自砍伐了国有森林中的一片林木（1200株），将砍伐的林木扔在一旁。（P1） ⊙2016年2月，森林公安局的侦查人员王某发现林木被砍伐，但因其与刘某是中学同学，碍于情面便未作处理，导致刘某与任某继续种植沉香。（P1）
案件2	⊙2017年3月，王某购买一套房屋后，让刘某负责装修，并将50万元的装修费转交给刘某，同时对装修提出了花100万元才能完成的要求。（P2） ⊙刘某只给了甲装修公司100万元。（P2） ⊙王某说："太贵了，我再出10万元吧。"（P2） ⊙甲装修公司负责人钟某执意要求刘某再付20万元，刘某对钟某说："房主是在黑社会混的，你再要20万元，小心我让他捣毁你的装修公司。"钟某听后就没有再要求其支付20万元。（P2）
案件3	⊙2018年7月，喜欢爬野山的龚某、洪某见到一片沉香树之后心生盗念。龚某、洪某二人盗窃时被刘某与任某发现，洪某立即逃跑。（P3） ⊙龚某为了窝藏所盗沉香，对刘某、任某以不让拿走沉香就向林业主管部门告发相威胁。刘某、任某担心自己非法砍伐林木的行为被发现，就让龚某拿走了盗窃的价值2万元的沉香。（P3）
案件4	⊙2018年8月，洪某向林业主管部门举报了有人在国有森林中种植沉香的事实。林业主管部门工作人员赵某与郑某上山检查时，刘某与任某为了抗拒抓捕，对赵某与郑某实施暴力，赵某与郑某反击，形成互殴状态。赵某被打成轻伤，该轻伤由刘某、任某造成，但不能查明是刘某的行为所致，还是任某的行为所致。刘某被打成重伤、任某被打成轻伤，其中，刘某的重伤由赵某与郑某共同造成，任某的轻伤则是由刘某的打击错误造成（刘某攻击郑某时，郑某及时躲闪，导致刘某击中了同伙任某）。（P4）

S4：分析案件中的法律关系，得出结论。

案 件	重要事实	结论和理由
案件1	⊙刘某与任某为了种植沉香，擅自砍伐了国有森林中的一片林木（1200株），将砍伐的林木扔在一旁。（P1）	[结论] 刘某、任某构成故意毁坏财物罪。 [解析] 故意毁坏财物罪和盗窃罪的区别在于，前者不具有非法占有目的。刘某、任某没有将林木据为己有的目的，不构成盗窃罪，也不构成盗伐林木罪。
	⊙2016年2月，森林公安局的侦查人员王某发现林木被砍伐，但因其与刘某是中学同学，碍于情面便未作处理，导致刘某与任某继续种植沉香。（P1）	[结论] 王某构成徇私枉法罪。 [解析] 徇私枉法罪，是指司法工作人员徇私枉法、徇情枉法，对明知是无罪的人而使他受追诉、对明知是有罪的人而故意包庇不使他受追诉，或者在刑事审判活动中故意违背事实和法律作枉法裁判的行为。本案中，王某是侦查人员，是司法工作人员，其故意使得有罪的人不受追究，构成徇私枉法罪。

049

续表

案 件	重要事实	结论和理由
案件2	⊙2017年3月，王某购买一套房屋后，让刘某负责装修，并将50万元的装修费转交给刘某，同时对装修提出了花100万元才能完成的要求。(P2) ⊙刘某只给了甲装修公司100万元。(P2) ⊙王某说："太贵了，我再出10万元吧。"(P2)	[结论] 王某构成受贿罪，且是"索贿"，数额为40万元。 [解析] 王某付了50万元+10万元＝60万元。刘某应该付120万元，但只付了100万元，20万元靠敲诈勒索和诈骗免除。100万元和60万元的差额40万元即行贿和受贿的数额。
	⊙甲装修公司负责人钟某执意要求刘某再付20万元，刘某对钟某说："房主是在黑社会混的，你再要20万元，小心我让他捣毁你的装修公司。"钟某听后就没有再要求其支付20万元。(P2)	[结论] 刘某构成诈骗罪与敲诈勒索罪，从一重罪处罚。 [解析] 诈骗罪和敲诈勒索罪的区别在于被害人处分财物的原因不同，诈骗罪中，被害人基于错误认识处分财物；敲诈勒索罪中，被害人基于恐惧处分财物。如果被害人同时基于错误认识和恐惧处分财物，行为人构成诈骗罪与敲诈勒索罪的想象竞合，从一重罪处罚。本案中，刘某既欺骗又威胁对方，构成诈骗罪和敲诈勒索罪的想象竞合，从一重罪处罚。
案件3	⊙2018年7月，喜欢爬野山的龚某、洪某见到一片沉香树之后心生盗念。龚某、洪某二人盗窃时被刘某与任某发现，洪某立即逃跑。(P3)	[结论] 龚某、洪某构成盗窃罪，且属于犯罪未遂。
	⊙龚某为了窝藏所盗沉香，对刘某、任某以不让拿走沉香就向林业主管部门告发相威胁。刘某、任某担心自己非法砍伐林木的行为被发现，就让龚某拿走了盗窃的价值2万元的沉香。(P3)	[结论] 龚某不属于转化抢劫，构成敲诈勒索罪；洪某构成盗窃罪。 [解析] 转化抢劫要求使用暴力或者以暴力相威胁，龚某以暴力以外的事由相威胁，取得财物，不属于转化抢劫，而是构成敲诈勒索罪。由于侵犯了单个法益，龚某仅评价为敲诈勒索罪即可。洪某没有实施恐吓行为，仅构成盗窃罪（未遂）。
案件4	⊙2018年8月，洪某向林业主管部门举报了有人在国有森林中种植沉香的事实。林业主管部门工作人员赵某与郑某上山检查时，刘某与任某为了抗拒抓捕，对赵某与郑某实施暴力，赵某与郑某反击，形成互殴状态。赵某被打成轻伤，该轻伤由刘某、任某造成，但不能查明是刘某的行为所致，还是任某的行为所致。刘某被打成重伤、任某被打成轻伤，其中，刘某的重伤由赵某与郑某共同造成，任某的轻伤则是由刘某的打击错误造成（刘某攻击郑某时，郑某及时躲闪，导致刘某击中了同伙任某）。(P4)	刘某、任某→赵公务（轻伤） [结论] 刘某、任某构成故意伤害罪与妨害公务罪，从一重罪处罚。由于成立共同犯罪，二人均对轻伤结果负责。 赵公务、郑公务→刘某（重伤） [结论] 赵公务、郑公务针对不法侵害进行反击，成立正当防卫。 刘某→任某（轻伤） [结论] 刘某打伤同伙属于偶然防卫，根据"防卫意思不要说"和"防卫意思必要说"得出的结论不同。

S5：最后，将结论用"倒置三段论"的方式表达出来。

答案

1. 案件1中，刘某与任某不具有非法占有目的，二人砍伐林木，使得财物效用丧失，构成故意毁坏财物罪，二人成立共同犯罪。王某作为司法工作人员，对明知是有罪的人故意包庇使其不受追诉，成立徇私枉法罪。

2. 案件2中，王某接受刘某垫付的部分装修款的行为，构成受贿罪，且是"索贿"，从重处罚，数额为40万元，与徇私枉法罪从一重罪处罚。刘某替王某装修并垫付部分装修款的行为，构成行贿罪。同时，刘某欺骗和恐吓对方，使得被害人陷入错误认识和恐惧，免除其20万元的债务，构成诈骗罪与敲诈勒索罪，从一重罪处罚。

3. 案件3中，龚某试图打破他人占有、建立新的占有，构成盗窃罪，但在实行阶段因为客观原因未能得逞，属于盗窃罪（未遂）。之后，龚某以暴力以外的事由相威胁，取得财物，不属于转化抢劫，而是构成敲诈勒索罪。由于侵犯了单个法益，龚某仅评价为敲诈勒索罪即可。洪某没有实施恐吓行为，仅构成盗窃罪（未遂），与龚某在盗窃罪的范围内成立共同犯罪。

4. 案件4中：

（1）刘某和任某以暴力妨害国家机关工作人员执行公务，构成妨害公务罪。同时，二人还构成故意伤害罪。由于二人成立共同犯罪，因此即使无法查清是谁导致的，也均对赵某的轻伤结果负责。因此，刘某和任某构成妨害公务罪与故意伤害罪，从一重罪处罚。

（2）赵某和郑某针对正在发生的不法侵害进行防卫，导致刘某重伤，没有超出必要限度，属于正当防卫，不构成犯罪。

（3）刘某意图实施不法侵害，但将同伙任某打伤，客观上造成了防卫效果，属于偶然防卫。对此有两种不同的观点：

观点1：根据"防卫意思不要说"，刘某对任某属于正当防卫，不构成犯罪；

观点2：根据"防卫意思必要说"，刘某构成故意伤害罪。

案例二　2017年司考卷四第二题

案情：

甲生意上亏钱，乙欠下赌债，二人合谋干一件"靠谱"的事情以摆脱困境。甲按分工找到丙，骗丙使其相信钱某欠债不还，丙答应控制钱某的小孩以逼钱某还债，否则不放人。（P1）

丙按照甲所给线索将钱某的小孩骗到自己的住处看管起来，电告甲控制了钱某的小孩，甲通知乙行动。乙给钱某打电话："你的儿子在我们手上，赶快交50万元赎人，否则撕票！"钱某看了一眼身旁的儿子，回了句："骗子！"便挂断电话，不再理睬。乙感觉异常，将情况告诉甲。甲来到丙处发现这个孩子不是钱某的小孩而是赵某的小孩，但没有告诉丙，只是嘱咐丙看好小孩，并从小孩口中套出其父赵某的电话号码。（P2）

甲与乙商定转而勒索赵某的钱财。第二天，小孩哭闹不止要离开，丙恐被人发觉，用手捂住小孩口、鼻，然后用胶带捆绑其双手并将嘴缠住，致其机械性窒息死亡。甲得知后与乙商定放弃勒索赵某财物，由乙和丙处理尸体。乙、丙二人将尸体连夜运至城外掩埋。第三天，乙打电话给赵某，威胁赵某赶快向指定账号打款30万元，不许报警，否则撕票。赵某当即报案，甲、乙、丙三人很快归案。（P3）

问题：请分析甲、乙、丙的刑事责任（包括犯罪性质即罪名、犯罪形态、共同犯罪、数罪并罚等），须简述相应理由。

解答思路

S1：通读案情，圈画关键词，做基本的概念翻译和考点对应工作。

段落	事 实	思路与问题
P1	甲生意上亏钱，乙欠下赌债，二人合谋干一件"靠谱"的事情以摆脱困境。甲按分工找到丙，骗丙使其相信钱某欠债不还，丙答应控制钱某的小孩以逼钱某还债，否则不放人。	甲、乙有非法占有目的，丙没有非法占有目的。
P2	丙按照甲所给线索将钱某的小孩骗到自己的住处看管起来，电告甲控制了钱某的小孩，甲通知乙行动。乙给钱某打电话："你的儿子在我们手上，赶快交50万元赎人，否则撕票！"钱某看了一眼身旁的儿子，回了句："骗子！"便挂断电话，不再理睬。乙感觉异常，将情况告诉甲。	甲和乙成立绑架罪还是抢劫罪？
	甲来到丙处发现这个孩子不是钱某的小孩而是赵某的小孩，但没有告诉丙，只是嘱咐丙看好小孩，并从小孩口中套出其父赵某的电话号码。	对象错误。
P3	甲与乙商定转而勒索赵某的钱财。第二天，小孩哭闹不止要离开，丙恐被人发觉，用手捂住小孩口、鼻，然后用胶带捆绑其双手并将嘴缠住，致其机械性窒息死亡。	丙捂死小孩的行为单独看，属于故意杀人行为还是过失致人死亡行为？与绑架罪怎么处理？
	甲得知后与乙商定放弃勒索赵某财物，由乙和丙处理尸体。乙、丙二人将尸体连夜运至城外掩埋。	乙属于帮助毁灭、伪造证据罪，丙是否构成帮助毁灭、伪造证据罪？
	第三天，乙打电话给赵某，威胁赵某赶快向指定账号打款30万元，不许报警，否则撕票。赵某当即报案，甲、乙、丙三人很快归案。	"假绑架、真敲诈，诈骗一起罚"。

S2：拆分案件，将整篇案情拆分成小案件。

案 件	事实概括	角 色	对应段落
案件1	各怀鬼胎关家里，两个绑架一非拘	甲、乙、丙	P1、P2
案件2	捂住口鼻人断气，甲乙帮助运尸体	丙；甲、乙	P3
案件3	假装绑架打电话，一边诈骗一边吓	乙	P3

S3：按照法律关系不同，找出上述案件对应的有关事实。

案 件	重要事实
案件1	○甲按分工找到丙，骗丙使其相信钱某欠债不还，丙答应控制钱某的小孩以逼钱某还债，否则不放人。（P1） ○丙按照甲所给线索将钱某的小孩骗到自己的住处看管起来，电告甲控制了钱某的小孩。（P2） ○甲来到丙处发现这个孩子不是钱某的小孩而是赵某的小孩。（P2）

续表

案 件	重要事实
案件2	⊙丙恐被人发觉,用手捂住小孩口、鼻,然后用胶带捆绑其双手并将嘴缠住,致其机械性窒息死亡。(P3)
	⊙乙、丙二人将尸体连夜运至城外掩埋。(P3)
案件3	⊙乙打电话给赵某,威胁赵某赶快向指定账号打款30万元,不许报警,否则撕票。(P3)

S4：分析案件中的法律关系,得出结论。

案 件	重要事实	结论和理由
案件1	⊙甲按分工找到丙,骗丙使其相信钱某欠债不还,丙答应控制钱某的小孩以逼钱某还债,否则不放人。(P1)	[结论] 甲和乙是绑架罪,丙是非法拘禁罪。 [解析] 甲和乙有非法占有目的,构成绑架罪;丙没有非法占有目的,构成非法拘禁罪。
	⊙丙按照甲所给线索将钱某的小孩骗到自己的住处看管起来,电告甲控制了钱某的小孩。(P2) ⊙甲来到丙处发现这个孩子不是钱某的小孩而是赵某的小孩。(P2)	[结论] 三人均是犯罪既遂。 [解析] 三人存在对象错误,对象错误不影响犯罪既遂的认定,三人均是犯罪既遂。
案件2	⊙丙恐被人发觉,用手捂住小孩口、鼻,然后用胶带捆绑其双手并将嘴缠住,致其机械性窒息死亡。(P3)	[结论] 丙在非法拘禁之后杀人,构成故意杀人罪。 [解析] "捂住口、鼻"有导致他人死亡的高度危险性,因此是杀人行为。丙有杀人行为,构成故意杀人罪,与非法拘禁罪数罪并罚。 另外,绑架罪没有结果加重犯,因此,丙导致被害人死亡的结果超出了甲和乙的犯罪故意,甲和乙对被害人的死亡结果不负责。
	⊙乙、丙二人将尸体连夜运至城外掩埋。(P3)	[结论] 乙构成帮助毁灭、伪造证据罪;丙不构成帮助毁灭、伪造证据罪。 [解析] 丙是故意杀人的本犯,其运送尸体的行为不具有期待可能性。乙帮助丙处理尸体,构成帮助毁灭、伪造证据罪。
案件3	⊙乙打电话给赵某,威胁赵某赶快向指定账号打款30万元,不许报警,否则撕票。(P3)	[结论] 乙构成诈骗罪和敲诈勒索罪,从一重罪处罚。 [解析] 乙在打电话的时候人质已死亡,其没有实际地控制人质,不构成绑架罪。乙利用了对方的错误认识和恐惧,构成诈骗罪和敲诈勒索罪,从一重罪处罚。(假绑架、真敲诈,诈骗一起罚)

S5：最后,将结论用"倒置三段论"的方式表达出来。

【答案】

1. 甲、乙、丙三人在非法拘禁的范围内成立共同犯罪,甲、乙有非法占有目的,向第三人索要财物，构成绑架罪；丙没有非法占有目的，构成非法拘禁罪。三人控制人质，即为犯罪既遂。

2. 丙在非法拘禁之后用手捂住被害人口、鼻，此行为具有导致他人死亡的高度危险性，因此，丙属于故意杀人罪，与非法拘禁罪数罪并罚。丙的杀人行为超出了甲、乙二人的犯罪故意，属于实行过限，甲、乙对被害人的死亡结果不负责。但乙帮助丙运送尸体，构成帮助毁灭、伪造证据罪。

3. 乙虚构被绑架人存活的事实向赵某索要财物，并且以恶害相通告，同时构成诈骗罪与敲诈勒索罪，属于想象竞合的情形，从一重罪论处，再与之前所犯绑架罪数罪并罚。乙的勒索行为超出了甲、丙的犯罪故意，属于实行过限，甲、丙对此不负责。

案例三 2015年司考卷四第二题

案情：

高某（男）与钱某（女）在网上相识，后发展为网恋关系，其间，钱某知晓了高某一些隐情，并以开店缺钱为由，骗取了高某20万元现金。(P1)

见面后，高某对钱某相貌大失所望，相处不久更感到她性格古怪，便决定断绝关系。但钱某百般纠缠，最后竟以公开隐情相要挟，要求高某给予500万元补偿费。高某假意筹钱，实际打算除掉钱某。(P2)

随后，高某找到密友夏某和认识钱某的宗某，共谋将钱某诱骗至湖边小屋，先将其掐昏，然后扔入湖中溺死。事后，高某给夏某、宗某各20万元作为酬劳。(P3)

按照事前分工，宗某发微信将钱某诱骗到湖边小屋。但宗某得知钱某到达后害怕出事后被抓，给高某打电话说："我不想继续参与了。一日网恋十日恩，你也别杀她了。"高某大怒说："你太不义气啦，算了，别管我了！"宗某又随即打钱某电话，打算让其离开小屋，但钱某手机关机未通。(P4)

高某、夏某到达小屋后，高某寻机抱住钱某，夏某掐钱某脖子。待钱某不能挣扎后，二人均误以为钱某已昏迷（实际上已经死亡），便准备给钱某身上绑上石块将其扔入湖中溺死。此时，夏某也突然反悔，对高某说："算了吧，教训她一下就行了。"高某说："好吧，没你事了，你走吧！"夏某离开后，高某在钱某身上绑石块时，发现钱某已死亡。为了湮灭证据，高某将钱某尸体扔入湖中。(P5)

高某回到小屋时，发现了钱某的LV手提包（价值5万元），包内有5000元现金、身份证和一张储蓄卡，高某将现金据为己有。(P6)

3天后，高某将LV提包送给前女友尹某，尹某发现提包不是新的，也没有包装，问："是偷来的还是骗来的？"高某说："不要问包从哪里来。我这里还有一张储蓄卡和身份证，身份证上的人很像你，你拿着卡和身份证到银行柜台取钱后，钱全部归你。"尹某虽然不知道全部真相，但能猜到包与卡都可能是高某犯罪所得，但由于爱财还是收下了手提

包,并冒充钱某从银行柜台取出了该储蓄卡中的2万元。(P7)

问题:请根据《刑法》相关规定与刑法原理分析高某、夏某、宗某和尹某的刑事责任。(要求注重说明理由,并可以同时答出不同观点和理由)

解答思路

S1:通读案情,圈画关键词,做基本的概念翻译和考点对应工作。

段落	事实	思路与问题
P1	高某(男)与钱某(女)在网上相识,后发展为网恋关系,其间,钱某知晓了高某一些隐情,并以开店缺钱为由,骗取了高某20万元现金。	无用信息。 [注意]这里不用花时间分析钱某行为的定性,从后文可知,钱某已死,死者为大,不用再认定其构成犯罪了。
P2	见面后,高某对钱某相貌大失所望,相处不久更感到她性格古怪,便决定断绝关系。但钱某百般纠缠,最后竟以公开隐情相要挟,要求高某给予500万元补偿费。高某假意筹钱,实际打算除掉钱某。	
P3	随后,高某找到密友夏某和认识钱某的宗某,共谋将钱某诱骗至湖边小屋,先将其掐昏,然后扔入湖中溺死。事后,高某给夏某、宗某各20万元作为酬劳。	共同犯罪。

续表

段落	事　　　实	思路与问题
P4	按照事前分工，宗某发微信将钱某诱骗到湖边小屋。但宗某得知钱某到达后害怕出事后被抓，给高某打电话说："我不想继续参与了。一日网恋十日恩，你也别杀她了。"高某大怒说："你太不义气啦，算了，别管我了！"宗某又随即打钱某电话，打算让其离开小屋，但钱某手机关机未通。	共犯脱离问题。
P5	高某、夏某到达小屋后，高某寻机抱住钱某，夏某掐钱某脖子。待钱某不能挣扎后，二人均误以为钱某已昏迷（实际上已经死亡），便准备给钱某身上绑上石块将其扔入湖中溺死。	结果提前实现。（观点展示）
P5	此时，夏某也突然反悔，对高某说："算了吧，教训她一下就行了。"高某说："好吧，没你事了，你走吧！"夏某离开后，高某在钱某身上绑石块时，发现钱某已死亡。为了湮灭证据，高某将钱某尸体扔入湖中。	还能成立中止吗？
P6	高某回到小屋时，发现了钱某的 LV 手提包（价值 5 万元），包内有 5000 元现金、身份证和一张储蓄卡，高某将现金据为己有。	杀人后取走死者财物行为的定性。（观点展示）
P7	3 天后，高某将 LV 提包送给前女友尹某，尹某发现提包不是新的，也没有包装，问："是偷来的还是骗来的？"高某说："不要问包从哪里来。我这里还有一张储蓄卡和身份证，身份证上的人很像你，你拿着卡和身份证到银行柜台取钱后，钱全部归你。"	高某教唆尹某实施信用卡诈骗。
P7	尹某虽然不知道全部真相，但能猜到包与卡都可能是高某犯罪所得，但由于爱财还是收下了手提包。	掩饰、隐瞒犯罪所得罪。
P7	（尹某）冒充钱某从银行柜台取出了该储蓄卡中的 2 万元。	信用卡诈骗。

S2：拆分案件，将整篇案情拆分成小案件。

案　件	事实概括	角　色	对应段落
案件1	宗、高、夏去杀人，宗、夏先后试图脱离	宗、高、夏	P3~P5
案件2	高打扫"战场"，捡到东西，交给尹	高、尹	P6、P7

S3：按照法律关系不同，找出上述案件对应的有关事实。

案 件	重要事实
案件1	⊙ 高某找到密友夏某和认识钱某的宗某，共谋将钱某诱骗至湖边小屋，先将其掐昏，然后扔入湖中溺死。事后，高某给夏某、宗某各20万元作为酬劳。（P3） ⊙ 高某、夏某到达小屋后，高某寻机抱住钱某，夏某掐钱某脖子。待钱某不能挣扎后，二人均误以为钱某已昏迷（实际上已经死亡），便准备给钱某身上绑上石块将其扔入湖中溺死。（P5） ⊙ 按照事前分工，宗某发微信将钱某诱骗到湖边小屋。但宗某得知钱某到达后害怕出事后被抓，给高某打电话说："我不想继续参与了。一日网恋十日恩，你也别杀她了。"高某大怒说："你太不义气啦，算了，别管我了！"宗某又随即打钱某电话，打算让其离开小屋，但钱某手机关机未通。（P4） ⊙ 此时，夏某也突然反悔，对高某说："算了吧，教训她一下就行了。"高某说："好吧，没你事了，你走吧！"（P5）
案件2	⊙ 高某回到小屋时，发现了钱某的LV手提包（价值5万元），包内有5000元现金、身份证和一张储蓄卡，高某将现金据为己有。（P6） ⊙ 3天后，高某将LV提包送给前女友尹某，尹某发现提包不是新的，也没有包装，问："是偷来的还是骗来的？"高某说："不要问包从哪里来。我这里还有一张储蓄卡和身份证，身份证上的人很像你，你拿着卡和身份证到银行柜台取钱后，钱全部归你。"（P7） ⊙ 尹某虽然不知道全部真相，但能猜到包与卡都可能是高某犯罪所得，但由于爱财还是收下了手提包，并冒充钱某从银行柜台取出了该储蓄卡中的2万元。（P7）

S4：分析案件中的法律关系，得出结论。

案 件	重要事实	结论和理由
案件1	⊙ 高某找到密友夏某和认识钱某的宗某，共谋将钱某诱骗至湖边小屋，先将其掐昏，然后扔入湖中溺死。事后，高某给夏某、宗某各20万元作为酬劳。（P3） ⊙ 高某、夏某到达小屋后，高某寻机抱住钱某，夏某掐钱某脖子。待钱某不能挣扎后，二人均误以为钱某已昏迷（实际上已经死亡），便准备给钱某身上绑上石块将其扔入湖中溺死。（P5）	[结论] 本案属于结果提前实现，有两种观点。 [解析] 两种观点分别是：如果将行为看成一个整体，则行为人构成故意杀人罪（既遂）；如果将行为拆分，则行为人构成故意杀人罪（未遂）与过失致人死亡罪，由于"溺杀"计划在时间上涵盖了过失致人死亡行为，是一个行为，因此从一重罪处罚。
	⊙ 按照事前分工，宗某发微信将钱某诱骗到湖边小屋。但宗某得知钱某到达后害怕出事后被抓，给高某打电话说："我不想继续参与了。一日网恋十日恩，你也别杀她了。"高某大怒说："你太不义气啦，算了，别管我了！"宗某又随即打钱某电话，打算让其离开小屋，但钱某手机关机未通。（P4）	[结论] 宗某没有脱离，对死亡结果负责。 [解析] 宗某虽然主动消除了心理帮助，但没有消除物理帮助，因此不属于共犯脱离，仍要对被害人的死亡结果负责。

案　件	重要事实	结论和理由
案件 1	○此时，夏某也突然反悔，对高某说："算了吧，教训她一下就行了。"高某说："好吧，没你事了，你走吧！"（P5）	[结论] 夏某没有脱离，对死亡结果负责。 [解析] 夏某在被害人死亡结果已经发生的情况下不可能再脱离，因此仍要对被害人的死亡结果负责。
案件 2	○高某回到小屋时，发现了钱某的 LV 手提包（价值5万元），包内有5000元现金、身份证和一张储蓄卡，高某将现金据为己有。(P6)	[结论] 高某构成盗窃罪或者侵占罪。 [解析] 杀人后从死者身上取走财物的，根据不同观点，认定为盗窃罪或者侵占罪。
案件 2	○3天后，高某将 LV 提包送给前女友尹某，尹某发现提包不是新的，也没有包装，问："是偷来的还是骗来的？"高某说："不要问包从哪里来。我这里还有一张储蓄卡和身份证，身份证上的人很像你，你拿着卡和身份证到银行柜台取钱后，钱全部归你。"（P7）	[结论] 高某构成信用卡诈骗罪的教唆犯。 [解析] 高某教唆尹某盗刷信用卡，构成信用卡诈骗罪的教唆犯。
案件 2	○尹某虽然不知道全部真相，但能猜到包与卡都可能是高某犯罪所得，但由于爱财还是收下了手提包，并冒充钱某从银行柜台取出了该储蓄卡中的2万元。（P7）	[结论] 尹某构成掩饰、隐瞒犯罪所得罪和信用卡诈骗罪。 [解析] 尹某明知手提包是赃物而收下，构成掩饰、隐瞒犯罪所得罪；尹某盗刷他人信用卡，构成信用卡诈骗罪。

S5：最后，将结论用"倒置三段论"的方式表达出来。

答案

1. 高某、夏某、宗某共谋实施杀人行为，成立故意杀人罪。高某和夏某主观上意图将钱某招晕后溺死，却在实施过程中直接导致钱某死亡，属于结果提前实现，对此有两种不同的观点：

观点1：高某和夏某有杀害钱某的故意，且导致钱某死亡，属于故意杀人罪既遂。

观点2：高某和夏某有溺死钱某的故意，但未以此法得逞，属于故意杀人罪（未遂）。在此过程中，二人不慎导致钱某死亡，属于过失致人死亡罪，与故意杀人罪（未遂）从一重罪处罚。

夏某在既遂结果发生后反悔，不属于共犯脱离，仍需要对被害人的死亡结果负责。宗某没有切断其为高某杀人提供的物理帮助，不属于共犯脱离，也需要对被害人的死亡结果负责。

2. 高某将钱某的手提包和5000元现金拿走，对此有两种不同的观点：

观点1：如果认为死者不占有财物，则高某将财物变占有为所有，构成侵占罪；

观点2：如果认为死者占有财物，则高某打破他人对财物的占有、建立新的占有，构成盗窃罪。

3. 高某将 LV 提包送给前女友尹某，尹某明知是犯罪所得而收下，构成掩饰、隐瞒犯罪所得罪。高某将钱某的储蓄卡与身份证交给尹某，尹某冒用他人信用卡取款2万元，属于信用卡诈骗罪，而高某引起尹某实施信用卡诈骗的犯意，属于信用卡诈骗罪的教唆犯。

案例四 2014年司考卷四第二题

案情：

国有化工厂车间主任甲与副厂长乙（均为国家工作人员）共谋，在车间的某贵重零件仍能使用时，利用职务之便，制造该零件报废、需向五金厂（非国有企业）购买的假象（该零件价格26万元），以便非法占有货款。甲将实情告知五金厂负责人丙，叮嘱丙接到订单后，只向化工厂寄出供货单、发票而不需要实际供货，等五金厂收到化工厂的货款后，丙再将26万元货款汇至乙的个人账户。(P1)

丙为使五金厂能长期向化工厂供货，便提前将五金厂的26万元现金汇至乙的个人账户。乙随即让事后知情的妻子丁去银行取出26万元现金，并让丁将其中的13万元送给甲。3天后，化工厂会计准备按照乙的指示将26万元汇给五金厂时，因有人举报而未汇出。甲、乙见事情败露，主动向检察院投案，如实交待了上述罪行，并将26万元上交检察院。(P2)

此外，甲还向检察院揭发乙的其他犯罪事实：乙利用职务之便，长期以明显高于市场的价格向其远房亲戚戊经营的原料公司采购商品，使化工厂损失近300万元；戊为了使乙长期关照原料公司，让乙的妻子丁未出资却享有原料公司10%的股份（乙、丁均知情），虽未进行股权转让登记，但已分给红利58万元，每次分红都是丁去原料公司领取现金。(P3)

问题： 请分析甲、乙、丙、丁、戊的刑事责任（包括犯罪性质、犯罪形态、共同犯罪、数罪并罚与法定量刑情节），须答出相应理由。

解答思路

S1：通读案情，圈画关键词，做基本的概念翻译和考点对应工作。

段落	事　　　实	思路与问题
P1	国有化工厂车间主任甲与副厂长乙（均为国家工作人员）共谋，在车间的某贵重零件仍能使用时，利用职务之便，制造该零件报废、需向五金厂（非国有企业）购买的假象（该零件价格26万元），以便非法占有货款。	国家工作人员身份；非法占有目的。
P1	甲将实情告知五金厂负责人丙，叮嘱丙接到订单后，只向化工厂寄出供货单、发票而不需要实际供货，等五金厂收到化工厂的货款后，丙再将26万元货款汇至乙的个人账户。	丙没有国家工作人员身份，还能构成贪污罪吗？
P2	丙为使五金厂能长期向化工厂供货，便提前将五金厂的26万元现金汇至乙的个人账户。乙随即让事后知情的妻子丁去银行取出26万元现金，并让丁将其中的13万元送给甲。3天后，化工厂会计准备按照乙的指示将26万元汇给五金厂时，因有人举报而未汇出。	犯罪未遂。
P2	甲、乙见事情败露，主动向检察院投案，如实交待了上述罪行，并将26万元上交检察院。	自首。
P3	此外，甲还向检察院揭发乙的其他犯罪事实。	立功。
P3	乙利用职务之便，长期以明显高于市场的价格向其远房亲戚戊经营的原料公司采购商品，使化工厂损失近300万元。	乙构成何罪？
P3	戊为了使乙长期关照原料公司，让乙的妻子丁未出资却享有原料公司10%的股份。	戊是否构成行贿？
P3	（乙、丁均知情），虽未进行股权转让登记，但已分给红利58万元，每次分红都是丁去原料公司领取现金。	乙和丁是否构成受贿？

S2：拆分案件，将整篇案情拆分成小案件。

案 件	事实概括	角 色	对应段落
案件1	甲、乙、丙贪污	甲、乙、丙	P1、P2
案件2	甲、乙自首；甲揭发乙的其他犯罪	甲、乙	P2、P3
案件3	乙为亲友戊非法牟利	乙、戊	P3
案件4	戊向乙、丁行贿	戊→乙、丁	P3

S3：按照法律关系不同，找出上述案件对应的有关事实。

案 件	重要事实
案件1	⊙国有化工厂车间主任甲与副厂长乙（均为国家工作人员）共谋，在车间的某贵重零件仍能使用时，利用职务之便，制造该零件报废、需向五金厂（非国有企业）购买的假象（该零件价格26万元），以便非法占有货款。（P1） ⊙甲将实情告知五金厂负责人丙，叮嘱丙接到订单后，只向化工厂寄出供货单、发票而不需要实际供货，等五金厂收到化工厂的货款后，丙再将26万元货款汇至乙的个人账户。（P1） ⊙化工厂会计准备按照乙的指示将26万元汇给五金厂时，因有人举报而未汇出。（P2）
案件2	⊙甲、乙见事情败露，主动向检察院投案，如实交待了上述罪行，并将26万元上交检察院。（P2） ⊙甲还向检察院揭发乙的其他犯罪事实。（P3）
案件3	⊙乙利用职务之便，长期以明显高于市场的价格向其远房亲戚戊经营的原料公司采购商品，使化工厂损失近300万元。（P3）
案件4	⊙戊为了使乙长期关照原料公司，让乙的妻子丁未出资却享有原料公司10%的股份（乙、丁均知情），虽未进行股权转让登记，但已分给红利58万元，每次分红都是丁去原料公司领取现金。（P3）

S4：分析案件中的法律关系，得出结论。

案 件	重要事实	结论和理由
案件1	⊙国有化工厂车间主任甲与副厂长乙（均为国家工作人员）共谋，在车间的某贵重零件仍能使用时，利用职务之便，制造该零件报废、需向五金厂（非国有企业）购买的假象（该零件价格26万元），以便非法占有货款。（P1） ⊙甲将实情告知五金厂负责人丙，叮嘱丙接到订单后，只向化工厂寄出供货单、发票而不需要实际供货，等五金厂收到化工厂的货款后，丙再将26万元货款汇至乙的个人账户。（P1） ⊙化工厂会计准备按照乙的指示将26万元汇给五金厂时，因有人举报而未汇出。（P2）	[结论]甲、乙、丙构成贪污罪，丙是帮助犯。三人最终没有取得财物，构成贪污罪（未遂）。 [解析]贪污罪的正犯需要有国家工作人员的身份，丙没有身份，是贪污罪的帮助犯。贪污罪的既遂标准是"取得"财物，三人没有取得财物，属于犯罪未遂。

续表

案 件	重要事实	结论和理由
案件2	○甲、乙见事情败露，主动向检察院投案，如实交待了上述罪行，并将26万元上交检察院。(P2)	[结论] 甲和乙自动投案、如实供述罪行，属于自首。
	○甲还向检察院揭发乙的其他犯罪事实。(P3)	[结论] 甲揭发他人罪行，属于立功。
案件3	○乙利用职务之便，长期以明显高于市场的价格向其远房亲戚戊经营的原料公司采购商品，使化工厂损失近300万元。(P3)	[结论] 乙构成为亲友非法牟利罪。 [解析] 为亲友非法牟利罪，是指国有公司、企业、事业单位的工作人员，利用职务便利，将本单位的盈利业务交由自己的亲友进行经营，或者以明显高于市场的价格向自己的亲友经营管理的单位采购商品或者以明显低于市场的价格向自己的亲友经营管理的单位销售商品，或者向自己的亲友经营管理的单位采购不合格商品，使国家利益遭受重大损失的行为。本案中，乙利用职务之便，长期以明显高于市场的价格向其远房亲戚戊经营的原料公司采购商品，使化工厂遭受损失，构成为亲友非法牟利罪。
案件4	○戊为了使乙长期关照原料公司，让乙的妻子丁未出资却享有原料公司10%的股份（乙、丁均知情），虽未进行股权转让登记，但已分给红利58万元，每次分红都是丁去原料公司领取现金。(P3)	[结论] 戊给予国家工作人员财物，构成行贿罪。乙、丁是受贿罪的共同犯罪；丁没有国家工作人员的身份，是帮助犯。 [解析] 股权当然是财产性利益，可以算作"贿赂"。丁没有国家工作人员的身份，仅构成受贿罪的帮助犯。

S5：最后，将结论用"倒置三段论"的方式表达出来。

答案

第一段事实中，甲、乙利用职务上的便利、通过虚假的合同，试图将26万元公共财物据为己有，构成贪污罪。但由于没有实际取得财物，二人属于犯罪未遂。丙主观上明知甲、乙二人实施贪污行为，仍然在客观上帮助甲、乙实施了贪污行为，所以，丙构成贪污罪的帮助犯，是从犯，应当从轻、减轻或者免除处罚。

第二段事实中，甲、乙犯贪污罪后自动投案、如实供述罪行，属于自首，可以从轻或者减轻处罚。

第三段事实中，乙作为国有公司工作人员，长期以明显高于市场的价格向其远房亲戚戊经营的原料公司采购商品，使化工厂损失近300万元，构成为亲友非法牟利罪。

此外，戊让乙的妻子丁未出资却享有原料公司10%的股份，属于为谋取不正当利益，给予国家工作人员财物的行为，构成行贿罪。乙以妻子丁的名义收受他人财物，构成受贿罪；丁对此知情并提供帮助，属于受贿罪的帮助犯。甲揭发了乙为亲友非法牟利罪与受贿罪的犯罪事实，属于立功，可以从轻或者减轻处罚。

案例五 2009年司考卷四第二题

案情：
甲和乙均缺钱。乙得知甲的情妇丙家是信用社代办点，配有保险柜，认为肯定有钱，便提议去丙家借钱，并说："如果她不借，也许我们可以偷或者抢她的钱。"甲说："别瞎整！"乙未再吭声。某晚，甲、乙一起开车前往丙家。乙在车上等，甲进屋向丙借钱，丙说："家里没钱。"甲在丙家吃饭过夜。乙见甲长时间不出来，只好开车回家。甲一觉醒来，见丙已睡着，便起身试图打开保险柜。丙惊醒大声斥责甲，说道："快住手，不然我报警了！"甲恼怒之下将丙打死，藏尸地窖。（P1）

甲不知密码打不开保险柜，翻箱倒柜只找到了丙的一张储蓄卡及身份证。甲回家后想到乙会开保险柜，即套问乙开柜方法，但未提及杀丙一事。甲将丙的储蓄卡和身份证交乙保管，声称系从丙处所借。两天后甲又到丙家，按照乙的方法打开保险柜，发现柜内并无钱款。乙未与甲商量，通过丙的身份证号码试出储蓄卡密码，到商场刷卡购买了一件价值2万元的皮衣。（P2）

案发后，公安机关认为甲有犯罪嫌疑，即对其实施拘传。甲在派出所乘民警应对突发事件无人看管之机逃跑。半年后，得知甲行踪的乙告知甲，公安机关正在对甲进行网上通缉，甲于是到派出所交代了自己的罪行。（P3）

问题： 请根据《刑法》有关规定，对上述案件中甲、乙的各种行为和相关事实、情节进行分析，分别提出处理意见，并简要说明理由。

解答思路

S1：通读案情，圈画关键词，做基本的概念翻译和考点对应工作。

段落	事 实	思路与问题
P1	甲和乙均缺钱。乙得知甲的情妇丙家是信用社代办点，配有保险柜，认为肯定有钱，便提议去丙家借钱，并说："如果她不借，也许我们可以偷或者抢她的钱。"甲说："别瞎整！"乙未再吭声。	甲和乙达成盗窃罪或者抢劫罪的合意了吗？
P1	某晚，甲、乙一起开车前往丙家。乙在车上等，甲进屋向丙借钱，丙说："家里没钱。"甲在丙家吃饭过夜。乙见甲长时间不出来，只好开车回家。	乙属于共犯脱离吗？
P1	甲一觉醒来，见丙已睡着，便起身试图打开保险柜。丙惊醒大声斥责甲，说道："快住手，不然我报警了！"甲恼怒之下将丙打死，藏尸地窖。	转化抢劫问题。
P2	甲不知密码打不开保险柜，翻箱倒柜只找到了丙的一张储蓄卡及身份证。	抢劫尚未结束。
P2	甲回家后想到乙会开保险柜，即套问乙开柜方法，但未提及杀丙一事。甲将丙的储蓄卡和身份证交乙保管，声称系从丙处所借。	乙属于帮助犯吗？
P2	两天后甲又到丙家，按照乙的方法打开保险柜，发现柜内并无钱款。	乙还要再单独定罪吗？
P2	乙未与甲商量，通过丙的身份证号码试出储蓄卡密码，到商场刷卡购买了一件价值2万元的皮衣。	冒用他人信用卡。
P3	案发后，公安机关认为甲有犯罪嫌疑，即对其实施拘传。甲在派出所乘民警应对突发事件无人看管之机逃跑。半年后，得知甲行踪的乙告知甲，公安机关正在对甲进行网上通缉，甲于是到派出所交代了自己的罪行。	自首中，逃跑对"自动投案"的影响。

S2：拆分案件，将整篇案情拆分成小案件。

案　件	事实概括	角　色	对应段落
案件1	甲盗窃之后杀死被害人，两天后再次返回取钱	甲	P1、P2
案件2	乙冒用他人信用卡	乙	P2
案件3	甲被拘传后逃跑又投案	甲	P3

S3：按照法律关系不同，找出上述案件对应的有关事实。

案　件	重要事实
案件1	甲和乙均缺钱。乙得知甲的情妇丙家是信用社代办点，配有保险柜，认为肯定有钱，便提议去丙家借钱，并说："如果她不借，也许我们可以偷或者抢她的钱。"甲说："别瞎整！"乙未再吭声。（P1） 某晚，甲、乙一起开车前往丙家。乙在车上等，甲进屋向丙借钱，丙说："家里没钱。"甲在丙家吃饭过夜。乙见甲长时间不出来，只好开车回家。甲一觉醒来，见丙已睡着，便起身试图打开保险柜。丙惊醒大声斥责甲，说道："快住手，不然我报警了！"甲恼怒之下将丙打死，藏尸地窖。（P1） 甲不知密码打不开保险柜，翻箱倒柜只找到了丙的一张储蓄卡及身份证。（P2） 甲回家后想到乙会开保险柜，即套问乙开柜方法，但未提及杀丙一事。甲将丙的储蓄卡和身份证交乙保管，声称系从丙处所借。两天后甲又到丙家，按照乙的方法打开保险柜，发现柜内并无钱款。（P2）
案件2	乙未与甲商量，通过丙的身份证号码试出储蓄卡密码，到商场刷卡购买了一件价值2万元的皮衣。（P2）
案件3	案发后，公安机关认为甲有犯罪嫌疑，即对其实施拘传。甲在派出所乘民警应对突发事件无人看管之机逃跑。半年后，得知甲行踪的乙告知甲，公安机关正在对甲进行网上通缉，甲于是到派出所交代了自己的罪行。（P3）

S4：分析案件中的法律关系，得出结论。

案　件	重要事实	结论和理由
案件1	甲和乙均缺钱。乙得知甲的情妇丙家是信用社代办点，配有保险柜，认为肯定有钱，便提议去丙家借钱，并说："如果她不借，也许我们可以偷或者抢她的钱。"甲说："别瞎整！"乙未再吭声。（P1） 某晚，甲、乙一起开车前往丙家。乙在车上等，甲进屋向丙借钱，丙说："家里没钱。"甲在丙家吃饭过夜。乙见甲长时间不出来，只好开车回家。甲一觉醒来，见丙已睡着，便起身试图打开保险柜。丙惊醒大声斥责甲，说道："快住手，不然我报警了！"甲恼怒之下将丙打死，藏尸地窖。（P1）	[结论] 甲和乙没有达成盗窃罪或者抢劫罪的合意。 [解析] 甲否定了乙的提议，两人没有达成盗窃罪或者抢劫罪的合意。 [结论] 甲是转化抢劫；乙无罪。 [解析] 从"快住手，不然我报警了"可见，甲有抗拒抓捕的意图，是转化抢劫。 　　甲隐藏尸体的行为，不再另行构成犯罪。 　　乙没有犯罪故意，不构成犯罪。

续表

案 件	重要事实	结论和理由
案件1	甲不知密码打不开保险柜,翻箱倒柜只找到了丙的一张储蓄卡及身份证。(P2)	[结论] 抢劫未完待续。 [解析] 至此,抢劫行为还没结束,直到甲最终打开保险柜,才是整个抢劫行为的结束。
	甲回家后想到乙会开保险柜,即套问乙开柜方法,但未提及杀丙一事。甲将丙的储蓄卡和身份证交乙保管,声称系从丙处所借。两天后甲又到丙家,按照乙的方法打开保险柜,发现柜内并无钱款。(P2)	[结论] 甲两天后折回取钱的行为是抢劫的一部分;乙不另行构成犯罪。 [解析] 在乙的视角中,甲不是犯罪的人,因此,乙单纯教授开锁的方法并不构成犯罪。
案件2	乙未与甲商量,通过丙的身份证号码试出储蓄卡密码,到商场刷卡购买了一件价值2万元的皮衣。(P2)	[结论] 乙构成信用卡诈骗罪。 [解析] 乙冒用他人信用卡,构成信用卡诈骗罪。
案件3	案发后,公安机关认为甲有犯罪嫌疑,即对其实施拘传。甲在派出所乘民警应对突发事件无人看管之机逃跑。半年后,得知甲行踪的乙告知甲,公安机关正在对甲进行网上通缉,甲于是到派出所交代了自己的罪行。(P3)	[结论] 甲不属于自首。 [解析] 在自首的认定中,如果存在"投案"与"逃跑"的问题,则一般按照最后的状态认定。唯一的例外是,被采取强制措施后逃跑又投案的,虽然最后投案,但不属于自首。本案即属于这一例外。因此,甲不属于自首。

S5:最后,将结论用"倒置三段论"的方式表达出来。

答案

第一段事实中,甲在盗窃之后为了抗拒抓捕而当场使用暴力,转化为抢劫罪,且其在抢劫过程中杀人,属于"抢劫致人死亡",加重处罚。甲和乙没有形成犯罪的合意,因此,甲的抢劫行为超出了乙的故意,乙对此不负责。

第二段事实中,甲两天后回到丙家,打开保险柜,试图窃取丙的钱财的行为,属于上述抢劫罪中取财行为的一部分,不再单独构成盗窃罪。乙在不知情的情况下告诉甲打开保险柜的方法,缺乏传授犯罪方法罪以及掩饰、隐瞒犯罪所得、犯罪所得收益罪的故意,不构成犯罪。乙冒用他人信用卡去商场购物,构成信用卡诈骗罪。

第三段事实中,甲在被公安机关采取强制措施后逃跑,即便再投案,也不能成立自首。

案例六 2006年司考卷四第四题

案情:

甲在2003年10月15日见路边一辆面包车没有上锁,即将车开走,前往A市。行驶途中,行人乙拦车要求搭乘,甲同意。甲见乙提包内有巨额现金,遂起意图财。行驶到某偏僻处时，甲谎称发生故障，请乙下车帮助推车。乙将手提包放在面包车座位上，然后下车。甲乘机发动面包车欲逃。乙察觉出甲的意图后，紧抓住车门不放，被面包车拖行10余米。甲见乙仍不松手并跟着车跑，便加速疾驶，使乙摔倒在地，造成重伤。乙报警后，公安机关根据汽车号牌将甲查获。(P1)

讯问过程中，虽有乙的指认并查获赃物，但甲拒不交待。侦查人员丙、丁对此十分气愤，对甲进行殴打，造成甲轻伤。在这种情况下，甲供述了以上犯罪事实，同时还交待了其在B市所犯的以下罪行：2003年6月的一天，甲于某小学放学之际，在校门前拦截了一名一年级男生，将其骗走，随即带该男生到某个体商店，向商店老板购买价值5000余元的高档烟酒。在交款时，甲声称未带够钱，将男生留在商店，回去拿钱交款后再将男生带走。商店老板以为男生是甲的儿子便同意了。甲携带烟酒逃之夭夭。公安机关查明，甲身边确有若干与甲骗来的烟酒名称相同的烟酒，但未能查找到商店老板和男生。(P2)

本案移送检察机关审查起诉后，甲称其认罪口供均系侦查人员丙、丁对他刑讯逼供所致，推翻了以前所有的有罪供述。经检察人员调查核实，确认了侦查人员丙、丁对甲刑讯逼供的事实。(P3)

问题：请根据我国刑法的有关规定，对上述案例中甲、丙、丁的各种行为及相关事实分别进行分析，并提出处理意见。

解答思路

S1：通读案情,圈画关键词,做基本的概念翻译和考点对应工作。

段 落	事 实	思路与问题
P1	甲在 2003 年 10 月 15 日见路边一辆面包车没有上锁,即将车开走,前往 A 市。	将没有上锁的车开走是盗窃吗?
P1	行驶途中,行人乙拦车要求搭乘,甲同意。甲见乙提包内有巨额现金,遂起意图财。行驶到某偏僻处时,甲谎称发生故障,请乙下车帮助推车。乙将手提包放在面包车座位上,然后下车。甲乘机发动面包车欲逃。乙察觉出甲的意图后,紧抓住车门不放,被面包车拖行 10 余米。甲见乙仍不松手并跟着车跑,便加速疾驶,使乙摔倒在地,造成重伤。乙报警后,公安机关根据汽车号牌将甲查获。	甲是否构成抢劫罪?是普通抢劫还是转化抢劫?甲对乙的重伤是故意还是过失?如何处理罪数问题?
P2	讯问过程中,虽有乙的指认并查获赃物,但甲拒不交待。侦查人员丙、丁对此十分气愤,对甲进行殴打,造成甲轻伤。	侦查人员丙、丁构成刑讯逼供罪还是暴力取证罪?
P2	在这种情况下,甲供述了以上犯罪事实,同时还交待了其在 B 市所犯的以下罪行:……	特别自首。
P2	2003 年 6 月的一天,甲于某小学放学之际,在校门前拦截了一名一年级男生,将其骗走,随即带该男生到某个体商店,向商店老板购买价值 5000 余元的高档烟酒。在交款时,甲声称未带够钱,将男生留在商店,回去拿钱交款后再将男生带走。商店老板以为男生是甲的儿子便同意了。甲携带烟酒逃之夭夭。公安机关查明,甲身边确有若干与甲骗来的烟酒名称相同的烟酒,但未能查找到商店老板和男生。	甲构成诈骗罪、拐骗儿童罪还是拐卖儿童罪?
P3	本案移送检察机关审查起诉后,甲称其认罪口供均系侦查人员丙、丁对他刑讯逼供所致,推翻了以前所有的有罪供述。经检察人员调查核实,确认了侦查人员丙、丁对甲刑讯逼供的事实。	无用信息。

S2：拆分案件,将整篇案情拆分成小案件。

案 件	事实概括	角 色	对应段落
案件 1	甲将没上锁的车开走	甲	P1
案件 2	甲开车拖行被害人乙,取走对方财物	甲	P1
案件 3	甲骗儿童,将其扣留店中,拿走烟酒	甲	P2
案件 4	丙、丁以肉刑逼取口供	丙、丁	P3

S3：按照法律关系不同,找出上述案件对应的有关事实。

案 件	重要事实
案件 1	甲在 2003 年 10 月 15 日见路边一辆面包车没有上锁,即将车开走。(P1)

续表

案 件	重要事实
案件2	甲谎称发生故障,请乙下车帮助推车。乙将手提包放在面包车座位上,然后下车。甲乘机发动面包车欲逃。乙察觉出甲的意图后,紧抓住车门不放,被面包车拖行10余米。甲见乙仍不松手并跟着车跑,便加速疾驶,使乙摔倒在地,造成重伤。乙报警后,公安机关根据汽车号牌将甲查获。(P1)
案件3	在这种情况下,甲供述了以上犯罪事实,同时还交待了其在B市所犯的以下罪行:……(P2) 甲声称未带够钱,将男生留在商店,回去拿钱交款后再将男生带走。商店老板以为男生是甲的儿子便同意了。甲携带烟酒逃之夭夭。(P2)
案件4	经检察人员调查核实,确认了侦查人员丙、丁对甲刑讯逼供的事实。(P3)

S4:分析案件中的法律关系,得出结论。

案 件	重要事实	结论和理由
案件1	甲在2003年10月15日见路边一辆面包车没有上锁,即将车开走。(P1)	[结论] 甲构成盗窃罪。 [解析] 无论面包车是否上锁,都是由车主占有,甲打破他人占有、建立新的占有,构成盗窃罪。
案件2	甲谎称发生故障,请乙下车帮助推车。乙将手提包放在面包车座位上,然后下车。甲乘机发动面包车欲逃。乙察觉出甲的意图后,紧抓住车门不放,被面包车拖行10余米。甲见乙仍不松手并跟着车跑,便加速疾驶,使乙摔倒在地,造成重伤。乙报警后,公安机关根据汽车号牌将甲查获。(P1)	[结论] 甲属于抢劫致人重伤。 [解析] 甲一开始就使用暴力拖行,因此其行为本身就符合"暴力"型的抢劫,不用按照转化抢劫认定。 甲拖行被害人乙,对其重伤结果持放任心态,属于间接故意,触犯故意伤害罪,与抢劫罪整体评价为"抢劫致人重伤"。
案件3	在这种情况下,甲供述了以上犯罪事实,同时还交待了其在B市所犯的以下罪行:……(P2)	[结论] 甲属于特别自首。 [解析] 特别自首,是指被采取强制措施的犯罪嫌疑人、被告人和正在服刑的罪犯,如实供述司法机关还未掌握的本人其他罪行。本案中,甲因为抢劫事实而被采取强制措施,其供述了公安机关未掌握的其他犯罪事实,属于特别自首。
	甲声称未带够钱,将男生留在商店,回去拿钱交款后再将男生带走。商店老板以为男生是甲的儿子便同意了。甲携带烟酒逃之夭夭。(P2)	[结论] 甲构成诈骗罪和拐骗儿童罪。 [解析] 甲的目的不是出卖儿童,而是骗取财物,因此构成诈骗罪;同时,甲使得儿童脱离了家庭和监护人的监管,构成拐骗儿童罪。
案件4	经检察人员调查核实,确认了侦查人员丙、丁对甲刑讯逼供的事实。(P3)	[结论] 侦查人员丙、丁构成刑讯逼供罪。 [解析] 刑讯逼供,是指司法工作人员对犯罪嫌疑人、被告人使用肉刑或者变相肉刑逼取口供的行为。本案中,甲是犯罪嫌疑人,"殴打"属于肉刑,因此,

续表

案 件	重要事实	结论和理由
案件4	同 前	丙、丁构成刑讯逼供罪。 另外，如果刑讯逼供造成重伤，则要转化为故意伤害罪、故意杀人罪。但本案中，丙、丁的行为仅造成了轻伤的结果，不属于转化犯。

S5：最后，将结论用"倒置三段论"的方式表达出来。

答案

1. 甲开走他人面包车的行为构成盗窃罪。即使面包车没有上锁，但根据社会的一般观念，该车仍属于他人占有的财物，而非遗失物。因此，甲打破他人占有、建立新的占有，构成盗窃罪。

2. 甲使用暴力压制被害人乙的反抗并取走财物，属于抢劫行为。甲在乙抓住车门不放时依旧加速疾驶，其对乙的重伤结果持间接故意。因此，甲的行为构成抢劫罪，且属于"抢劫致人重伤"。

3. 甲使得儿童脱离了家庭和监护人的监管，构成拐骗儿童罪。由于甲没有出卖儿童的故意，商店老板也没有收买儿童的故意，因此，甲不构成拐卖儿童罪。甲的目的在于使得商店老板陷入认识错误而处分价值5000余元的高档烟酒，因此，甲对商店老板构成诈骗罪。

甲在被采取强制措施的情况下供述了公安机关尚未掌握的上述事实，属于特别自首。

4. 丙、丁作为司法工作人员，使用肉刑逼取犯罪嫌疑人甲的供词，二人构成刑讯逼供罪。

案例七 2004年司考卷四第四题

案情：

甲男与乙男于2004年7月28日共谋入室抢劫某中学暑假留守女教师丙的财物。7月30日晚，乙在该中学校园外望风，甲翻院墙进入校园内。甲持水果刀闯入丙居住的房间后，发现房间内除有简易书桌、单人床、炊具、餐具外，没有其他贵重财物，便以水果刀相威胁，喝令丙摘下手表（价值2100元）给自己。丙一边摘手表一边说："我是老师，不能没有手表。你拿走其他东西都可以，只要不抢走我的手表就行。"甲立即将刀装入自己的口袋，然后对丙说："好吧，我不抢你的手表，也不拿走其他东西，让我看看你脱光衣服的样子我就走。"丙不同意，甲又以刀相威胁，逼迫丙脱光衣服，丙一边顺手将已摘下的手表放在桌子上，一边流着泪脱完衣服。甲不顾丙的反抗强行摸了丙的乳房后对丙说："好吧，你可以穿上衣服了。"在丙背对着甲穿衣服时，甲乘机将丙放在桌上的手表拿走。甲逃出校园后与乙碰头，乙问抢了什么东西，甲说就抢了一只手表。甲将手表交给乙出卖，乙以1000元价格卖给他人后，甲与乙各分得500元。

问题：请根据刑法规定与刑法原理，对本案进行全面分析。

解答思路

本案的分析和答题框架与一般的"一案一问"型题目不同。本案严格来说就是"甲抢劫，乙望风"。但在抢劫过程中，甲做了三件事，乙为三件事望风。因此，基于本案的特殊性，在分析框架上采用"先搭建答题框架，再填充细节"的模式更加方便。

S1：框架构建。

本案有两条线：主线（甲）和支线（乙）。主线是甲入户实施犯罪，支线是乙在外面望风。考生在答题时可以分成三部分进行分析：第一部分：甲、乙二人成立共同犯罪，二人的分工如何？第二部分：分析主线剧情，甲做了哪些事情？分别如何定性？第三部分：乙对甲的哪些行为负责？分别如何定性？

S2：细节勾画，得出结论。

重要事实	结论和理由
甲男与乙男于2004年7月28日共谋入室抢劫某中学暑假留守女教师丙的财物。	[结论] 甲、乙二人成立共同犯罪。（放在第一部分） [解析] 二人属于"入户抢劫"，加重处罚。（放在第一部分）
7月30日晚，乙在该中学校园外望风，甲翻院墙进入校园内。	[结论] 甲是主犯；乙是帮助犯，是从犯。（放在第一部分） [解析] 甲入户实行抢劫，是主犯；乙在外面望风，是帮助犯，是从犯。
甲持水果刀闯入丙居住的房间后，发现房间内除有简易书桌、单人床、炊具、餐具外，没有其他贵重财物。	无用信息。 [注意] 不要认为女教师丙家徒四壁，就不是"户"，"户"的认定和穷富无关。
（甲）便以水果刀相威胁，喝令丙摘下手表（价值2100元）给自己。丙一边摘手表一边说："我是老师，不能没有手表。你拿走其他东西都可以，只要不抢走我的手表就行。"甲立即将刀装入自己的口袋，然后对丙说："好吧，我不抢你的手表，也不拿走其他东西，让我看看你脱光衣服的样子我就走。"	[结论] 甲构成抢劫罪，属于犯罪中止（放在第二部分）；乙属于抢劫罪未遂（放在第三部分）。 [解析] 甲在实行阶段因为主观原因放弃犯罪，属于犯罪中止；乙因为客观原因未能得逞，属于犯罪未遂。
丙不同意，甲又以刀相威胁，逼迫丙脱光衣服，丙一边顺手将已摘下的手表放在桌子上，一边流着泪脱完衣服。甲不顾丙的反抗强行摸了丙的乳房后对丙说："好吧，你可以穿上衣服了。"	[结论] 甲构成强制猥亵罪（放在第二部分）；乙不对甲的强制猥亵行为负责（放在第三部分）。 [解析] 甲的强制猥亵行为超出了乙的故意范围，乙对此不负责。
在丙背对着甲穿衣服时，甲乘机将丙放在桌上的手表拿走。	[结论] 甲构成盗窃罪（放在第二部分）；乙也构成盗窃罪（放在第三部分）。 [解析] 抢劫的故意中包含了盗窃的故意，因此，乙客观上为甲的盗窃行为望风，主观上有为抢劫行为望风的故意，成立盗窃罪的帮助犯。
甲逃出校园后与乙碰头，乙问抢了什么东西，甲说就抢了一只手表。甲将手表交给乙出卖，乙以1000元价格卖给他人后，甲与乙各分得500元。	[结论] 二人的销赃行为不再另行定罪。 二人的盗窃数额都是2100元。（放在第二部分和第三部分） [解析] 销赃的行为属于"事后不可罚"，不再另行定罪。根据"一人既遂，全部既遂"的原则，二人均对全部数额负责。

S3：最后，将结论填充到前面搭建的框架中。

答案

1. 甲和乙共同实施抢劫行为，成立抢劫罪的共同犯罪，且非法侵入他人住宅属于"入户抢劫"，加重处罚。其中，甲属于主犯；乙属于帮助犯，系从犯，应当从轻、减轻或者免除处罚。（第一部分）

2. 甲试图以胁迫的手段压制丙的反抗并取得财物，构成抢劫罪，但其在实行阶段主动放弃，属于实行阶段中止。之后，甲强制侵犯丙的性羞耻心，构成强制猥亵罪。而后，甲又以平和手段打破丙对手表的占有、建立新的占有，构成盗窃罪，数额为2100元。综上所述，甲构成抢劫罪（中止）、强制猥亵罪、盗窃罪，三罪数罪并罚。（第二部分）

3. 乙为甲的抢劫提供了帮助，但因为客观原因未能得逞，属于抢劫罪（未遂）。甲的强制猥亵行为超出了乙的故意范围，属于实行过限，乙对此不负责。又因为甲的盗窃行为没有超出乙为其抢劫望风的故意范围，所以，乙还构成盗窃罪，与抢劫罪（未遂）从一重罪处罚。（第三部分）

案例八　2003年司考卷四第四题

案情：

赵某拖欠张某和郭某6000多元的打工报酬一直不付。张某与郭某商定后，将赵某15岁的女儿甲骗到外地扣留，以迫使赵某支付报酬。在此期间（共21天），张、郭多次打电话让赵某支付报酬，但赵某仍以种种理由拒不支付。(P1)

张、郭遂决定将甲卖给他人。在张某外出寻找买主期间，郭某奸淫了甲。(P2)

张某找到了买主陈某后，张、郭二人以6000元将甲卖给了陈某。陈某欲与甲结为夫妇，遭到甲的拒绝。陈某为防甲逃走，便将甲反锁在房间里一月余。陈某后来觉得甲年纪小、太可怜，便放甲返回家乡。(P3)

陈某找到张某要求退回6000元钱。张某拒绝退还，陈某便于深夜将张某的一辆价值4000元的摩托车骑走。(P4)

问题： 请根据上述案情，分析张某、郭某、陈某的刑事责任。

解答思路

S1：通读案情，圈画关键词，做基本的概念翻译和考点对应工作。

段 落	事　　　实	思路与问题
P1	赵某拖欠张某和郭某6000多元的打工报酬一直不付。张某与郭某商定后，将赵某15岁的女儿甲骗到外地扣留，以迫使赵某支付报酬。在此期间（共21天），张、郭多次打电话让赵某支付报酬，但赵某仍以种种理由拒不支付。	非法占有目的问题；张某和郭某构成非法拘禁罪还是绑架罪、抢劫罪？
P2	张、郭遂决定将甲卖给他人。在张某外出寻找买主期间，郭某奸淫了甲。	拐卖之后强奸如何定性？
P3	张某找到了买主陈某后，张、郭二人以6000元将甲卖给了陈某。陈某欲与甲结为夫妇，遭到甲的拒绝。陈某为防甲逃走，便将甲反锁在房间里一月余。陈某后来觉得甲年纪小、太可怜，便放甲返回家乡。	收买被拐卖的妇女罪、非法拘禁罪。
P4	陈某找到张某要求退回6000元钱。张某拒绝退还，陈某便于深夜将张某的一辆价值4000元的摩托车骑走。	盗窃罪。

S2：拆分案件，将整篇案情拆分成小案件。

案 件	事实概括	角　色	对应段落
案件1	张某、郭某扣押甲以要债	张某、郭某	P1
案件2	张某、郭某共同拐卖，郭某强奸	张某、郭某	P2
案件3	陈某买甲做妻子，反锁房间一月余	陈某	P3
案件4	陈某私自骑走张某的摩托车	陈某	P4

S3：按照法律关系不同，找出上述案件对应的有关事实。

案 件	重要事实
案件 1	张某与郭某商定后，将赵某 15 岁的女儿甲骗到外地扣留，以迫使赵某支付报酬。（P1）
案件 2	张、郭遂决定将甲卖给他人。（P2） 在张某外出寻找买主期间，郭某奸淫了甲。（P2）
案件 3	张、郭二人以 6000 元将甲卖给了陈某。陈某欲与甲结为夫妇，遭到甲的拒绝。陈某为防甲逃走，便将甲反锁在房间里一月余。（P3）
案件 4	陈某便于深夜将张某的一辆价值 4000 元的摩托车骑走。（P4）

S4：分析案件中的法律关系，得出结论。

案 件	重要事实	结论和理由
案件 1	张某与郭某商定后，将赵某 15 岁的女儿甲骗到外地扣留，以迫使赵某支付报酬。（P1）	[结论] 张某与郭某构成非法拘禁罪。 [解析] 张某与郭某为了索要债务而控制他人，不具有非法占有目的，构成非法拘禁罪。
案件 2	张、郭遂决定将甲卖给他人。（P2）	[结论] 张某与郭某构成拐卖妇女罪。 [解析] 不满 14 周岁的才是儿童，因此，赵某 15 岁的女儿甲是妇女。另外，选择性罪名既可以完整表述，也可以表述为具体的事项，因此直接写作"张某与郭某构成拐卖妇女罪"即可（或者写作"张某与郭某构成拐卖妇女、儿童罪"）。
案件 2	在张某外出寻找买主期间，郭某奸淫了甲。（P2）	[结论] 郭某属于"拐卖并强奸"，加重处罚；张某不对郭某的强奸行为负责。 [解析] 结果加重犯属于高度常见的情况，不属于实行过限（如抢劫致人死亡）；但一般的加重情节（如拐卖之后强奸）无法预见，属于实行过限。因此，郭某在拐卖之后实施强奸的，属于一般加重情节，张某对此不负责。张某只对拐卖妇女罪的基本情节负责。
案件 3	张、郭二人以 6000 元将甲卖给了陈某。陈某欲与甲结为夫妇，遭到甲的拒绝。陈某为防甲逃走，便将甲反锁在房间里一月余。（P3）	[结论] 陈某收买被拐卖妇女甲之后将其非法拘禁，构成收买被拐卖的妇女、儿童罪和非法拘禁罪，数罪并罚。 [注意] 由于本案中的对象是妇女，因此，"收买被拐卖的妇女、儿童罪"也可也写作"收买被拐卖的妇女罪"。
案件 4	陈某便于深夜将张某的一辆价值 4000 元的摩托车骑走。（P4）	[结论] 陈某构成盗窃罪。

S5：最后，将结论用"倒置三段论"的方式表达出来。

答案

1. 张某和郭某非法剥夺他人人身自由之后又将其出卖，构成非法拘禁罪和拐卖妇女罪，数罪并罚。

2. 张某和郭某共同拐卖甲，成立拐卖妇女罪的共同犯罪。郭某拐卖之后强奸了甲，属于拐卖妇女罪的加重情节。郭某的强奸行为超出了张某的故意范围，故对张某只认定为拐卖妇女罪的基本犯。

3. 陈某收买被拐卖妇女甲之后剥夺其人身自由，分别构成收买被拐卖的妇女、儿童罪和非法拘禁罪，数罪并罚。

4. 陈某打破张某对摩托车的占有、建立新的占有，构成盗窃罪，数额为4000元。因此，陈某构成收买被拐卖的妇女、儿童罪，非法拘禁罪和盗窃罪，三罪数罪并罚。

案例九　2002年司考卷四第四题

案情：

2001年3月13日下午，陈某因曾揭发他人违法行为，被两名加害人报复砍伤。陈某逃跑过程中，两加害人仍不罢休，持刀追赶陈。途中，陈某多次拦车欲乘，均遭出租车司机拒载。当两加害人即将追上时，适逢一中年妇女丁某骑摩托车（价值9000元）缓速行驶，陈某当即哀求丁某将自己带走，但也遭拒绝。眼见两加害人已经逼近，情急之下，陈某一手抓住摩托车，一手将丁某推下摩托车（丁某倒地，但未受伤害），骑车逃走。(P1)

陈某骑车至安全地方（离原地约2公里）停歇一会后，才想到摩托车怎么处理。陈某将摩托车尾部工具箱的锁撬开，发现内有现金3000元和一张未到期的定期存单（面额2万元）。陈某顿生贪欲，将3000元现金和存单据为己有，并将摩托车推至山下摔坏。(P2)

几日后，陈某使用伪造的身份证在到期之前将存单中的2万元取出。此后逃往外地。(P3)

问题： 试分析陈某上述各行为的性质，并说明理由。

解答思路

S1：通读案情，圈画关键词，做基本的概念翻译和考点对应工作。

段落	事实	思路与问题
P1	2001年3月13日下午，陈某因曾揭发他人违法行为，被两名加害人报复砍伤。陈某逃跑过程中，两加害人仍不罢休，持刀追赶陈。途中，陈某多次拦车欲乘，均遭出租车司机拒载。当两加害人即将追上时，适逢一中年妇女丁某骑摩托车（价值9000元）缓速行驶，陈某当即哀求丁某将自己带走，但也遭拒绝。眼见两加害人已经逼近，情急之下，陈某一手抓住摩托车，一手将丁某推下摩托车（丁某倒地，但未受伤害），骑车逃走。	紧急避险。
P2	陈某骑车至安全地方（离原地约2公里）停歇一会后，才想到摩托车怎么处理。陈某将摩托车尾部工具箱的锁撬开，发现内有现金3000元和一张未到期的定期存单（面额2万元）。陈某顿生贪欲，将3000元现金和存单据为己有。	盗窃罪。
	（陈某）将摩托车推至山下摔坏。	故意毁坏财物罪。
P3	几日后，陈某使用伪造的身份证在到期之前将存单中的2万元取出。此后逃往外地。	陈某构成盗窃罪还是诈骗罪？

S2：拆分案件，将整篇案情拆分成小案件。

案件	事实概括	对应段落
案件1	被追杀，不得已骑走丁某的摩托车	P1
案件2	取走摩托车内财物，存单取款	P2、P3
案件3	毁坏摩托车	P2

S3：按照法律关系不同，找出上述案件对应的有关事实。

案 件	重要事实
案件1	当两加害人即将追上时，适逢一中年妇女丁某骑摩托车（价值9000元）缓速行驶，陈某当即哀求丁某将自己带走，但也遭拒绝。眼见两加害人已经逼近，情急之下，陈某一手抓住摩托车，一手将丁某推下摩托车（丁某倒地，但未受伤害），骑车逃走。（P1）
案件2	陈某将摩托车尾部工具箱的锁撬开，发现内有现金3000元和一张未到期的定期存单（面额2万元）。陈某顿生贪欲，将3000元现金和存单据为己有。（P2）
案件2	陈某使用伪造的身份证在到期之前将存单中的2万元取出。（P3）
案件3	（陈某）将摩托车推至山下摔坏。（P2）

S4：分析案件中的法律关系，得出结论。

案 件	重要事实	结论和理由
案件1	当两加害人即将追上时，适逢一中年妇女丁某骑摩托车（价值9000元）缓速行驶，陈某当即哀求丁某将自己带走，但也遭拒绝。眼见两加害人已经逼近，情急之下，陈某一手抓住摩托车，一手将丁某推下摩托车（丁某倒地，但未受伤害），骑车逃走。（P1）	[结论] 陈某属于紧急避险，无罪。 [解析] 紧急避险，是指为了使国家、公共利益、本人或者他人的人身、财产和其他权利免受正在发生的危险，不得已采取的行为。紧急避险在限度上要求"保大损小"。本案中，陈某为了保全自己的人身法益，侵害了丁某对摩托车的占有，属于紧急避险。
案件2	陈某将摩托车尾部工具箱的锁撬开，发现内有现金3000元和一张未到期的定期存单（面额2万元）。陈某顿生贪欲，将3000元现金和存单据为己有。（P2）	[结论] 陈某构成盗窃罪。
案件2	陈某使用伪造的身份证在到期之前将存单中的2万元取出。（P3）	[结论] 陈某构成盗窃罪。 [解析] 根据司法解释的规定，非法获取他人的存单，盗取他人款物的，应以盗窃罪处理。因此，陈某构成盗窃罪，数额与3000元现金累计计算。
案件3	（陈某）将摩托车推至山下摔坏。（P2）	[结论] 陈某构成故意毁坏财物罪。

S5：最后，将结论用"倒置三段论"的方式表达出来。

答案

1. 陈某将丁某推下摩托车然后骑车逃走的行为属于紧急避险。陈某为了使本人的人身权利免受正在发生的危险，不得已给丁某造成损害，且其所保护的利益大于损害的利益，因此，陈某将丁某推下摩托车然后骑车逃走的行为属于紧急避险。

2. 陈某打破丁某对工具箱内财物的占有、建立新的占有，将丁某的3000元现金和存单据为己有，并且取出存单中的2万元。根据司法解释的规定，非法获取他人的存单，盗取他人款物的，应以盗窃罪处理。因此，陈某构成盗窃罪，数额与3000元现金累计计算。

3. 陈某将摩托车故意推下山崖摔坏的行为使得摩托车的效用丧失，构成故意毁坏财物罪。

"分问散案"型

案例十　2012年司考卷四第四题

案情：

镇长黄某负责某重点工程项目占地前期的拆迁和评估工作。黄某和村民李某勾结，由李某出面向某村租赁可能被占用的荒山20亩植树，以骗取补偿款。但村长不同意出租荒山。黄某打电话给村长施压，并安排李某给村长送去1万元现金后，村长才同意签订租赁合同。李某出资1万元购买小树苗5000棵，雇人种在荒山上。（P1）

副县长赵某带队前来开展拆迁、评估工作的验收。李某给赵某的父亲（原县民政局局长，已退休）送去1万元现金，请其帮忙说话。赵某得知父亲收钱后答应关照李某，令人将邻近山坡的树苗都算到李某名下。（P2）

后李某获得补偿款50万元，分给黄某30万元。黄某认为自己应得40万元，二人发生争执，李某无奈又给黄某10万元。（P3）

李某非常恼火，回家与妻子陈某诉说。陈某说："这种人太贪心，咱可把钱偷回来。"李某深夜到黄某家伺机作案，但未能发现机会，便将黄某的汽车玻璃（价值1万元）砸坏。（P4）

黄某认定是李某作案，决意报复李某，深夜对其租赁的山坡放火（李某住在山坡上）。（P5）

树苗刚起火时，被路过的村民邢某发现。邢某明知法律规定发现火情时，任何人都有报警的义务，但因与李某素有矛盾，便悄然离去。（P6）

大火烧毁山坡上的全部树苗，烧伤了李某，并延烧至村民范某家。范某被火势惊醒逃至屋外，想起卧室有5000元现金，即返身取钱，被烧断的房梁砸死。（P7）

问题：

1. 对村长收受黄某、李某现金1万元一节，应如何定罪？为什么？
2. 对赵某父亲收受1万元一节，赵某父亲及赵某应如何定罪？为什么？
3. 对黄某、李某取得补偿款的行为，应如何定性？二人的犯罪数额应如何认定？
4. 对陈某让李某盗窃及汽车玻璃被砸坏一节，二人应如何定罪？为什么？
5. 村民邢某是否构成不作为的放火罪？为什么？
6. 如认定黄某放火与范某被砸死之间存在因果关系，可能有哪些理由？如否定黄某放火与范某被砸死之间存在因果关系，可能有哪些理由？（两问均须作答）

解答思路

S1：通读案情，圈画关键词，做基本的概念翻译和考点对应工作。

段落	事　　实	思路与问题
P1	镇长黄某负责某重点工程项目占地前期的拆迁和评估工作。黄某和村民李某勾结，由李某出面向某村租赁可能被占用的荒山20亩植树，以骗取补偿款。但村长不同意出租荒山。黄某打电话给村长施压，并安排李某给村长送去1万元现金后，村长才同意签订租赁合同。李某出资1万元购买小树苗5000棵，雇人种在荒山上。	村长是否具有国家工作人员的身份？其构成受贿罪还是非国家工作人员受贿罪？相应的，黄某和李某是构成行贿罪还是构成对非国家工作人员行贿罪？
P2	副县长赵某带队前来开展拆迁、评估工作的验收。李某给赵某的父亲（原县民政局局长，已退休）送去1万元现金，请其帮忙说话。赵某得知父亲收钱后答应关照李某，令人将邻近山坡的树苗都算到李某名下。	赵某的父亲是构成受贿罪还是构成利用影响力受贿罪？二者的区别是什么？

续表

段落	事实	思路与问题
P3	后李某获得补偿款50万元,分给黄某30万元。黄某认为自己应得40万元,二人发生争执,李某无奈又给黄某10万元。	镇长是否具有国家工作人员的身份? 黄某(镇长)、李某(村民)侵吞50万元的行为如何定性?数额如何确定?
P4	李某非常恼火,回家与妻子陈某诉说。陈某说:"这种人太贪心,咱可把钱偷回来。" 李某深夜到黄某家伺机作案,但未能发现机会,便将黄某的汽车玻璃(价值1万元)砸坏。	教唆犯。 故意毁坏财物罪。
P5	黄某认定是李某作案,决意报复李某,深夜对其租赁的山坡放火(李某住在山坡上)。	放火罪。
P6	树苗刚起火时,被路过的村民邢某发现。邢某明知法律规定发现火情时,任何人都有报警的义务,但因与李某素有矛盾,便悄然离去。	邢某构成不作为的放火罪吗?
P7	大火烧毁山坡上的全部树苗,烧伤了李某,并延烧至村民范某家。范某被火势惊醒逃至屋外,想起卧室有5000元现金,即返身取钱,被烧断的房梁砸死。	自陷风险;因果关系。

S2:按照法律关系不同,找出上述案件对应的有关事实。

问题	关键事实
1. 对村长收受黄某、李某现金1万元一节,应如何定罪?为什么?	○黄某打电话给村长施压,并安排李某给村长送去1万元现金。(P1)
2. 对赵某父亲收受1万元一节,赵某父亲及赵某应如何定罪?为什么?	○李某给赵某的父亲(原县民政局局长,已退休)送去1万元现金,请其帮忙说话。赵某得知父亲收钱后答应关照李某,令人将邻近山坡的树苗都算到李某名下。(P2)
3. 对黄某、李某取得补偿款的行为,应如何定性?二人的犯罪数额应如何认定?	○镇长黄某负责某重点工程项目占地前期的拆迁和评估工作。(P1) ○后李某获得补偿款50万元,分给黄某30万元。黄某认为自己应分得40万元,二人发生争执,李某无奈又给黄某10万元。(P3)
4. 对陈某让李某盗窃及汽车玻璃被砸坏一节,二人应如何定罪?为什么?	○陈某说:"这种人太贪心,咱可把钱偷回来。"李某深夜到黄某家伺机作案,但未能发现机会,便将黄某的汽车玻璃(价值1万元)砸坏。(P4)
5. 村民邢某是否构成不作为的放火罪?为什么?	○树苗刚起火时,被路过的村民邢某发现。邢某明知法律规定发现火情时,任何人都有报警的义务,但因与李某素有矛盾,便悄然离去。(P6)

续表

问　　题	关键事实
6. 如认定黄某放火与范某被砸死之间存在因果关系，可能有哪些理由？如否定黄某放火与范某被砸死之间存在因果关系，可能有哪些理由？（两问均须作答）	⊙黄某认定是李某作案，决意报复李某，深夜对其租赁的山坡放火（李某住在山坡上）。（P5） ⊙大火烧毁山坡上的全部树苗，烧伤了李某，并延烧至村民范某家。范某被火势惊醒逃至屋外，想起卧室有5000元现金，即返身取钱，被烧断的房梁砸死。（P7）

S3：分析案件中的法律关系，得出结论。

问　　题	关键事实	结论和理由
1. 对村长收受黄某、李某现金1万元一节，应如何定罪？为什么？	⊙黄某打电话给村长施压，并安排李某给村长送去1万元现金。（P1）	[结论] 村长构成非国家工作人员受贿罪；黄某和李某构成对非国家工作人员行贿罪。 [解析] 在一般情况下，村长不是国家工作人员。根据立法解释的规定，村民委员会等村基层组织人员只有在协助人民政府从事有关行政管理工作时，才属于国家工作人员（"协助型"国家工作人员）。因此，村长构成非国家工作人员受贿罪；黄某和李某构成对非国家工作人员行贿罪。
2. 对赵某父亲收受1万元一节，赵某父亲及赵某应如何定罪？为什么？	⊙李某给赵某的父亲（原县民政局局长，已退休）送去1万元现金，请其帮忙说话。赵某得知父亲收钱后答应关照李某，令人将邻近山坡的树苗都算到李某名下。（P2）	[结论] 赵某的父亲构成行贿罪的帮助犯和受贿罪的帮助犯，从一重罪处罚。 [解析] 利用影响力受贿罪需要"通过"国家工作人员办事。所谓"通过"，是指"就事论事"，即让对方办事，但没有跟对方说自己收了钱。如果办事者知道收钱的事实，则不可能构成利用影响力受贿罪。本案中，赵某已经知道其父收钱的事实，因此，赵某的父亲不构成利用影响力受贿罪。 　　赵某在知道父亲收受财物的情况下办事，构成受贿罪；赵某的父亲帮助他人行贿，同时帮助他人受贿，构成行贿罪的帮助犯和受贿罪的帮助犯，从一重罪处罚。
3. 对黄某、李某取得补偿款的行为，应如何定性？二人的犯罪数额应如何认定？	⊙镇长黄某负责某重点工程项目占地前期的拆迁和评估工作。（P1） ⊙后李某获得补偿款50万元，分给黄某30万元。黄某认为自己应分得40万元，二人发生争执，李某无奈又给黄某10万元。（P3）	[结论] 黄某和李某成立贪污罪的共同犯罪，均对50万元负责。 [解析] 镇长具有国家工作人员的身份。本案中，镇长黄某勾结他人，将自己管控的财物据为己有，构成贪污罪。李某不具有国家工作人员的身份，构成贪污罪的帮助犯。根据"部分实行、全部责任"的共同犯罪原理，二人均对全部数额50万元负责。

083

续表

问　　题	关键事实	结论和理由
4. 对陈某让李某盗窃及汽车玻璃被砸坏一节，二人应如何定罪？为什么？	○陈某说："这种人太贪心，咱可把钱偷回来。"李某深夜到黄某家伺机作案，但未能发现机会，便将黄某的汽车玻璃（价值1万元）砸坏。(P4)	[结论] 李某构成故意毁坏财物罪，陈某构成故意毁坏财物罪的教唆犯。 [解析] 陈某教唆他人盗窃，被教唆者李某仅构成故意毁坏财物罪，而故意毁坏财物罪和盗窃罪可以包容评价，因此，根据"共犯从属性"原理，陈某仅构成故意毁坏财物罪的教唆犯。
5. 村民邢某是否构成不作为的放火罪？为什么？	○树苗刚起火时，被路过的村民邢某发现。邢某明知法律规定发现火情时，任何人都有报警的义务，但因与李某素有矛盾，便悄然离去。(P6)	[结论] 邢某无罪。 [解析] 邢某的不报警行为与作为的放火之间不具有等价性，其不构成不作为的放火罪。
6. 如认定黄某放火与范某被砸死之间存在因果关系，可能有哪些理由？如否定黄某放火与范某被砸死之间存在因果关系，可能有哪些理由？（两问均须作答）	○黄某认定是李某作案，决意报复李某，深夜对其租赁的山坡放火（李某住在山坡上）。(P5) ○大火烧毁山坡上的全部树苗，烧伤了李某，并延烧至村民范某家。范某被火势惊醒逃至屋外，想起卧室有5000元现金，即返身取钱，被烧断的房梁砸死。(P7)	[结论] 如果论述"不存在因果关系"，则可以考虑被害人的自陷风险；如果论述"存在因果关系"，则可以考虑"条件说"等理由。 [解析] 判断黄某是否应对范某的死亡结果负责的关键在于，判断范某进入火灾现场是否属于正常的介入因素。

S4：最后，将结论用"倒置三段论"的方式表达出来。

> 答案

1. 村长作为非国家工作人员，收受他人财物，为他人谋取利益，构成非国家工作人员受贿罪；黄某、李某给予非国家工作人员财物，构成对非国家工作人员行贿罪。

2. 赵某的父亲帮助赵某收受财物，构成受贿罪的帮助犯；同时，其帮助李某给予国家工作人员赵某财物，构成行贿罪的帮助犯，从一重罪处罚。由于赵某对其父收受财物的事实知情，因此，赵某构成受贿罪，赵某的父亲不构成利用影响力受贿罪。

3. 国家工作人员黄某利用拆迁和评估工作的职务之便，侵吞50万元公款，构成贪污罪；李某为其提供帮助，构成贪污罪的帮助犯。二人成立贪污罪的共同犯罪。由于二人成立共同犯罪，均对贪污的总数额负责，因此，二人的犯罪数额都是50万元。

4. 李某故意砸坏黄某的汽车玻璃，构成故意毁坏财物罪。陈某教唆李某盗窃的故意中包含了毁坏财物的故意，因此，陈某构成故意毁坏财物罪的教唆犯。

5. 邢某不构成不作为的放火罪，因为邢某发现火情不报警的行为和放火行为之间不具有等价性。

6. 本案的通说否定因果关系，因为被害人范某为取财物返回火场的行为属于自陷风险，系异常的介入因素，切断了行为人黄某的放火行为与被害人范某的死亡结果之间的因果关系。

若要得出肯定因果关系的结论，则可以考虑以下理由：①根据条件说，如果没有黄某的放火行为，范某就不会死亡，因此存在因果关系；②范某在当时情况下，来不及精确判断返回住宅取财的危险性，故不能视为自陷风险；③范某在当时情况下，返回住宅取财符合常理，并不属于异常的介入因素。

案例十一　2010年司考卷四第四题

案情：

被告人赵某与被害人钱某曾合伙做生意（双方没有债权债务关系）。2009年5月23日，赵某通过技术手段，将钱某银行存折上的9万元存款划转到自己的账户上（没有取出现金）。钱某向银行查询知道真相后，让赵某还给自己9万元。（P1）

同年6月26日，赵某将钱某约至某大桥西侧泵房后，二人发生争执。赵某顿生杀意，突然勒钱某的颈部、捂钱某的口鼻，致钱某昏迷。赵某以为钱某已死亡，便将钱某"尸体"缚重扔入河中。（P2）

6月28日凌晨，赵某将恐吓信置于钱某家门口，谎称钱某被绑架，让钱某之妻孙某（某国有企业出纳）拿20万元到某大桥赎人，如报警将杀死钱某。孙某不敢报警，但手中只有3万元，于是在上班之前从本单位保险柜拿出17万元，急忙将20万元送至某大桥处。赵某蒙面接收20万元后，声称2小时后孙某即可见到丈夫。（P3）

28日下午，钱某的尸体被人发现（经鉴定，钱某系溺水死亡）。赵某觉得罪行迟早会败露，于29日向公安机关投案，如实交待了上述全部犯罪事实，并将勒索的20万元交给公安人员（公安人员将20万元退还孙某，孙某于8月3日将17万元还给公司）。公安人员李某听了赵某的交待后随口说了一句"你罪行不轻啊"，赵某担心被判死刑，逃跑至外地。在被通缉的过程中，赵某身患重病无钱治疗，向当地公安机关投案，再次如实交待了自己的全部罪行。（P4）

问题：

1. 赵某将钱某的9万元存款划转到自己账户的行为，是什么性质？为什么？
2. 赵某致钱某死亡的事实，在刑法理论上称为什么？刑法理论对这种情况有哪几种处理意见？你认为应当如何处理？为什么？
3. 赵某向孙某索要20万元的行为是什么性质？为什么？
4. 赵某的行为是否成立自首？为什么？
5. 孙某从公司拿出17万元的行为是否成立犯罪？为什么？

解答思路

S1：通读案情，圈画关键词，做基本的概念翻译和考点对应工作。

段　落	事　　　实	思路与问题
P1	被告人赵某与被害人钱某曾合伙做生意（双方没有债权债务关系）。2009年5月23日，赵某通过技术手段，将钱某银行存折上的9万元存款划转到自己的账户上（没有取出现金）。钱某向银行查询知道真相后，让赵某还给自己9万元。	通过技术手段划转他人财物的，构成何罪？犯罪形态是什么？
P2	同年6月26日，赵某将钱某约至某大桥西侧泵房后，二人发生争执。赵某顿生杀意，突然勒钱某的颈部、捂钱某的口鼻，致钱某昏迷。赵某以为钱某已死亡，便将钱某"尸体"绑重扔入河中。	故意杀人罪；事前故意（观点展示）。
P3	6月28日凌晨，赵某将恐吓信置于钱某家门口，谎称钱某被绑架。（赵某）让钱某之妻孙某（某国有企业出纳）拿20万元到某大桥赎人，如报警将杀死钱某。孙某不敢报警，但手中只有3万元，于是在上班之前从本单位保险柜拿出17万元，急忙将20万元送至某大桥处。赵某蒙面接收20万元后，声称2小时后孙某即可见到丈夫。	"假绑架"的问题。挪用公款的问题。

续表

段落	事　　实	思路与问题
P4	28日下午，钱某的尸体被人发现（经鉴定，钱某系溺水死亡）。赵某觉得罪行迟早会败露，于29日向公安机关投案，如实交待了上述全部犯罪事实，并将勒索的20万元交给公安人员（公安人员将20万元退还孙某，孙某于8月3日将17万元还给公司）。	3个月以内归还的，构成挪用公款罪吗？
	公安人员李某听了赵某的交待后随口说了一句"你罪行不轻啊"，赵某担心被判死刑，逃跑至外地。在被通缉的过程中，赵某身患重病无钱治疗，向当地公安机关投案，再次如实交待了自己的全部罪行。	投案后逃跑又投案的，属于自首吗？

S2：按照法律关系不同，找出上述案件对应的有关事实。

问　　题	关键事实
1. 赵某将钱某的9万元存款划转到自己账户的行为，是什么性质？为什么？	⊙赵某通过技术手段，将钱某银行存折上的9万元存款划转到自己的账户上（没有取出现金）。（P1）
2. 赵某致钱某死亡的事实，在刑法理论上称为什么？刑法理论对这种情况有哪几种处理意见？你认为应当如何处理？为什么？	⊙赵某顿生杀意，突然勒钱某的颈部、捂钱某的口鼻，致钱某昏迷。赵某以为钱某已死亡，便将钱某"尸体"缚重扔入河中。（P2） ⊙28日下午，钱某的尸体被人发现（经鉴定，钱某系溺水死亡）。（P4）
3. 赵某向孙某索要20万元的行为是什么性质？为什么？	⊙赵某将恐吓信置于钱某家门口，谎称钱某被绑架，让钱某之妻孙某（某国有企业出纳）拿20万元到某大桥赎人，如报警将杀死钱某。（P3）
4. 赵某的行为是否成立自首？为什么？	⊙赵某觉得罪行迟早会败露，于29日向公安机关投案，如实交待了上述全部犯罪事实，并将勒索的20万元交给公安人员（公安人员将20万元退还孙某，孙某于8月3日将17万元还给公司）。公安人员李某听了赵某的交待后随口说了一句"你罪行不轻啊"，赵某担心被判死刑，逃跑至外地。在被通缉的过程中，赵某身患重病无钱治疗，向当地公安机关投案，再次如实交待了自己的全部罪行。（P4）
5. 孙某从公司拿出17万元的行为是否成立犯罪？为什么？	⊙6月28日凌晨，赵某将恐吓信置于钱某家门口，谎称钱某被绑架，让钱某之妻孙某（某国有企业出纳）拿20万元到某大桥赎人，如报警将杀死钱某。（P3） ⊙孙某不敢报警，但手中只有3万元，于是在上班之前从本单位保险柜拿出17万元，急忙将20万元送至某大桥处。（P3） ⊙公安人员将20万元退还孙某，孙某于8月3日将17万元还给公司。（P4）

S3：分析案件中的法律关系，得出结论。

问 题	关键事实	结论和理由
1. 赵某将钱某的9万元存款划转到自己账户的行为，是什么性质？为什么？	○赵某通过技术手段，将钱某银行存折上的9万元存款划转到自己的账户上（没有取出现金）。(P1)	[结论] 赵某构成盗窃罪，且是犯罪既遂。 [解析] 通过技术手段划拨存款的，由于无人被骗，因此构成盗窃罪。存款到账即为犯罪既遂，无需取出现金。
2. 赵某致钱某死亡的事实，在刑法理论上称为什么？刑法理论对这种情况有哪几种处理意见？你认为应当如何处理？为什么？	○赵某顿生杀意，突然勒钱某的颈部、捂钱某的口鼻，致钱某昏迷。赵某以为钱某已死亡，便将钱某"尸体"缚重扔入河中。(P2) ○28日下午，钱某的尸体被人发现（经鉴定，钱某系溺水死亡）。(P4)	[结论] 本案属于事前故意，对此，有两种不同的观点：①既遂说；②"未遂+过失并罚"说。
3. 赵某向孙某索要20万元的行为是什么性质？为什么？	○赵某将恐吓信置于钱某家门口，谎称钱某被绑架，让钱某之妻孙某（某国有企业出纳）拿20万元到某大桥赎人，如报警将杀死钱某。(P3)	[结论] 赵某构成诈骗罪与敲诈勒索罪的想象竞合犯。 [解析] "假绑架，真敲诈，诈骗一起罚"。谎称绑架实际上没有控制人质的，构成诈骗罪与敲诈勒索罪的想象竞合犯。
4. 赵某的行为是否成立自首？为什么？	○赵某觉得罪行迟早会败露，于29日向公安机关投案，如实交待了上述全部犯罪事实，并将勒索的20万元交给公安人员（公安人员将20万元退还孙某，孙某于8月3日将17万元还给公司）。公安人员李某听了赵某的交待后随口说了一句"你罪行不轻啊"，赵某担心被判死刑，逃跑至外地。在被通缉的过程中，赵某身患重病无钱治疗，向当地公安机关投案，再次如实交待了自己的全部罪行。(P4)	[结论] 赵某成立自首。 [解析] 投案后又逃跑的，一般按照最后的状态认定。因此，投案之后逃跑又投案的，依然成立自首。
5. 孙某从公司拿出17万元的行为是否成立犯罪？为什么？	○6月28日凌晨，赵某将恐吓信置于钱某家门口，谎称钱某被绑架，让钱某之妻孙某（某国有企业出纳）拿20万元到某大桥赎人，如报警将杀死钱某。(P3) ○孙某不敢报警，但手中只有3万元，于是在上班之前从本单位保险柜拿出17万元，急忙将20万元送	[结论] 孙某不构成挪用公款罪。 [解析]《刑法》第384条第1款规定，国家工作人员利用职务上的便利，挪用公款归个人使用，进行非法活动的，或者挪用公款数额较大、进行营利活动的，或者挪用公款数额较大、超过3个月未还的，是挪用公款罪。因此，挪用公款用其他

续表

问题	关键事实	结论和理由
5. 孙某从公司拿出 17 万元的行为是否成立犯罪？为什么？	至某大桥处。（P3） ⊙公安人员将 20 万元退还孙某，孙某于 8 月 3 日将 17 万元还给公司。（P4）	活动的，需要 3 个月不归还才构成挪用公款罪。本案中，孙某挪用公款交赎金，属于"挪用公款用于其他活动"，其 6 月 28 日挪用，8 月 3 日退还，不足 3 个月，因而不构成挪用公款罪。

S4：最后，将结论用"倒置三段论"的方式表达出来。

答案

1. 赵某通过技术手段，将钱某银行存折上的 9 万元存款划转到自己的账户上，属于打破对方占有、建立新的占有，构成盗窃罪。赵某虽然没有实际取出现金，但已经使得该笔钱款脱离了钱某的占有，因此属于犯罪既遂。

2. 赵某致钱某死亡的事实，在刑法理论上称为事前故意，对此，有两种不同的观点：

观点 1：赵某具有杀害钱某的故意，且导致了钱某的死亡结果，构成故意杀人罪（既遂）。

观点 2：赵某具有勒杀钱某的故意，但未以此法得逞，构成故意杀人罪（未遂）；之后，赵某的"抛尸"行为构成过失致人死亡罪，与故意杀人罪（未遂）数罪并罚。

3. 赵某编造绑架事实，使得被害人孙某陷入认识错误处分财物，构成诈骗罪；同时，赵某恐吓孙某，使孙某陷入恐惧处分财物，构成敲诈勒索罪。赵某一个行为触犯数个罪名，因此成立敲诈勒索罪和诈骗罪的想象竞合犯，应从一重罪处罚。

4. 根据司法解释的规定，犯罪嫌疑人赵某虽然在自动投案后逃跑，但这并不影响其最后一次投案的认定。因此，赵某仍成立自首。

5. 孙某将公款挪归个人使用，用于非法活动、营利活动之外的其他活动，数额较大，但其在 3 个月内归还，因此不构成挪用公款罪。

案例十二 2008 年司考卷四第四题

案情：

徐某系某市国有黄河商贸公司的经理，顾某系该公司的副经理。2005 年，黄河商贸公司进行产权制度改革，将国有公司改制为管理层控股的股份有限公司。其中，徐某、顾某及其他 15 名干部职工分别占 40%、30%、30% 股份。（P1）

在改制过程中，国有资产管理部门委托某资产评估所对黄河商贸公司的资产进行评估，资产评估所指派周某具体参与评估。在评估时，徐某与顾某明知在公司的应付款账户中有 100 万元系上一年度为少交利润而虚设的，经徐某与顾某以及公司其他领导班子成员商量，决定予以隐瞒，转入改制后的公司，按照股份分配给个人。（P2）

当周某发现了该100万元应付款的问题时，公司领导班子决定以辛苦费的名义，从公司的其他公款中取出1万元送给周某。周某收下该款后，出具了隐瞒该100万元虚假的应付款的评估报告。随后，国有资产管理部门经研究批准了公司的改制方案。在尚未办理产权过户手续时，徐某等人因被举报而案发。（P3）

问题：

1. 徐某与顾某构成贪污罪还是私分国有资产罪？为什么？
2. 徐某与顾某的犯罪数额如何计算？为什么？
3. 徐某与顾某的犯罪属于既遂还是未遂？为什么？
4. 给周某送的1万元是单位行贿还是个人行贿？为什么？
5. 周某的行为是否以非国家工作人员受贿罪与提供虚假证明文件罪实行数罪并罚？为什么？
6. 周某是否构成徐某与顾某的共犯？为什么？

解答思路

S1：通读案情，圈画关键词，做基本的概念翻译和考点对应工作。

段落	事实	思路与问题
P1	徐某系某市国有黄河商贸公司的经理，顾某系该公司的副经理。2005年，黄河商贸公司进行产权制度改革，将国有公司改制为管理层控股的股份有限公司。其中，徐某、顾某及其他15名干部职工分别占40%、30%、30%股份。	本案中的利益归个人还是集体？徐某与顾某构成贪污罪还是私分国有资产罪？
P2	在改制过程中，国有资产管理部门委托某资产评估所对黄河商贸公司的资产进行评估，资产评估所指派周某具体参与评估。在评估时，徐某与顾某明知在公司的应付款账户中有100万元系上一年度为少交利润而虚设的，经徐某与顾某以及公司其他领导班子成员商量，决定予以隐瞒，转入改制后的公司，按照股份分配给个人。	徐某与顾某对多少数额负责？
P3	当周某发现了该100万元应付款的问题时，公司领导班子决定以辛苦费的名义，从公司的其他公款中取出1万元送给周某。	将1万元送给周某是为个人利益还是为单位利益？行为人构成行贿罪还是单位行贿罪？
P3	周某收下该款后，出具了隐瞒该100万元虚假的应付款的评估报告。	周某构成何罪？罪数上如何处理？是否构成贪污罪的帮助犯？
P3	随后，国有资产管理部门经研究批准了公司的改制方案。在尚未办理产权过户手续时，徐某等人因被举报而案发。	属于贪污罪既遂还是未遂？

S2：按照法律关系不同，找出上述案件对应的有关事实。

问题	关键事实
1. 徐某与顾某构成贪污罪还是私分国有资产罪？为什么？	⊙徐某系某市国有黄河商贸公司的经理。(P1) ⊙经徐某与顾某以及公司其他领导班子成员商量，决定予以隐瞒，转入改制后的公司，按照股份分配给个人。(P2)
2. 徐某与顾某的犯罪数额如何计算？为什么？	⊙徐某与顾某明知在公司的应付款账户中有100万元系上一年度为少交利润而虚设的，经徐某与顾某以及公司其他领导班子成员商量，决定予以隐瞒。(P2) ⊙公司领导班子决定以辛苦费的名义，从公司的其他公款中取出1万元送给周某。(P3)
3. 徐某与顾某的犯罪属于既遂还是未遂？为什么？	⊙公司领导班子决定以辛苦费的名义，从公司的其他公款中取出1万元送给周某。(P3) ⊙在尚未办理产权过户手续时，徐某等人因被举报而案发。(P3)
4. 给周某送的1万元是单位行贿还是个人行贿？为什么？	⊙公司领导班子决定以辛苦费的名义，从公司的其他公款中取出1万元送给周某。(P3)

续表

问题	关键事实
5. 周某的行为是否以非国家工作人员受贿罪与提供虚假证明文件罪实行数罪并罚？为什么？	⊙周某收下该款后，出具了隐瞒该100万元虚假的应付款的评估报告。（P3）
6. 周某是否构成徐某与顾某的共犯？为什么？	⊙周某收下该款后，出具了隐瞒该100万元虚假的应付款的评估报告。（P3）

S3：分析案件中的法律关系，得出结论。

问题	关键事实	结论和理由
1. 徐某与顾某构成贪污罪还是私分国有资产罪？为什么？	⊙徐某系某市国有黄河商贸公司的经理。（P1） ⊙经徐某与顾某以及公司其他领导班子成员商量，决定予以隐瞒，转入改制后的公司，按照股份分配给个人。（P2）	[结论]徐某与顾某构成贪污罪。 [解析]本案中，利益归少数人所有，是个人犯罪，徐某与顾某构成贪污罪，而不是私分国有资产罪。
2. 徐某与顾某的犯罪数额如何计算？为什么？	⊙徐某与顾某明知在公司的应付款账户中有100万元系上一年度为少交利润而虚设的，经徐某与顾某以及公司其他领导班子成员商量，决定予以隐瞒。（P2） ⊙公司领导班子决定以辛苦费的名义，从公司的其他公款中取出1万元送给周某。（P3）	[结论]徐某与顾某的贪污数额为101万元。 [解析]由于是共同犯罪，因此，所有人对所有数额负责，其中包括归领导班子所有的100万元和给周某的1万元，总共101万元。
3. 徐某与顾某的犯罪属于既遂还是未遂？为什么？	⊙公司领导班子决定以辛苦费的名义，从公司的其他公款中取出1万元送给周某。（P3） ⊙在尚未办理产权过户手续时，徐某等人因被举报而案发。（P3）	[结论]给周某的1万元已经取出，属于犯罪既遂；欲取出的100万元没有成功，属于犯罪未遂。
4. 给周某送的1万元是单位行贿还是个人行贿？为什么？	⊙公司领导班子决定以辛苦费的名义，从公司的其他公款中取出1万元送给周某。（P3）	[结论]行贿罪。 [解析]"辛苦费"是为了领导班子的个人利益，是个人犯罪，因此，行为人构成行贿罪。
5. 周某的行为是否以非国家工作人员受贿罪与提供虚假证明文件罪实行数罪并罚？为什么？	⊙周某收下该款后，出具了隐瞒该100万元虚假的应付款的评估报告。（P3）	[结论]非国家工作人员受贿又提供虚假证明文件的，从一重罪处罚。 [解析]根据《刑法》第229条第2款的规定，故意提供虚假证明文件，同时索取他人财物或者非法收受他人财物构成犯罪的，依照处罚较重的规定定罪处罚。
6. 周某是否构成徐某与顾某的共犯？为什么？	⊙周某收下该款后，出具了隐瞒该100万元虚假的应付款的评估报告。（P3）	[结论]周某帮助实施贪污行为，构成贪污罪的帮助犯。 [解析]周某没有国家工作人员的

问　　题	关键事实	结论和理由
6. 周某是否构成徐某与顾某的共犯？为什么？	同　前	身份，不构成贪污罪的正犯，但可以构成贪污罪的帮助犯。

S4：最后，将结论用"倒置三段论"的方式表达出来。

答案

1. 徐某与顾某作为国家工作人员，利用职务之便，将100万元按照股份分配给个人，并非为了公司职工的利益，也没有让公司的职工知晓，因而不符合私分国有资产罪的构成要件。徐某与顾某构成贪污罪。

2. 根据共同犯罪中"部分实行、全部责任"的原则，徐某与顾某应对100万元负责，而不应仅仅对二人各自所占的份额负责。此外，对周某行贿的1万元是从公司的其他公款中取出的，是二人先行贪污，然后行贿的，因此，这1万元也应算在二人贪污罪的犯罪数额中。所以，徐某与顾某的犯罪数额应为101万元。

3. 公司改制尚未完成就案发，因此，这100万元还没有被徐某与顾某非法占有，属于贪污罪未遂；用于行贿的1万元已经从公司公款中支取，属于贪污罪既遂。

4. 贿赂周某的目的是让周某帮其隐瞒100万元应付款的问题，以便能够通过公司改制，由徐某、顾某以及公司其他领导班子将该笔金额非法占有，属于"为个人谋取不正当利益"。因此，公司领导班子送1万元给周某构成行贿罪，而不构成单位行贿罪。

5. 周某先后构成非国家工作人员受贿罪和提供虚假证明文件罪，应当从一重罪处罚，而非数罪并罚。

6. 周某虽然不具有国家工作人员的身份，但其明知徐某与顾某以非法侵吞国有资产为目的仍为其提供便利，构成贪污罪的帮助犯。

案例十三　2008年司考卷四第四题（延考卷）

案情：

瓜农王某在自家田地里种了5亩西瓜。因在西瓜成熟季节经常被盗，王某便在全村喊话："西瓜打了农药（其实没有打药），偷吃西瓜出了人命我不负责！"但此后西瓜仍然被盗。(P1)

于是，王某果真在西瓜上打了农药，并用注射器将农药注入瓜田中较大的5个西瓜内，然后在西瓜地里插上写有"瓜内有毒，请勿食用"的白旗。邻村李某路过瓜地，虽然看见了白旗，但以为是吓唬人的，仍然摘了一大一小两个西瓜，其中大的西瓜是注入了农药的。(P2)

回家后，李某先把小的西瓜吃了，然后出门干活。(P3)

当天，正好家里来了3位客人，李某的妻子赵某见桌子上放着一个大西瓜，以为是李

某买的,就用来招待客人,结果导致2个客人死亡,1个重伤。(P4)

问题:
1. 王某的行为构成犯罪还是属于正当防卫?为什么?
2. 李某的行为触犯了哪些罪名?
3. 李某触犯的数个罪名是否构成数罪?为什么?
4. 李某触犯的数个罪名应当如何处理?
5. 赵某的行为是否构成犯罪?为什么?

解答思路

S1：通读案情，圈画关键词，做基本的概念翻译和考点对应工作。

段落	事　　　　实	思路与问题
P1	瓜农王某在自家田地里种了 5 亩西瓜。因在西瓜成熟季节经常被盗，王某便在全村喊话："西瓜打了农药（其实没有打药），偷吃西瓜出了人命我不负责！"但此后西瓜仍然被盗。	无用信息。
P2	于是，王某果真在西瓜上打了农药，并用注射器将农药注入瓜田中较大的 5 个西瓜内，然后在西瓜地里插上写有"瓜内有毒，请勿食用"的白旗。	"防卫装置"问题。
P2	邻村李某路过瓜地，虽然看见了白旗，但以为是吓唬人的，仍然摘了一大一小两个西瓜，其中大的西瓜是注入了农药的。	过失。
P3	回家后，李某先把小的西瓜吃了，然后出门干活。	无用信息。
P4	当天，正好家里来了 3 位客人，李某的妻子赵某见桌子上放着一个大西瓜，以为是李某买的，就用来招待客人，结果导致 2 个客人死亡，1 个重伤。	造成了重伤和死亡的结果。

S2：按照法律关系不同，找出上述案件对应的有关事实。

问　　题	关键事实
1. 王某的行为构成犯罪还是属于正当防卫？为什么？	○王某果真在西瓜上打了农药。（P2）
2. 李某的行为触犯了哪些罪名？	○邻村李某路过瓜地，虽然看见了白旗，但以为是吓唬人的，仍然摘了一大一小两个西瓜，其中大的西瓜是注入了农药的。（P2）
3. 李某触犯的数个罪名是否构成数罪？为什么？	
4. 李某触犯的数个罪名应当如何处理？	○李某的妻子赵某见桌子上放着一个大西瓜，以为是李某买的，就用来招待客人，结果导致 2 个客人死亡，1 个重伤。（P4）
5. 赵某的行为是否构成犯罪？为什么？	○李某的妻子赵某见桌子上放着一个大西瓜，以为是李某买的，就用来招待客人，结果导致 2 个客人死亡，1 个重伤。（P4）

S3：分析案件中的法律关系，得出结论。

问　　题	关键事实	结论和理由
1. 王某的行为构成犯罪还是属于正当防卫？为什么？	○王某果真在西瓜上打了农药。（P2）	[结论] 王某不属于正当防卫。 [解析] 防卫装置要成立正当防卫需要同时满足两个条件：①不能侵害其他法益，如公共安全；②手段具有相当性。本案中，王某的行为侵害了公共安全，而且造成了他人重伤、死亡的结果，不符合以上两个条件，不属于正当防卫。

续表

问 题	关键事实	结论和理由
2. 李某的行为触犯了哪些罪名？ 3. 李某触犯的数个罪名是否构成数罪？为什么？ 4. 李某触犯的数个罪名应当如何处理？	⊙邻村李某路过瓜地，虽然看见了白旗，但以为是吓唬人的，仍然摘了一大一小两个西瓜，其中大的西瓜是注入了农药的。(P2) ⊙李某的妻子赵某见桌子上放着一个大西瓜，以为是李某买的，就用来招待客人，结果导致2个客人死亡，1个重伤。(P4)	[结论] 李某构成过失致人死亡罪。 [解析] 李某以为牌子标明的内容是吓唬人的，因此，其对死亡和重伤的结果都是持过失心态，构成过失致人死亡罪和过失致人重伤罪，从一重罪，以过失致人死亡罪处罚。
5. 赵某的行为是否构成犯罪？为什么？	⊙李某的妻子赵某见桌子上放着一个大西瓜，以为是李某买的，就用来招待客人，结果导致2个客人死亡，1个重伤。(P4)	[结论] 赵某对结果缺乏预见可能性，属于意外事件。

S4：最后，将结论用"倒置三段论"的方式表达出来。

> **答案**

1. 王某设置的装置危及公共安全，而且导致了他人重伤、死亡的结果，超出了防卫必要的限度，不符合正当防卫的构成条件，因此，王某的行为构成犯罪。

2. 李某没有预见到西瓜可能导致他人的死亡和重伤结果的发生，属于过失导致他人死亡和重伤，分别构成过失致人死亡罪和过失致人重伤罪。

3. 李某的一个行为同时构成过失致人死亡罪和过失致人重伤罪，属于想象竞合犯，应当从一重罪处罚，而不应当数罪并罚。

4. 李某的一个行为触犯了数个罪名，应从一重罪处罚，即按照过失致人死亡罪论处。

5. 赵某无法预见西瓜有毒的事实，也无法预见死亡、重伤结果的发生，因此，赵某的行为属于意外事件，不构成犯罪。

案例十四　2007年司考卷四第四题

案情：

陈某见熟人赵某做生意赚了不少钱便产生歹意，勾结高某，谎称赵某欠自己10万元货款未还，请高某协助索要，并承诺要回款项后给高某1万元作为酬谢。高某同意。(P1)

某日，陈某和高某以谈生意为名把赵某诱骗到稻香楼宾馆某房间，共同将赵某扣押，并由高某对赵某进行看管。次日，陈某和高某对赵某拳打脚踢，强迫赵某拿钱。赵某迫于无奈给其公司出纳李某打电话，以谈成一笔生意急需10万元现金为由，让李某将现金送到宾馆附近一公园交给陈某。(P2)

陈某指派高某到公园取钱。李某来到约定地点，见来人不认识，就不肯把钱交给高

某。高某威胁李某说:"赵某已被我们扣押,不把钱给我,我们就把赵某给杀了。"(P3)

李某不得已将10万元现金交给高某。高某回到宾馆房间,发现陈某不在,赵某倒在窗前已经断气。见此情形,高某到公安机关投案,如实供述罪行,并协助司法机关将陈某抓获归案。(P4)

事后查明,赵某因爬窗逃跑被陈某用木棒猛击脑部,致赵某身亡。(P5)

问题:

1. 陈某将赵某扣押向其索要10万元的行为构成何种犯罪?为什么?
2. 高某将赵某扣押向其索要10万元的行为构成何种犯罪?为什么?
3. 陈某与高某是否构成共同犯罪?为什么?
4. 高某在公园取得李某10万元的行为是否另行构成敲诈勒索罪?为什么?
5. 陈某对赵某的死亡,应当如何承担刑事责任?为什么?
6. 高某对赵某的死亡后果是否承担刑事责任?为什么?
7. 高某的投案行为是否成立自首与立功?为什么?

解答思路

S1：通读案情，圈画关键词，做基本的概念翻译和考点对应工作。

段落	事 实	思路与问题
P1	陈某见熟人赵某做生意赚了不少钱便产生歹意，勾结高某，谎称赵某欠自己10万元货款未还，请高某协助索要，并承诺要回款项后给高某1万元作为酬谢。高某同意。	"非法占有目的"的问题。
P2	某日，陈某和高某以谈生意为名把赵某诱骗到稻香楼宾馆某房间，共同将赵某扣押，并由高某对赵某进行看管。次日，陈某和高某对赵某拳打脚踢，强迫赵某拿钱。赵某迫于无奈给其公司出纳李某打电话，以谈成一笔生意急需10万元现金为由，让李某将现金送到宾馆附近一公园交给陈某。	陈某是抢劫还是绑架？高某如何定性？
P3	陈某指派高某到公园取钱。李某来到约定地点，见来人不认识，就不肯把钱交给高某。高某威胁李某说："赵某已被我们扣押，不把钱给我，我们就把赵某给杀了。"	高某另行构成敲诈勒索罪吗？
P4	李某不得已将10万元现金交给高某。高某回到宾馆房间，发现陈某不在，赵某倒在窗前已经断气。见此情形，高某到公安机关投案，如实供述罪行，并协助司法机关将陈某抓获归案。	自首和立功。
P5	事后查明，赵某因爬窗逃跑被陈某用木棒猛击脑部，致赵某身亡。	如何处理陈某在抢劫中杀人的行为的罪数问题？高某对此是否负责？

S2：按照法律关系不同，找出上述案件对应的有关事实。

问 题	关键事实
1. 陈某将赵某扣押向其索要10万元的行为构成何种犯罪？为什么？	⊙陈某见熟人赵某做生意赚了不少钱便产生歹意，勾结高某，谎称赵某欠自己10万元货款未还，请高某协助索要，并承诺要回款项后给高某1万元作为酬谢。高某同意。（P1）
2. 高某将赵某扣押向其索要10万元的行为构成何种犯罪？为什么？	⊙某日，陈某和高某以谈生意为名把赵某诱骗到稻香楼宾馆某房间，共同将赵某扣押，并由高某对赵某进行看管。次日，陈某和高某对赵某拳打脚踢，强迫赵某拿钱。赵某迫于无奈给其公司出纳李某打电话，以谈成一笔生意急需10万元现金为由，让李某将现金送到宾馆附近一公园交给陈某。（P2）
3. 陈某与高某是否构成共同犯罪？为什么？	
4. 高某在公园取得李某10万元的行为是否另行构成敲诈勒索罪？为什么？	⊙陈某指派高某到公园取钱。李某来到约定地点，见来人不认识，就不肯把钱交给高某。高某威胁李某说："赵某已被我们扣押，不把钱给我，我们就把赵某给杀了。"（P3）
5. 陈某对赵某的死亡，应当如何承担刑事责任？为什么？	⊙事后查明，赵某因爬窗逃跑被陈某用木棒猛击脑部，致赵某身亡。（P5）
6. 高某对赵某的死亡后果是否承担刑事责任？为什么？	

续表

问题	关键事实
7. 高某的投案行为是否成立自首与立功？为什么？	⊙高某到公安机关投案，如实供述罪行，并协助司法机关将陈某抓获归案。（P4）

S3：分析案件中的法律关系，得出结论。

问题	关键事实	结论和理由
1. 陈某将赵某扣押向其索要10万元的行为构成何种犯罪？为什么？	⊙陈某见熟人赵某做生意赚了不少钱便产生歹意，勾结高某，谎称赵某欠自己10万元货款未还，请高某协助索要，并承诺要回款项后给高某1万元作为酬谢。高某同意。（P1） ⊙某日，陈某和高某以谈生意为名把赵某诱骗到稻香楼宾馆某房间，共同将赵某扣押，并由高某对赵某进行看管。次日，陈某和高某对赵某拳打脚踢，强迫赵某拿钱。赵某迫于无奈给其公司出纳李某打电话，以谈成一笔生意急需10万元现金为由，让李某将现金送到宾馆附近一公园交给陈某。（P2）	[结论] 陈某构成抢劫罪；高某构成非法拘禁罪。 [解析] 陈某有非法占有目的；高某只是想要债，没有非法占有目的。 抢劫罪和绑架罪的区别在于，如果是控制人质时向被控制人索要财物，则是抢劫罪；如果是向第三人索要财物，则是绑架罪，之后财物来源发生变化的，不影响性质的认定。 本案中，陈某和高某直接向被控制人赵某本人索要财物，即使之后赵某让李某拿钱，也不影响陈某构成抢劫罪。而高某因为没有非法占有目的，构成非法拘禁罪。由于抢劫罪和非法拘禁罪可以包容评价，因此，二人在非法拘禁罪的范围内成立共同犯罪。
2. 高某将赵某扣押向其索要10万元的行为构成何种犯罪？为什么？		
3. 陈某与高某是否构成共同犯罪？为什么？		
4. 高某在公园取得李某10万元的行为是否另行构成敲诈勒索罪？为什么？	⊙陈某指派高某到公园取钱。李某来到约定地点，见来人不认识，就不肯把钱交给高某。高某威胁李某说："赵某已被我们扣押，不把钱给我，我们就把赵某杀了。"（P3）	[结论] 高某不另行构成敲诈勒索罪。 [解析] 高某主观上只是想要债，没有非法占有目的，不另行构成敲诈勒索罪。
5. 陈某对赵某的死亡，应当如何承担刑事责任？为什么？	⊙事后查明，赵某因爬窗逃跑被陈某用木棒猛击脑部，致赵某身亡。（P5）	[结论] 陈某属于抢劫致人死亡；高某属于非法拘禁致人死亡。 [解析] 陈某在抢劫过程中杀人，属于抢劫致人死亡。非法拘禁罪存在结果加重犯，因此，高某对赵某的死亡结果有预见可能性，属于非法拘禁致人死亡。
6. 高某对赵某的死亡后果是否承担刑事责任？为什么？		
7. 高某的投案行为是否成立自首与立功？为什么？	⊙高某到公安机关投案，如实供述罪行，并协助司法机关将陈某抓获归案。（P4）	[结论] 高某成立自首，也成立立功。 [解析] 高某去公安机关投案成立自首，协助司法机关将陈某抓获成立立功。

S4：最后，将结论用"倒置三段论"的方式表达出来。

> **答案**

1. 陈某以非法占有为目的，直接向被控制人赵某索要财物，构成抢劫罪。

2. 高某主观上以为是索要债务，因此不具有非法占有目的，其控制赵某的行为构成非法拘禁罪。

3. 根据"部分犯罪共同说"，陈某和高某在非法拘禁罪的范围内成立共同犯罪。

4. 高某主观上以为自己在索取债务，不具有非法占有目的，不构成敲诈勒索罪。

5. 陈某在抢劫过程中故意杀人，属于抢劫致人死亡，不再另行认定为故意杀人罪。

6. 高某对赵某的死亡结果负责。高某实施了非法拘禁的行为，而非法拘禁罪存在结果加重犯。因此，高某对赵某的死亡结果有预见可能性，属于非法拘禁致人死亡，加重处罚。

7. 高某自动投案、如实供述罪行，成立自首。此外，高某协助司法机关将陈某抓获归案，成立立功。因为陈某属于抢劫致人死亡，有可能被判处无期徒刑以上的刑罚，所以，高某还成立重大立功。

"分问整案"型

案例十五　2013年司考卷四第四题

案情：

甲与余某有一面之交，知其孤身一人。某日凌晨，甲携匕首到余某家盗窃，物色一段时间后，未发现可盗财物。此时，熟睡中的余某偶然大动作翻身，且口中念念有词。甲怕被余某认出，用匕首刺死余某，仓皇逃离。（事实一）（P1）

逃跑中，因身上有血迹，甲被便衣警察程某盘查。程某上前拽住甲的衣领，试图将其带走。甲怀疑遇上劫匪，与程某扭打。甲的朋友乙开黑车经过此地，见状停车，和甲一起殴打程某。程某边退边说："你们不要乱来，我是警察。"甲对乙说："别听他的，假警察该打。"程某被打倒摔成轻伤。（事实二）（P2）

司机谢某见甲、乙打人后驾车逃离，对乙车紧追。甲让乙提高车速并走"蛇形"，以防谢某超车。汽车开出2公里后，乙慌乱中操作不当，车辆失控撞向路中间的水泥隔离墩。谢某刹车不及撞上乙车受重伤。赶来的警察将甲、乙抓获。（事实三）（P3）

在甲、乙被起诉后，甲父丙为使甲获得轻判，四处托人，得知丁的表兄刘某是法院刑庭庭长，遂托丁将15万元转交刘某。丁给刘某送15万元时，遭到刘某坚决拒绝。（事实四）（P4）

丁告知丙事情办不成，但仅退还丙5万元，其余10万元用于自己炒股。在甲被定罪判刑后，无论丙如何要求，丁均拒绝退还余款10万元。丙向法院自诉丁犯有侵占罪。（事实五）（P5）

问题：

1. 就事实一，对甲的行为应当如何定性？理由是什么？

2. 就事实二，对甲、乙的行为应当如何定性？理由是什么？

3. 就事实三，甲、乙是否应当对谢某重伤的结果负责？理由是什么？

4. 就事实四，丁是否构成介绍贿赂罪？是否构成行贿罪（共犯）？是否构成利用影响力受贿罪？理由分别是什么？

5. 就事实五，有人认为丁构成侵占罪，有人认为丁不构成侵占罪。你赞成哪一观点？具体理由是什么？

解答思路

S1：通读案情，圈画关键词，做基本的概念翻译和考点对应工作。

问题	事实	思路与问题
1. 就事实一，对甲的行为应当如何定性？理由是什么？	甲与余某有一面之交，知其孤身一人。某日凌晨，甲携匕首到余某家盗窃，物色一段时间后，未发现可财物。此时，熟睡中的余某偶然大动作翻身，且口中念念有词。	入户盗窃；携带凶器盗窃。
	甲怕被余某认出，用匕首刺死余某，仓皇逃离。	故意杀人罪；甲属于转化抢劫吗？
2. 就事实二，对甲、乙的行为应当如何定性？理由是什么？	逃跑中，因身上有血迹，甲被便衣警察程某盘查。程某上前拽住甲的衣领，试图将其带走。甲怀疑遇上劫匪，与程某扭打。甲的朋友乙开黑车经过此地，见状停车，和甲一起殴打程某。程某边退边说："你们不要乱来，我是警察。"甲对乙说："别听他的，假警察该打。"程某被打倒摔成轻伤。	假想防卫问题。

续表

问题	事　实	思路与问题
3. 就事实三，甲、乙是否应当对谢某重伤的结果负责？理由是什么？	司机谢某见甲、乙打人后驾车逃离，对乙车紧追。甲让乙提高车速并走"蛇形"，以防谢某超车。汽车开出2公里后，乙慌乱中操作不当，车辆失控撞向路中间的水泥隔离墩。谢某刹车不及撞上乙车受重伤。赶来的警察将甲、乙抓获。	因果关系判断。
4. 就事实四，丁是否构成介绍贿赂罪？是否构成行贿罪（共犯）？是否构成利用影响力受贿罪？理由分别是什么？	在甲、乙被起诉后，甲父丙为使甲获得轻判，四处托人，得知丁的表兄刘某是法院刑事庭长，遂托丁将15万元转交刘某。丁给刘某送15万元时，遭到刘某坚决拒绝。	丁是利用影响力受贿罪还是行贿罪的帮助犯？
5. 就事实五，有人认为丁构成侵占罪，有人认为丁不构成侵占罪。你赞成哪一观点？具体理由是什么？	丁告知丙事情办不成，但仅退还丙5万元，其余10万元用于自己炒股。在甲被定罪判刑后，无论丙如何要求，丁均拒绝退还余款10万元。丙向法院自诉丁犯有侵占罪。	丁是否构成侵占罪？（观点展示）

S2：分析案件中的法律关系，得出结论。

问　题	关键事实	结论和理由
1. 就事实一，对甲的行为应当如何定性？理由是什么？	甲与余某有一面之交，知其孤身一人。某日凌晨，甲携匕首到余某家盗窃，物色一段时间后，未发现可盗财物。此时，熟睡中的余某偶然大动作翻身，且口中念念有词。甲怕被余某认出，用匕首刺死余某，仓皇逃离。(P1)	[结论] 甲构成盗窃罪和故意杀人罪，数罪并罚。 [解析] 转化抢劫是否需要存在真实的抓捕，有不同的观点。通说认为，转化抢劫中的"抗拒抓捕"以存在真实的抓捕为前提。本案中，由于不存在真实的抓捕，因此，甲的行为不属于转化抢劫，只能按照原则，数罪并罚。 当然，这道题如果回答另一种观点，认为甲的行为转化为抢劫，也可以得部分分数。
2. 就事实二，对甲、乙的行为应当如何定性？理由是什么？	逃跑中，因身上有血迹，甲被便衣警察程某盘查。程某上前揪住甲的衣领，试图将其带走。甲怀疑遇上劫匪，与程某扭打。甲的朋友乙开黑车经过此地，见状停车，和甲一起殴打程某。程某边退边说："你们不要乱来，我是警察。"甲对乙说："别听他的，假警察该打。"程某被打倒摔成轻伤。(P2)	[结论] 甲、乙无罪。 [解析] 甲、乙以为程某是劫匪而进行"防卫"，属于假想防卫，不构成故意犯罪。二人的行为属于过失致人轻伤，不构成犯罪。 [注意] 甲、乙无罪不是因为本案属于意外事件。意外事件是指没有过失，本案中，甲、乙存在过失，只是因为"过失致人轻伤"没有被刑法规定为犯罪，所以甲、乙才能以无罪处理。

续表

问 题	关键事实	结论和理由
3. 就事实三，甲、乙是否应当对谢某重伤的结果负责？理由是什么？	司机谢某见甲、乙打人后驾车逃离，对乙车紧追。甲让乙提高车速并走"蛇形"，以防谢某超车。汽车开出2公里后，乙慌乱中操作不当，车辆失控撞向路中间的水泥隔离墩。谢某刹车不及撞上乙车受重伤。赶来的警察将甲、乙抓获。(P3)	[结论] 不负责。 [解析] 谢某看到甲、乙走"蛇形"依旧追击，属于自陷风险，甲、乙不对谢某的重伤结果负责。
4. 就事实四，丁是否构成介绍贿赂罪？是否构成行贿罪（共犯）？是否构成利用影响力受贿罪？理由分别是什么？	在甲、乙被起诉后，甲父丙为使甲获得轻判，四处托人，得知丁的表兄刘某是法院刑庭庭长，遂托丁将15万元转交刘某。丁给刘某送15万元时，遭到刘某坚决拒绝。(P4)	[结论] 丁构成行贿罪的帮助犯。 [解析] 丁为丙给予国家工作人员刘某财物提供帮助，是行贿罪的帮助犯。利用影响力受贿需要"通过"国家工作人员的职务行为，为请托人谋取不正当利益。所谓"通过"，是指"就事论事"，即让对方办事，但没有跟对方说自己收了钱。本案中，由于是"转交"关系，刘某知道丁收钱的事实，因此，丁不构成利用影响力受贿罪。介绍贿赂罪是兜底罪名，构成其他罪的，就不认定为介绍贿赂罪。所以，丁只构成行贿罪的帮助犯。
5. 就事实五，有人认为丁构成侵占罪，有人认为丁不构成侵占罪。你赞成哪一观点？具体理由是什么？	丁告知丙事情办不成，但仅退还丙5万元，其余10万元用于自己炒股。在甲被定罪判刑后，无论丙如何要求，丁均拒绝退还余款10万元。丙向法院自诉丁犯有侵占罪。(P5)	[结论] 对丁将贿款私吞的行为存在两种观点： 观点1：如果认为贿款受到刑法保护，则丁构成侵占罪； 观点2：如果认为贿款不受刑法保护，那就没有人的财产权益受到损失，丁不构成侵占罪这一财产犯罪。

S3：最后，将结论用"倒置三段论"的方式表达出来。

答案

1. 甲构成盗窃罪与故意杀人罪，数罪并罚。

甲企图打破对方占有、建立新的占有，构成盗窃罪，且属于"入户盗窃""携带凶器盗窃"，但是在实行阶段因为客观原因未能得逞，属于犯罪未遂；之后，甲非法剥夺他人生命，构成故意杀人罪，与盗窃罪数罪并罚。

（或者回答：甲入户盗窃，之后为了抗拒抓捕而使用暴力，转化为抢劫罪，且属于"入户抢劫""抢劫致人死亡"，加重处罚。）

2. 甲、乙不构成犯罪。

甲、乙二人误以为存在不法侵害而进行"防卫"，属于假想防卫，存在一定的过失，但由于过失致人轻伤不构成犯罪，因此，甲、乙二人无罪。

3. 甲、乙不对谢某的重伤结果负责。

谢某明知前方车辆"蛇形"驾驶仍然追击,属于自陷风险,系异常介入因素,切断甲、乙的行为与其重伤结果之间的因果关系,因此,甲、乙不对谢某的重伤结果负责。

4. 丁构成行贿罪的帮助犯。

丁没有自己收受他人财物的意思,也没有通过国家工作人员为他人谋取不正当利益,不构成利用影响力受贿罪。丁为丙给予国家工作人员刘某财物的行为提供帮助,属于行贿罪的帮助犯。丁已构成行贿罪的帮助犯,不再构成介绍贿赂罪。

5. 我认为丁构成侵占罪。因为虽然贿款是非法财物,但仍然受到刑法保护,否则会导致"黑吃黑"的案件不受刑法调整。

(或者回答:我认为丁不构成侵占罪。因为贿款不受刑法保护,丙对贿款也不具有原物返还请求权。本案中,由于不存在财产犯罪的被害人,因此,丁不构成侵占罪。)

案例十六 2011年司考卷四第四题

案情:

陈某因没有收入来源,以虚假身份证明骗领了一张信用卡,使用该卡从商场购物10余次,金额达3万余元,从未还款。(事实一)(P1)

陈某为求职,要求制作假证的李某为其定制一份本科文凭。双方因价格发生争执,陈某恼羞成怒,长时间勒住李某脖子,致其窒息身亡。(事实二)(P2)

陈某将李某尸体拖入树林,准备逃跑时忽然想到李某身有财物,遂拿走李某手机、现金等物,价值1万余元。(事实三)(P3)

陈某在手机中查到李某丈夫赵某手机号,以李某被绑架为名,发短信要求赵某交20万元"安全费"。由于赵某及时报案,陈某未得逞。(事实四)(P4)

陈某逃至外地。几日后,走投无路向公安机关投案,如实交待了上述事实二与事实四。(事实五)(P5)

陈某在检察机关审查起诉阶段,将自己担任警察期间查办犯罪活动时掌握的刘某抢劫财物的犯罪线索告诉检察人员,经查证属实。(事实六)(P6)

问题:

1. 对事实一应如何定罪?为什么?
2. 对事实二应如何定罪?为什么?
3. 对事实三,可能存在哪几种处理意见(包括结论与基本理由)?
4. 对事实四应如何定罪?为什么?
5. 事实五是否成立自首?为什么?
6. 事实六是否构成立功?为什么?

解答思路

S1：通读案情，圈画关键词，做基本的概念翻译和考点对应工作。

问　　题	事　　　　　　实	思路与问题
1. 对事实一应如何定罪？为什么？	陈某因没有收入来源，以虚假身份证明骗领了一张信用卡，使用该卡从商场购物10余次，金额达3万余元，从未还款。	信用卡诈骗罪；妨害信用卡管理罪。
2. 对事实二应如何定罪？为什么？	陈某为求职，要求制作假证的李某为其定制一份本科文凭。双方因价格发生争执，陈某恼羞成怒，长时间勒住李某脖子，致其窒息身亡。	故意杀人罪。
3. 对事实三，可能存在哪几种处理意见（包括结论与基本理由）？	陈某将李某尸体拖入树林，准备逃跑时忽然想到李某身有财物，遂拿走李某手机、现金等物，价值1万余元。	杀人后取走死者财物的处理。（观点展示）

问　　题	事　　实	思路与问题
4. 对事实四应如何定罪？为什么？	陈某在手机中查到李某丈夫赵某手机号，以李某被绑架为名，发短信要求赵某交20万元"安全费"。由于赵某及时报案，陈某未得逞。	"假绑架"的问题。
5. 事实五是否成立自首？为什么？	陈某逃至外地。几日后，走投无路向公安机关投案，如实交待了上述事实二与事实四。	自首。
6. 事实六是否构成立功？为什么？	陈某在检察机关审查起诉阶段，将自己担任警察期间查办犯罪活动时掌握的刘某抢劫财物的犯罪线索告诉检察人员，经查证属实。	立功的问题。

S2：分析案件中的法律关系，得出结论。

问　　题	关键事实	结论和理由
1. 对事实一应如何定罪？为什么？	陈某因没有收入来源，以虚假身份证明骗领了一张信用卡，使用该卡从商场购物10余次，金额达3万余元，从未还款。(P1)	[结论] 陈某构成信用卡诈骗罪。 [解析] 陈某盗刷他人信用卡，构成信用卡诈骗罪。其之前骗领信用卡的行为触犯妨害信用卡管理罪，按照信用卡诈骗罪认定即可。
2. 对事实二应如何定罪？为什么？	陈某恼羞成怒，长时间勒住李某脖子，致其窒息身亡。(P2)	[结论] 陈某构成故意杀人罪。 [解析] 陈某"长时间勒住李某脖子"的行为具有导致他人死亡的高度危险性，构成故意杀人罪。
3. 对事实三，可能存在哪几种处理意见（包括结论与基本理由）？	陈某将李某尸体拖入树林，准备逃跑时忽然想到李某身有财物，遂拿走李某手机、现金等物，价值1万余元。(P3)	[结论] 对于拿走死者身上的财物的行为，存在不同观点，可能构成盗窃罪，也可能构成侵占罪。 [解析] 如认为死者李某仍然占有其财物，陈某打破他人占有、建立新的占有，构成盗窃罪；如认为死者李某不占有财物，陈某变占有为所有，构成侵占罪。
4. 对事实四应如何定罪？为什么？	陈某在手机中查到李某丈夫赵某手机号，以李某被绑架为名，发短信要求赵某交20万元"安全费"。由于赵某及时报案，陈某未得逞。(P4)	[结论] 陈某构成诈骗罪与敲诈勒索罪的想象竞合犯。 [解析] "假绑架，真敲诈，诈骗一起罚"。谎称绑架实际上没有控制人质的，构成诈骗罪与敲诈勒索罪的想象竞合犯。
5. 事实五是否成立自首？为什么？	陈某逃至外地。几日后，走投无路向公安机关投案，如实交待了上述事实二与事实四。(P5)	[结论] 供述自己犯罪事实的，成立自首。

续表

问题	关键事实	结论和理由
6. 事实六是否构成立功？为什么？	陈某在检察机关审查起诉阶段，将自己担任警察期间查办犯罪活动时掌握的刘某抢劫财物的犯罪线索告诉检察人员，经查证属实。(P6)	[结论] 陈某不构成立功。 [解析] 立功中提供的线索不包括通过职务掌握的线索。

S3：最后，将结论用"倒置三段论"的方式表达出来。

答案

1. 陈某以虚假的身份证明骗领信用卡，构成妨害信用卡管理罪；其使用以虚假的身份证明骗领的信用卡，构成信用卡诈骗罪。二者具有牵连关系，从一重罪论处，应认定为信用卡诈骗罪。

2. 陈某长时间勒住被害人李某的脖子，有导致他人死亡的高度危险性，因此，陈某具有杀人的故意，且实施了杀人行为，构成故意杀人罪。

3. 对事实三主要存在两种处理意见：
（1）如认为死者李某仍然占有其财物，陈某打破他人占有、建立新的占有，构成盗窃罪；
（2）如认为死者李某不占有财物，陈某变占有为所有，构成侵占罪。

4. 陈某对赵某实施威胁，意图利用对方的恐惧心理获取财物，但在实行阶段因为客观原因未能得逞，构成敲诈勒索罪（未遂）。同时，陈某隐瞒李某死亡的事实，意图利用赵某的错误认识获取财物，但在实行阶段因为客观原因未能得逞，构成诈骗罪（未遂）。由于只有一个行为，因此从一重罪论处。

5. 陈某因为走投无路而投案，属于自动投案，不影响自首的成立；逃跑之后再投案的，也不影响自首的成立。因此，陈某成立自首。

6. 陈某提供的线索是其在以前查办犯罪活动中利用职务之便掌握的，因而其不构成立功。

"观点展示"型

案例十七　2022年法考主观题回忆版

案情：

王某和郑某合伙开公司，后因经营不善导致亏损。两人遂共谋骗取银行贷款。王某让郑某准备虚假的贷款材料。郑某私自准备了虚假的材料，为银行贷款向保险公司投保。王某对投保的事实不知情。两人骗取银行600万元贷款后逃往外地。最终，银行向保险公司追偿了本金及利息。（事实一）

走投无路的王某、郑某侵入长期无人居住的陈某的住宅，生活了一段时间。（事实二）

某日，王某趁郑某睡觉时，欲偷偷将郑某支付宝中的余额转出，但发现其余额为零，随即又发现郑某的支付宝绑定了一张银行卡，于是王某将其支付宝绑定的银行卡中的钱先转到支付宝余额中，再从支付宝余额转给自己，共计2万元，之后删除了相关信息记录。（事实三）

次日，郑某质问王某此事，王某不承认。郑某将王某拘禁在一个房间内50个小时，不给水和食物。王某被迫承认偷了郑某的钱。郑某非常生气，将王某推下二楼，造成王某重伤。（事实四）

问题：

1. 在事实一中，有观点认为郑某只构成保险诈骗罪，有观点认为郑某既构成保险诈骗罪，也构成贷款诈骗罪，两罪属于牵连犯，择一重罪论处。请就两种观点分析理由。

2. 在事实一中，王某的行为如何定性（含犯罪形态）？是否存在不同观点？

3. 在事实二中，王某、郑某的行为是否构成非法侵入住宅罪？请说出你的观点和理由。

4. 在事实三中，有观点认为王某构成盗窃罪，有观点认为王某构成信用卡诈骗罪。请说出你的观点和理由。

5. 在事实四中，有观点认为郑某只构成故意伤害罪。请说出这个观点的理由和不足。

解答思路

S1：先预估出两种可能的结论，再找到可能导致结论不同的核心点，并找出表达关键词。

问 题	结 论	理 由	区分核心	关键词
问题1	不构成贷款诈骗罪	银行没有遭受损失	银行得到了保险赔偿，是否能认定其没有遭受损失	经济损失；贷款诈骗罪
	构成贷款诈骗罪	银行遭受损失		
问题2	不构成犯罪	共犯从属性说	被教唆者不构成犯罪，教唆者如何定性	共犯从属性说；共犯独立性说；教唆犯；无罪
	构成贷款诈骗罪的教唆犯（未遂）	共犯独立性说		
问题3	不构成非法侵入住宅罪	没有侵犯人身法益		
问题4	不构成信用卡诈骗罪	没有破坏金融管理秩序		
问题5	非法拘禁罪和故意伤害罪数罪并罚	前后两个行为构成两个犯罪，按原则数罪并罚		

S2：对结论凑出表达即可。

答案

1. 观点1：如果认为银行因有担保而可以免遭经济损失，则由于郑某为银行的贷款投保，银行没有遭受财产损失，因此，郑某不构成贷款诈骗罪；同时，郑某作为投保人，虚构事实骗取保险金，构成保险诈骗罪。

观点2：如果认为银行虽然最终免受经济损失，但其仍因被欺骗而遭受了财产性利益的损失，则郑某构成贷款诈骗罪；同时，郑某作为投保人，虚构事实骗取保险金，构成保险诈骗罪，与贷款诈骗罪从一重罪处罚。

2. 王某教唆郑某实施贷款诈骗行为，如果根据上述观点1，郑某不构成贷款诈骗罪，则对王某的行为有两种观点：

观点1：根据"共犯从属性说"，由于郑某不构成贷款诈骗罪，因此，王某不构成贷款诈骗罪的教唆犯；

观点2：根据"共犯独立性说"，虽然郑某不构成贷款诈骗罪，但王某有教唆他人实施贷款诈骗的行为，构成贷款诈骗罪的教唆犯，属于犯罪未遂，从宽处罚。

如果根据上述观点2，郑某构成贷款诈骗罪，则王某构成贷款诈骗罪的教唆犯。

3. 不构成。非法侵入住宅罪是人身犯罪，需要侵犯他人的人身法益。本案中，王某、郑某侵入长期无人居住的住宅不会侵犯陈某的住宅安宁权，不构成非法侵入住宅罪。

4. 王某构成盗窃罪，不构成信用卡诈骗罪。信用卡诈骗罪需要破坏金融管理秩序。本案中，王某仅仅是使用绑定银行卡的支付宝进行转账，没有使用现实的银行卡，没有破坏金融管理秩序，不构成信用卡诈骗罪。

5. 郑某应当构成非法拘禁罪和故意伤害罪，数罪并罚。本案中，郑某前后实施了两个行为：非法拘禁和故意伤害，按照罪数处理的原则，应当数罪并罚。本案不能适用"非法拘禁并使用暴力转化为故意伤害罪"的条款，因为没有理由转化为处罚更轻的故意伤害罪一罪。因此，应当以非法拘禁罪和故意伤害罪，数罪并罚。

案例十八　2021年法考主观题回忆版（延考卷）

问题1： 甲为了不还钱，侵入被害人家中直接杀人，应当如何处理？请写出两种不同观点。

问题2： 甲用低档白酒冒充高档白酒，是否应以销售假冒、伪劣产品论处？请写出两种不同观点。

问题3： 甲偷走被害人的手机，将支付宝绑定的银行卡中的3万元转入被害人支付宝，并到商场消费。甲构成信用卡诈骗罪还是盗窃罪？请写出两种不同观点。

问题4： 甲侵入他人住宅，发现其家里有个5岁的小孩。甲为了取得财物，对小孩说："不要出声，否则打你头哦。"之后甲取得财物。甲构成抢劫罪还是盗窃罪？请写出两种不同观点。

解答思路

S1：先预估出两种可能的结论，再找到可能导致结论不同的核心点，并找出表达关键词。

问题	结论	理由	区分核心	关键词
问题1	抢劫致人死亡	甲通过杀人的方式使得债务消灭，构成抢劫致人死亡	抢劫的对象可否包括"财产性利益"？	财产性利益（债务）；抢劫罪；侵占罪。
	故意杀人罪	杀人不能导致债务消灭，甲仅构成故意杀人罪		
问题2	生产、销售伪劣产品罪	侧重评价对消费者的欺骗	甲用低档白酒冒充高档白酒，主要侵害的是消费者的法益还是商标权人的法益？	生产、销售伪劣产品罪；假冒注册商标罪。
	假冒注册商标罪	侧重评价对商标权人的侵权		

续表

问题	结　论	理　由	区分核心	关键词
问题3	信用卡诈骗罪	甲的行为属于信用卡诈骗	盗刷他人与银行卡绑定的支付宝中的钱的行为是否属于信用卡诈骗？	冒用；信用卡诈骗罪；盗窃罪；金融管理秩序。
	盗窃罪	甲的行为属于盗窃他人卡内财物		
问题4	盗窃罪	抢劫中的"压制反抗"需要实际上压制他人反抗	抢劫中的"压制反抗"是否需要实际上压制他人反抗？还是达到可能"压制他人反抗"的程度即可？	盗窃罪；抢劫罪；压制反抗。
	抢劫罪	抢劫中的"压制反抗"只需要达到可能压制他人反抗的程度即可		

S2：对结论凑出表达即可。

答案

问题1：

第一种观点认为，财产性利益可以成为抢劫罪的对象，因此，甲以杀人的手段使得对方债权消灭，属于抢劫致人死亡，且属于入户抢劫，加重处罚。

第二种观点认为，财产性利益不能成为抢劫罪的对象，因此，甲非法剥夺他人生命，构成故意杀人罪。

问题2：

第一种观点认为，"伪劣产品"，是指"以假充真""以次充好"的情况，用低档白酒冒充高档白酒即属于"以次充好"的情况，对消费者产生了欺骗，甲构成生产、销售伪劣产品罪。

第二种观点认为，甲未经注册商标所有人许可，在同一种商品上使用与其注册商标相同的商标，情节严重，侵害了他人的知识产权，构成假冒注册商标罪。

问题3：

第一种观点认为，与银行卡绑定的支付宝内的财物也属于银行卡内的财物。本案中，甲冒用他人信用卡，构成信用卡诈骗罪。

第二种观点认为，虽然支付宝内的财物与银行卡绑定，但甲的行为没有侵害金融管理秩序，因此，甲的行为不构成信用卡诈骗罪，仅属于盗窃他人支付宝内财物的行为，构成盗窃罪。

问题4：

第一种观点认为，抢劫罪中"压制反抗"需要实际上压制他人反抗。据此，幼儿不能成为被压制反抗的对象，甲仅构成盗窃罪。

第二种观点认为，抢劫罪中"压制反抗"只需要达到可能压制他人反抗的程度即可。据此，甲的行为达到了压制一般人反抗的程度，构成抢劫罪。

"论述写作"型

案例十九　2006年司考卷四第六题

材料：

某《民法典》第1条规定："民事活动，法律有规定的，依照法律；法律没有规定的，依照习惯；没有习惯的，依照法理。"

问题： 比较该条规定与刑法中"法无明文规定不为罪"原则的区别及理论基础。

解答思路

S1：建立论述框架，确立每一段的核心思想。

段落	论述核心	关键词
第一段	对比民法和刑法的特征，民法广泛适用，刑法需要严格适用	严格适用
第二段	罪刑法定原则	"可预期性"；排斥习惯法；禁止类推
第三段	刑法中双方关系不平等	对弱势群体的保护，限制公权力

S2：填充框架，将论述核心和关键词通过完整的句子结构表达出来。

答案

民法可以以习惯和法理作为定案的根据，因为民法在生活中适用广泛，法律没有明文规定的民事问题也需要作出调整。与此相对，刑法需要严格适用，在法律没有明文规定的情况下，不得定罪和处罚，这就是"罪刑法定原则"。

刑法是最严厉的法律，因此，诸如犯罪与刑罚这些关系到国民基本权利的内容，必须通过立法的方式加以决定，体现国民的意志。为了不限制国民的行为与创造自由，刑法事先规定了犯罪与刑罚的内容，使得国民能够提前预测自己行为的法律效果，从而维护人权。"罪刑法定原则"排斥习惯法的适用，刑法的渊源只能是最高立法机关依法制定的刑事成文实体法律规范，其他法律性文件不能创设刑法罚则。这是民主主义的当然要求。另外，刑法禁止类推，类推，是指在缺乏法律明文规定的情况下适用类似的规定定罪处罚。这是一种司法恣意的做法，不被允许。因此，对刑法中语词的理解必须遵循社会一般人的认知，否则就与刑法通过文字形成的规范指引国民的目的相悖。

民法调整的是平等主体之间的法律关系，在出现民事纠纷的情况下，必须诉诸法律解决，起到"定分止争"的作用。因此，民事关系可以以习惯和法理作为定案的根据。与此相对，刑法涉及的是公权力和犯罪人两方主体，二者之间，公权力处于绝对强势的地位。因此，出于对弱势群体的保护以及对公权力的限制，立法权必须对司法权起到一定的约束作用。司法者不可以仅凭法律以外的习惯或者法理定罪和量刑，必须坚守"法无明文规定不为罪，法无明文规定不处罚"，即"罪刑法定原则"的基本底线。

可见，民法和刑法在地位上以及调整对象上的差异决定了刑法在适用上必须严格遵守"罪刑法定原则"，不得依照习惯和法理定罪量刑。

第三部分 大综案例

"一案一问"型

案例一 自己摩托自己偷,遭遇路人把人抽

案情:

郑某花5000元购得摩托车一辆。半年后,其友甲提出借用摩托车,郑某同意。甲借用数周不还,郑某碍于情面,一直未讨还。郑某妻子王某对郑某说:"甲的心眼也太坏了,我们得悄悄把车取回来,然后跟他要一笔钱。"郑某同意。(P1)

某晚,郑某和王某前往甲家,王某在门外望风,郑某趁甲家无人进入户内,试图将摩托车推走。此时,甲的邻居乙路过,发现郑某形迹可疑,要将郑某扭送到附近的公安局。郑某拼命抗拒抓捕,将乙打成重伤。(P2)

之后,郑某又碰到路人丙,丙发现郑某形迹可疑,且身上有血迹,于是假装是社区保安,对郑某说:"我是保安,你跑到社区偷车来了啊?我要报警了。"郑某信以为真,自觉理亏,弃车离开。丙将车骑走。(P3)

郑某出门和王某会合,王某问郑某:"车拿到了吗?"郑某称没有发现摩托车。(P4)

次日,甲将摩托车丢失之事告诉郑某。郑某称:"没事,赔5000元就行。"甲于是付给郑某摩托车款5000元。(P5)

问题: 综合分析各行为人的刑事责任。

解答思路

S1：通读案情，圈画关键词，做基本的概念翻译和考点对应工作。

段落	事 实	思路与问题
P1	郑某花 5000 元购得摩托车一辆。半年后，其友甲提出借用摩托车，郑某同意。甲借用数周不还，郑某碍于情面，一直未讨还。郑某妻子王某对郑某说："甲的心眼也太坏了，我们得悄悄把车取回来，然后跟他要一笔钱。"郑某同意。	郑某和王某具有非法占有目的。
P2	某晚，郑某和王某前往甲家，王某在门外望风，郑某趁甲家无人进入户内，试图将摩托车推走。	郑某是正犯，王某是帮助犯；入户盗窃。
P2	此时，甲的邻居乙路过，发现郑某形迹可疑，要将郑某扭送到附近的公安局。郑某拼命抗拒抓捕，将乙打成重伤。	转化抢劫；抢劫致人重伤。
P3	之后，郑某又碰到路人丙，丙发现郑某形迹可疑，且身上有血迹，于是假装是社区保安，对郑某说："我是保安，你跑到社区偷车来了啊？我要报警了。"郑某信以为真，自觉理亏，弃车离开。丙将车骑走。	被害人有处分吗？丙构成诈骗吗？
P4	郑某出门和王某会合，王某问郑某："车拿到了吗？"郑某称没有发现摩托车。	无用事实。
P5	次日，甲将摩托车丢失之事告诉郑某。郑某称："没事，赔 5000 元就行。"甲于是付给郑某摩托车款 5000 元。	印证郑某具有非法占有目的；郑某是否还构成诈骗罪？

S2：拆分案件，将整篇案情拆分成小案件。

案件	事实概括	角色	对应段落
案件1	郑某和王某偷车	郑某是正犯，王某是教唆犯	P1、P5
案件2	郑某转化抢劫	郑某	P2
案件3	丙欺骗郑某取得摩托车	丙	P3

S3：按照法律关系不同，找出上述案件对应的有关事实。

案件	重要事实
案件1	⊙郑某花5000元购得摩托车一辆。半年后，其友甲提出借用摩托车，郑某同意。甲借用数周不还，郑某碍于情面，一直未讨还。(P1) ⊙次日，甲将摩托车丢失之事告诉郑某。郑某称："没事，赔5000元就行。"甲于是付给郑某摩托车款5000元。(P5) ⊙郑某妻子王某对郑某说："甲的心眼也太坏了，我们得悄悄把车取回来，然后跟他要一笔钱。"郑某同意。(P1) ⊙某晚，郑某和王某前往甲家，王某在门外望风，郑某趁甲家无人进入户内，试图将摩托车推走。(P2)
案件2	⊙甲的邻居乙路过，发现郑某形迹可疑，要将郑某扭送到附近的公安局。郑某拼命抗拒抓捕，将乙打成重伤。(P2) ⊙王某对郑某说："甲的心眼也太坏了，我们得悄悄把车取回来，然后跟他要一笔钱。"郑某同意。(P1)
案件3	⊙丙发现郑某形迹可疑，且身上有血迹，于是假装是社区保安，对郑某说："我是保安，你跑到社区偷车来了啊？我要报警了。"郑某信以为真，自觉理亏，弃车离开。丙将车骑走。(P3)

S4：分析案件中的法律关系，得出结论。

案件	重要事实	结论和理由
案件1	⊙郑某花5000元购得摩托车一辆。半年后，其友甲提出借用摩托车，郑某同意。甲借用数周不还，郑某碍于情面，一直未讨还。(P1) ⊙次日，甲将摩托车丢失之事告诉郑某。郑某称："没事，赔5000元就行。"甲于是付给郑某摩托车款5000元。(P5) ⊙郑某妻子王某对郑某说："甲的心眼也太坏了，我们得悄悄把车取回来，然后跟他要一笔钱。"郑某同意。(P1) ⊙某晚，郑某和王某前往甲家，王某在门外望风，郑某趁甲家无人进入户内，试图将摩托车推走。(P2)	[结论]郑某和王某构成盗窃罪。 [解析]刑法在"有权占有"和"所有权"当中优先保护"有权占有"。本案中，即使郑某是车辆的所有权人，但甲的占有是更被优先保护的。从最终二人索要财物来看，可以印证郑某、王某在"拿回"车的时候具有非法占有目的。 [结论]郑某和王某构成盗窃罪的共同犯罪，郑某是正犯，王某是教唆犯。 [解析]王某教唆郑某盗窃，之后还有望风的帮助行为，评价为更严厉的教唆犯。

案 件	重要事实	结论和理由
案件2	○甲的邻居乙路过，发现郑某形迹可疑，要将郑某扭送到附近的公安局。郑某拼命抗拒抓捕，将乙打成重伤。(P2)	[结论] 郑某属于抢劫致人重伤。 [解析] 转化抢劫的对象不限于财物的主人。因此，郑某在盗窃之后为了抗拒抓捕而对第三人使用暴力、致人重伤，属于"抢劫致人重伤"。
案件2	○王某对郑某说："甲的心眼也太坏了，我们得悄悄把车取回来，然后跟他要一笔钱。"郑某同意。(P1)	[结论] 王某不对郑某的抢劫行为负责。 [解析] 王某只是教唆和帮助郑某盗窃，无法预见郑某实施了抢劫，因此，王某仅对盗窃罪负责。
案件3	○丙发现郑某形迹可疑，且身上有血迹，于是假装是社区保安，对郑某说："我是保安，你跑到社区偷车来了啊？我要报警了。"郑某信以为真，自觉理亏，弃车离开。丙将车骑走。(P3)	[结论] 丙构成诈骗罪。 [解析] "抛弃占有"也是处分的一种。丙通过欺骗使得郑某处分财物，构成诈骗罪。

S5：最后，将结论用"倒置三段论"的方式表达出来。

答案

1. 郑某和王某意图打破他人对摩托车的合法占有、建立新的占有，构成盗窃罪。其中，郑某是盗窃罪的正犯；王某引起郑某的犯意，成立盗窃罪的教唆犯。

2. 郑某在盗窃之后为了抗拒抓捕而对第三人使用暴力，转化为抢劫罪，且在此过程中导致他人重伤，属于"抢劫致人重伤"。郑某的抢劫行为超出了王某的犯罪故意，属于实行过限，王某仅构成盗窃罪。

3. 丙虚构事实，欺骗郑某处分财物，构成诈骗罪。

案例二 暴打精神病，父子双毙命

案情：

某日凌晨2时许，李某及其妻杜某在家中睡觉时被院内狗叫声吵醒。杜某走到院门口，看见同村精神病人刘甲（男，42岁）持尖刀刺其院门，并声称要"劫道"。杜某猛推刘甲一把，致其撞在院墙上受轻伤。后杜某返身逃走。(P1)

李某见状，立即回院内取来一根铁管，并打电话通知村治保主任等人前来帮忙。刘甲又来到李某家厨房外，用尖刀割开厨房纱窗，李某用铁管打了刘甲一下，刘甲遂躲进院内玉米地。李某持铁管进玉米地寻找刘甲，在玉米地里与刘甲相遇。刘甲持尖刀袭击李某，李某持铁管击打刘甲。(P2)

此时，刘甲的父亲刘乙，为了寻找自己的儿子刘甲，进入李某家院内。见李某正与刘甲对打，想救刘甲，遂从地上拾起一根木棍走上前去，想要打掉刘甲手中的尖刀。(P3)

李某未能认出刘乙，因天黑误以为其是刘甲的同伙，要袭击自己，随即用手中的铁管插了一下刘乙的胸部，致刘乙因气血胸倒地（重伤）。李某又打向持尖刀的刘甲的头部，致刘甲倒地受重伤。刘乙喊了一声"我是刘乙"就昏了过去。李某闻声停住，方知出错，以为刘乙已经死亡。(P4)

杜某拿着手电筒赶来，发现躺在地上的刘甲、刘乙，就跟李某讲："打伤人了！这下麻烦大了！"夫妻二人蹲在地上想办法。李某说："算了，不管了，反正是刘甲先刺我的。"于是二人回屋。2小时后，村治保主任来屋内问情况。李某谎称："刘甲跑了。"隐瞒了人还在玉米地的情况。(P5)

近中午时分，杜某去玉米地看，发现刘甲也无气息，遂跟李某说："不如把人埋了。"二人遂合力挖坑，把刘甲、刘乙的"尸体"埋入坑内。3天后，事情败露，公安人员从坑中将二人尸体挖出。经法医鉴定，刘甲系掩埋之前因重伤未及时救治而亡，刘乙系掩埋之后窒息身亡。(P6)

问题：请综合分析本案，如有观点展示，请写出。

解答思路

S1：通读案情，圈画关键词，做基本的概念翻译和考点对应工作。

段落	事　　　　实	思路与问题
P1	某日凌晨2时许，李某及其妻杜某在家中睡觉时被院内狗叫声吵醒。杜某走到院门口，看见同村精神病人刘甲（男，42岁）持尖刀刺其院门，并声称要"劫道"。杜某猛推刘甲一把，致其撞在院墙上受轻伤。后杜某返身逃走。	正当防卫及防卫限度问题。
P2	李某见状，立即回院内取来一根铁管，并打电话通知村治保主任等人前来帮忙。刘甲又来到李某家厨房外，用尖刀割开厨房纱窗，李某用铁管打了刘甲一下，刘甲遂躲进院内玉米地。李某持铁管进玉米地寻找刘甲，在玉米地里与刘甲相遇。刘甲持尖刀袭击李某，李某持铁管击刘甲。	正当防卫。
P3	此时，刘甲的父亲刘乙，为了寻找自己的儿子刘甲，进入李某家院内。见李某正与刘甲对打，想救刘甲，遂从地上拾起一根木棍走上前去，想要打掉刘甲手中的尖刀。	刘乙对自己的儿子刘甲实施正当防卫。
P4	李某未能认出刘乙，因天黑误以为其是刘甲的同伙，要袭击自己，随即用手中的铁管捅了一下刘乙的胸部，致刘乙因气血胸倒地（重伤）。李某又打向持尖刀的刘甲的头部，致刘甲倒地受重伤。刘乙喊了一声"我是刘乙"就昏了过去。李某闻声停住，方知出错，以为刘乙已经死亡。	假想防卫。
P5	杜某拿着手电筒赶来，发现躺在地上的刘甲、刘乙，就跟李某讲："打伤人了！这下麻烦大了！"夫妻二人蹲在地上想办法。李某说："算了，不管了，反正是刘甲先刺我的。"于是二人回屋。2小时后，村治保主任来屋内问情况。李某谎称："刘甲跑了。"隐瞒了人还在玉米地的情况。	李某和杜某知道刘甲没有死亡而不作为；二人以为刘乙已经死亡，隐瞒了人还在玉米地的情况。
P6	近中午时分，杜某去玉米地看，发现刘甲也无气息，遂跟李某说："不如把人埋了。"二人遂合力挖坑，把刘甲、刘乙的"尸体"埋入坑内。3天后，事情败露，公安人员从坑中将二人尸体挖出。经法医鉴定，刘甲系掩埋之前因重伤未及时救治而亡，刘乙系掩埋之后窒息身亡。	对刘乙是过失致人死亡；对刘甲防卫之后不救助导致其死亡的，是否成立防卫过当？（观点展示）

S2：拆分案件，将整篇案情拆分成小案件。

案件	事实概括	角色	对应段落
案件1	杜某单挑精神病，造成轻伤不打紧	杜某	P1
案件2	李某持铁管反击，隐瞒事实人嗝屁	李某	P2、P5、P6
案件3	李某防卫系假想，夫妻埋人致人亡	李某、杜某	P3、P4、P6

S3：按照法律关系不同，找出上述案件对应的有关事实。

案　件	重要事实
案件1	⊙精神病人刘甲（男，42岁）持尖刀刺其院门，并声称要"劫道"。（P1） ⊙杜某猛推刘甲一把，致其撞在院墙上受轻伤。（P1）
案件2	⊙刘甲持尖刀袭击李某，李某持铁管击打刘甲。（P2） ⊙李某谎称："刘甲跑了。"隐瞒了人还在玉米地的情况。（P5） ⊙刘甲系掩埋之前因重伤未及时救治而死亡。（P6）
案件3	⊙（刘乙）从地上拾起一根木棍走上前去，想要打掉刘甲手中的尖刀。（P3） ⊙李某未能认出刘乙，因天黑误以为其是刘甲的同伙，要袭击自己，随即用手中的铁管插了一下刘乙的胸部，致刘乙因气血胸倒地（重伤）。（P4） ⊙（李某）以为刘乙已经死亡。（P4） ⊙近中午时分，杜某去玉米地看，发现刘甲也无气息，遂跟李某说："不如把人埋了。"二人遂合力挖坑，把刘甲、刘乙的"尸体"埋入坑内。（P6） ⊙刘乙系掩埋之后窒息身亡。（P6）

S4：分析案件中的法律关系，得出结论。

案　件	重要事实	结论和理由
案件1	⊙精神病人刘甲（男，42岁）持尖刀刺其院门，并声称要"劫道"。（P1） ⊙杜某猛推刘甲一把，致其撞在院墙上受轻伤。（P1）	［结论］杜某属于正当防卫。 ［解析］精神病人的攻击也属于"不法侵害"，对此可以进行正当防卫。并且，正当防卫中造成轻伤的，一般不属于防卫过当。
案件2	⊙刘甲持尖刀袭击李某，李某持铁管击打刘甲。（P2） ⊙李某谎称："刘甲跑了。"隐瞒了人还在玉米地的情况。（P5） ⊙刘甲系掩埋之前因重伤未及时救治而死亡。（P6）	［结论］李某是否属于正当防卫有争议。如果将李某实施防卫的行为和不救助的行为视为一个整体，则李某属于正当防卫；如果分开评价李某的防卫行为和不救助的行为，则由于防卫行为也产生救助义务，李某整体上属于防卫过当。
案件3	⊙（刘乙）从地上拾起一根木棍走上前去，想要打掉刘甲手中的尖刀。（P3） ⊙李某未能认出刘乙，因天黑误以为其是刘甲的同伙，要袭击自己，随即用手中的铁管插了一下刘乙的胸部，致刘乙因气血胸倒地（重伤）。（P4） ⊙（李某）以为刘乙已经死亡。（P4） ⊙近中午时分，杜某去玉米地看，发现刘甲也无气息，遂跟李某说："不如把人埋了。"二人遂合力挖坑，把刘甲、刘乙的"尸体"埋入坑内。（P6） ⊙刘乙系掩埋之后窒息身亡。（P6）	［结论］李某是假想防卫；李某和杜某构成过失致人死亡罪。 ［解析］李某误以为存在不法侵害而"防卫"，造成刘乙重伤，是假想防卫，构成过失致人重伤罪；又因为李某、杜某二人"埋尸"导致刘乙死亡，故二人构成过失致人死亡罪。李某的行为总体评价为过失致人死亡罪即可。

S5：最后，将结论用"倒置三段论"的方式表达出来。

答案

1. 对于杜某导致刘甲轻伤一案，杜某构成正当防卫。精神病人持尖刀刺其院门的行为属于正在进行的不法侵害，杜某可以对此进行防卫。致刘甲轻伤没有超过防卫限度，属于正当防卫。

2. 对于李某导致刘甲死亡一案，存在两种观点：

观点1：如果将李某用铁管反击刘甲和后面不救助导致刘甲死亡的行为视为一个整体，则李某符合特殊防卫的条件，没有超出防卫限度，属于正当防卫；

观点2：如果认为李某用铁管将刘甲打倒在地已经达到防卫的必要限度，正当防卫产生救助义务，则之后不救助的行为单独构成不作为的故意杀人罪，与前行为结合，整体评价为防卫过当。

3. 李某误以为刘乙是不法侵害人而对刘乙进行"防卫"，属于假想防卫，导致刘乙重伤，构成过失致人重伤罪；之后的"埋尸"行为导致刘乙死亡，整体评价为过失致人死亡罪。

杜某的"埋尸"行为导致刘乙死亡，构成过失致人死亡罪。

案例三　杀人放火偷手表，抢劫望风全想到

案情：

赵某与罗某因口角产生仇恨，赵某遂出资2万元雇请钱某去"教训一下"罗某。(P1)

钱某同意，回家后将此事告诉其妻孙某，并让孙某为自己放风。孙某说："我才不去呢，你自己去吧。"但提示钱某说："把人打伤就行了，别把人打死了。"钱某答应。为此，钱某准备了一根用软实的厚胶布缠好的硬木棒。钱某又找到外甥李某（15周岁）帮忙，二人商量好一起去伤害罗某，事成之后分给李某5000元。(P2)

保险起见，钱某找到以前的同伙周某，骗周某说："我要去罗某家抢劫，你帮我去放风吧。"周某起初不答应，钱某就恐吓周某："抢劫的事也告诉你了，你要不去的话，我明儿灭你的口。"周某被迫同意。(P3)

第二天晚上，钱某与李某一起进入罗某家，周某在门外放风。钱某见床上有一人睡觉，认为是罗某，遂持硬木棒朝该人身上一顿乱击，将其打得不能动弹。李某暗想"不如砸死算了"，遂操起一个板凳，朝该人头上猛砸几下。钱某先行离开，临走时，发现床头有一部手机（价值8000元），遂临时起意拿走。李某看见了没有制止。(P4)

李某在钱某走后，为了破坏现场，将房间内的一个电炉插上，并在上面扔了一个纸箱，想引火烧毁罗某家。李某出门后，钱某问李某："你在后面磨蹭什么？"李某答："我把屋里的电炉插上了，隔一会儿起火烧他个精光，免得留下证据。"钱某听到后也没说什么。(P5)

二人发现门外没有周某的踪影。原来，周某见钱某、李某入户之后，越想越害怕，不一会儿就逃回家中。(P6)

当晚，罗某家发生火灾，引起相邻数间房屋被烧毁。事后查明，当天罗某因事出差，睡在床上的是罗某患有心脏病的妻子张某，张某因遭受殴击（尸检证明身体伤情为轻伤、头部伤情为重伤），引发心脏病，当场身亡，并未死于火灾，但不能查明是何处伤情引发的心脏病。(P7)

案发之后，钱某感到罪行严重，到公安机关投案，如实供述自己的犯罪事实，但隐瞒了找李某、周某帮忙的情况。后李某带领公安人员去抓获赵某，在半路上将赵某抓获，查明赵某此时正想前往公安机关投案。(P8)

问题：综合分析各行为人的刑事责任。

解答思路

S1：通读案情，圈画关键词，做基本的概念翻译和考点对应工作。

段落	事　　　　实	思路与问题
P1	赵某与罗某因口角产生仇恨，赵某遂出资2万元雇请钱某去"教训一下"罗某。	教唆犯。
P2	钱某同意，回家后将此事告诉其妻孙某，并让孙某为自己放风。孙某说："我才不去呢，你自己去吧。"但提示钱某说："把人打伤就行了，别把人打死了。"钱某答应。为此，钱某准备了一根用软实的厚胶布缠好的硬木棒。	降低犯意是不是帮助犯？
P2	钱某又找到外甥李某（15周岁）帮忙，二人商量好一起去伤害罗某，事成之后分给李某5000元。	李某15周岁，只对8类犯罪负责，包括故意杀人罪和故意伤害致人重伤、死亡。
P3	保险起见，钱某找到以前的同伙周某，骗周某说："我要去罗某家抢劫，你帮我去放风吧。"	周某具有抢劫的故意。
P3	周某起初不答应，钱某就恐吓周某："抢劫的事也告诉你了，你要不去的话，我明儿灭你的口。"周某被迫同意。	周某是胁从犯。
P4	第二天晚上，钱某与李某一起进入罗某家，周某在门外放风。钱某见床上有一人睡觉，认为是罗某，遂持硬木棒朝该人身上一顿乱击，将其打得不能动弹。	钱某具有伤害的故意。
P4	李某暗想"不如砸死算了"，遂操起一个板凳，朝该人头上猛砸几下。	李某具有杀人的故意。
P4	钱某先行离开，临走时，发现床头有一部手机（价值8000元），遂临时起意拿走。	钱某成立盗窃。
P4	李某看见了没有制止。	李某有制止义务吗？
P5	李某在钱某走后，为了破坏现场，将房间内的一个电炉插上，并在上面扔了一个纸箱，想引火烧毁罗某家。	李某具有放火的故意。
P5	李某出门后，钱某问李某："你在后面磨蹭什么？"李某答："我把屋里的电炉插上了，隔一会儿起火烧他个精光，免得留下证据。"钱某听到后也没说什么。	钱某有制止义务吗？
P6	二人发现门外没有周某的踪影。原来，周某见钱某、李某入户之后，越想越害怕，不一会儿就逃回家中。	共犯脱离问题。
P7	当晚，罗某家发生火灾，引起相邻数间房屋被烧毁。	放火罪既遂。
P7	事后查明，当天罗某因事出差，睡在床上的是罗某患有心脏病的妻子张某。	对象错误。

续表

段落	事实	思路与问题
P7	张某因遭受殴击（尸检证明身体伤情为轻伤、头部伤情为重伤），引发心脏病，当场身亡，并未死于火灾，但不能查明是何处伤情引发的心脏病。	狭义的因果关系认识错误。
P8	案发之后，钱某感到罪行严重，到公安机关投案，如实供述自己的犯罪事实，但隐瞒了找李某、周某帮忙的情况。	钱某成立自首。
P8	后李某带领公安人员去抓获赵某，在半路上将赵某抓获，查明赵某此时正想前往公安机关投案。	钱某成立立功；赵某是否成立自首？

S2：拆分案件，将整篇案情拆分成小案件。

案件	事实概括	角色	对应段落
案件1	赵某雇凶案	赵某是教唆者，钱某是实行者	P1
案件2	孙某劝夫案	孙某降低风险，钱某是实行者	P2
案件3	钱某、李某伤害案（主线）	钱某伤害、李某杀人	P4、P7
案件3	钱某盗窃案（支线1）	钱某盗窃，李某不阻止	P4
案件3	李某放火案（支线2）	李某放火，钱某不阻止	P5
案件4	周某望风案	周某是帮助犯、胁从犯	P3、P6
案件5	钱某自首、立功案	钱某	P8

赵某 —教唆→ 钱某
孙某 → "别把人打死了"
钱某 → 伤害又盗窃
周某 → 以为给他人的抢劫行为望风
李某 → 杀人又放火

S3：按照法律关系不同，找出上述案件对应的有关事实。

案件	重要事实
案件1	⊙赵某与罗某因口角产生仇恨，赵某遂出资2万元雇请钱某去"教训一下"罗某。(P1)
案件2	⊙钱某同意，回家后将此事告诉其妻孙某，并让孙某为自己放风。孙某说："我才不去呢，你自己去吧。"但提示钱某说："把人打伤就行了，别把人打死了。"钱某答应。为此，钱某准备了一根用软实的厚胶布缠好的硬木棒。(P2)

续表

案 件	重要事实
案件3	○ 钱某又找到外甥李某（15周岁）帮忙，二人商量好一起去伤害罗某，事成之后分给李某5000元。（P2） ○ 第二天晚上，钱某与李某一起进入罗某家，周某在门外放风。钱某见床上有一人睡觉，认为是罗某，遂持硬木棒朝该人身上一顿乱击，将其打得不能动弹。（P4） ○ 李某暗想"不如砸死算了"，遂操起一个板凳，朝该人头上猛砸几下。（P4） ○ 事后查明，当天罗某因事出差，睡在床上的是罗某患有心脏病的妻子张某。（P7） ○ 张某因遭受殴击（尸检证明身体伤情为轻伤、头部伤情为重伤），引发心脏病，当场身亡，并未死于火灾，但不能查明何处伤情引发的心脏病。（P7） ○ 钱某先行离开，临走时，发现床头有一部手机（价值8000元），遂临时起意拿走。（P4） ○ 李某看见了没有制止。（P4） ○ 李某在钱某走后，为了破坏现场，将房间内的一个电炉插上，并在上面扔了一个纸箱，想引火烧毁罗某家。（P5） ○ 李某出门后，钱某问李某："你在后面磨蹭什么？"李某答："我把屋里的电炉插上了，隔一会儿起火烧他个精光，免得留下证据。"钱某听到后也没说什么。（P5） ○ 当晚，罗某家发生火灾，引起相邻数间房屋被烧毁。（P7）
案件4	○ 保险起见，钱某找到以前的同伙周某，骗周某说："我要去罗某家抢劫，你帮我去放风吧。"（P3） ○ 周某起初不答应，钱某就恐吓周某："抢劫的事也告诉你了，你要不去的话，我明儿灭你的口。"周某被迫同意。（P3）
案件5	○ 案发之后，钱某感到罪行严重，到公安机关投案，如实供述自己的犯罪事实，但隐瞒了找李某、周某帮忙的情况。（P8） ○ 后李某带领公安人员去抓获赵某，在半路上将赵某抓获，查明赵某此时正想前往公安机关投案。（P8）

S4：分析案件中的法律关系，得出结论。

案 件	重要事实	结论和理由
案件1	○ 赵某与罗某因口角产生仇恨，赵某遂出资2万元雇请钱某去"教训一下"罗某。（P1）	［结论］赵某是打击错误，构成故意伤害罪的教唆犯。 ［解析］"教训一下"一般理解为具有伤害的故意。实行者钱某发生了对象错误，赵某是打击错误，存在两种观点。
案件2	○ 钱某同意，回家后将此事告诉其妻孙某，并让孙某为自己放风。孙某说："我才不去呢，你自己去吧。"但提示钱某说："把人打伤就行了，别把人打死了。"钱某答应。为此，钱某准备了一根用软实的厚胶布缠好的硬木棒。（P2）	［结论］孙某降低了钱某的犯意，不构成犯罪。 ［解析］帮助犯中的"强化犯意"需要升高风险，降低风险的行为不是帮助。

127

续表

案 件	重要事实	结论和理由
案件3	⊙钱某又找到外甥李某（15周岁）帮忙，二人商量好一起去伤害罗某，事成之后分给李某5000元。(P2) ⊙第二天晚上，钱某与李某一起进入罗某家，周某在门外放风。钱某见床上有一人睡觉，认为是罗某，遂持硬木棒朝该人身上一顿乱击，将其打得不能动弹。(P4) ⊙李某暗想"不如砸死算了"，遂操起一个板凳，朝该人头上猛砸几下。(P4) ⊙事后查明，当天罗某因事出差，睡在床上的是罗某患有心脏病的妻子张某。(P7) ⊙张某因遭受殴击（尸检证明身体伤情为轻伤、头部伤情为重伤），引发心脏病，当场身亡，并未死于火灾，但不能查明是何处伤情引发的心脏病。(P7)	[结论]钱某是故意伤害致人死亡；李某是故意杀人（既遂）。 [解析]钱某和李某在故意伤害罪的范围内成立共同犯罪，其中，钱某构成故意伤害罪；李某用板凳猛砸被害人头部，构成故意杀人罪。且由于二人成立共同犯罪，因此均对被害人的死亡结果负责。对象错误和狭义的因果关系错误均不影响二人对死亡结果负责。
	⊙钱某先行离开，临走时，发现床头有一部手机（价值8000元），遂临时起意拿走。(P4) ⊙李某看见了没有制止。(P4)	[结论]钱某构成盗窃罪；李某没有制止义务。 [解析]钱某的盗窃行为并非二人的共同伤害行为引起，李某对钱某的盗窃行为没有制止义务。
	⊙李某在钱某走后，为了破坏现场，将房间内的一个电炉插上，并在上面扔了一个纸箱，想引火烧毁罗某家。(P5) ⊙李某出门后，钱某问李某："你在后面磨蹭什么？"李某答："我把屋里的电炉插上了，隔一会儿就火烧他个精光，免得留下证据。"钱某听到后也没说什么。(P5) ⊙当晚，罗某家发生火灾，引起相邻数间房屋被烧毁。(P7)	[结论]李某构成放火罪；钱某有制止义务。 [解析]李某实施的放火行为是为二人之前的共同伤害行为破坏现场，因此，钱某对李某的放火行为有制止义务。
案件4	⊙保险起见，钱某找到以前的同伙周某，骗周某说："我要去罗某家抢劫，你帮我去放风吧。"(P3) ⊙周某起初不答应，钱某就恐吓周某："抢劫的事也告诉你了，你要不去的话，我明儿灭你的口。"周某被迫同意。(P3)	[结论]周某构成故意杀人罪的胁从犯、故意伤害罪的胁从犯、盗窃罪的胁从犯，从一重罪处罚。 [解析]周某是帮助犯、胁从犯，且主观上有抢劫的故意。钱某和李某分别实施了故意伤害、盗窃、故意杀人三个行为，且都在抢劫罪的故意当中（抢劫的故意包含了伤害、盗窃、杀人的故意），因此，周某构成三罪的胁从犯。
案件5	⊙案发之后，钱某感到罪行严重，到公安机关投案，如实供述自己的犯罪事实，但隐瞒了找李某、周某帮忙的情况。(P8)	[结论]钱某不属于自首，但属于立功。 [解析]自首需要供述同案犯，钱某隐瞒关键同案犯李某、周某帮忙的情况，不成立自首。钱某帮助抓获赵某，属于立功。

续表

案 件	重要事实	结论和理由
案件5	⊙后李某带领公安人员去抓获赵某，在半路上将赵某抓获，查明赵某此时正想前往公安机关投案。(P8)	[结论] 赵某属于自首。 [解析] 在自首途中被抓获的，不影响自首的成立。

S5：最后，将结论用"倒置三段论"的方式表达出来。

> **答案**

1. 赵某教唆钱某实施伤害行为，构成故意伤害罪的教唆犯。由于钱某发生了对象错误，对赵某而言是打击错误，因此，对于赵某的定性有两种观点：

观点1：赵某主观上意图伤害他人，客观上也导致他人死亡，成立故意伤害致人死亡；

观点2：赵某主观上意图伤害罗某，但未能得逞，客观上过失导致张某死亡，成立故意伤害罪（未遂）和过失致人死亡罪，从一重罪处罚。

2. 孙某与钱某不构成共同犯罪。孙某没有提供物理或心理上的帮助，也没有升高风险，不构成帮助犯，不属于共同犯罪。

3. 李某和钱某分别实施了杀人行为和伤害行为，二人在故意伤害的范围内成立共同犯罪，是共同正犯。李某和钱某发生了对象错误和狭义的因果关系错误，但不影响故意的认定，且都对死亡结果负责。其中，钱某有伤害故意，构成故意伤害致人死亡；李某有杀人故意，构成故意杀人罪既遂。

钱某打破他人占有、建立新的占有，构成盗窃罪，且属于入户盗窃。钱某的盗窃行为并非二人的共同伤害行为引起，与二人的共同伤害行为无关，李某只是一同入户，没有升高（增加）财产法益受到侵害的风险，因此没有制止义务。

李某故意引火危及公共安全，构成放火罪。李某实施的放火行为是为二人之前的共同伤害行为破坏现场，因此是由之前的共同行为引起的。钱某对李某的放火行为有制止义务，其构成不作为的放火罪。

4. 周某主观上抢劫的故意中包含了杀人和伤害的故意，因此成立故意杀人罪和故意伤害罪的帮助犯。另外，周某客观上为钱某的盗窃行为提供了帮助，主观上抢劫的故意包含了盗窃的故意，因此成立盗窃罪的帮助犯。此外，周某系被胁迫犯罪，属于胁从犯，应当按照他的犯罪情节减轻或者免除处罚。综上所述，周某构成故意杀人罪的胁从犯、故意伤害罪的胁从犯、盗窃罪的胁从犯，从一重罪处罚。

周某中途逃离，但没有切断心理帮助，不属于共犯脱离，成立犯罪既遂。

5. 钱某隐瞒关键同案犯李某、周某帮忙的情况，不成立自首。钱某帮助抓获赵某，属于立功。

在自首途中被抓获的，不影响自首的成立，因此，赵某属于自首。

案例四 "洪、白、吴各怀鬼胎" 案

案情：

洪某想控制赵某向其妻子索要财物。洪某找到白某，欺骗白某称赵某欠自己一笔债务，白某答应帮助其索要。2022年3月4日，洪某和白某将赵某关押在地下室，准备向其妻子林某索要财物。(P1)

赵某为了不让林某担心，提出要自己给林某打电话。在电话中，赵某称自己急需用钱，并约定了交付财物的地点。洪某和白某约定好，3月6日，白某去取钱，洪某继续关押赵某。(P2)

3月6日，洪某联系不上白某，情急之下，只能找到朋友吴某。洪某向吴某说了事情的全部真相，请求吴某帮助其从林某处拿赎金，并分吴某1万元作为酬谢。吴某同意。(P3)

吴某到了会面地点之后，林某发现不是自己的老公，心生怀疑，便不肯将钱交给吴某。吴某拿出随身携带的刀要挟林某，林某不得已将钱交给吴某。吴某随即驾车逃跑，在严重超速的情况下将路人孙某撞死。(P4)

吴某为了不让孙某的身份被人知道，将孙某的手机、身份证带到江边准备丢弃。到了江边，吴某改变心意，将孙某的手机据为己有。吴某之后携带赎金潜逃，洪某也无法联系到他。洪某走投无路之下自首。(P5)

洪某交代，其实在3月5日，自己发现赵某试图逃跑，就掐住赵某脖子，导致其窒息死亡。此外，洪某交代了白某的犯罪事实，并且带领警方到白某家中，将白某抓获。(P6)

白某被抓获后，也交代了犯罪事实，并称其3月4日控制赵某后就心生悔意，但不敢跟洪某说，于是从3月5日开始躲在家中没有出现。(P7)

另查明，林某是某民营企业出纳，其为了交付赎金，将自己保管的公司财物取出交付赎金，并将账目做平，使得一般人无法发现。(P8)

问题：综合分析各行为人的刑事责任。

解答思路

S1：通读案情，圈画关键词，做基本的概念翻译和考点对应工作。

段　落	事　　　　实	思路与问题
P1	洪某想控制赵某向其妻子索要财物。洪某找到白某，欺骗白某称赵某欠自己一笔债务，白某答应帮助其索要。	洪某有非法占有目的；白某没有非法占有目的。
P1	2022年3月4日，洪某和白某将赵某关押在地下室，准备向其妻子林某索要财物。	二人共同实施了控制行为。
P2	赵某为了不让林某担心，提出要自己给林某打电话。在电话中，赵某称自己急需用钱，并约定了交付财物的地点。洪某和白某约定好，3月6日，白某去取钱，洪某继续关押赵某。	赵某的说辞是否影响绑架罪性质的认定？
P3	3月6日，洪某联系不上白某。	共犯脱离问题。
P3	情急之下，只能找到朋友吴某。洪某向吴某说了事情的全部真相，请求吴某帮助其从林某处拿赎金，并分吴某1万元作为酬谢。吴某同意。	承继共犯。
P4	吴某到了会面地点之后，林某发现不是自己的老公，心生怀疑，便不肯将钱交给吴某。吴某拿出随身携带的刀要挟林某，林某不得已将钱交给吴某。	抢劫罪。
P4	吴某随即驾车逃跑，在严重超速的情况下将路人孙某撞死。	能否构成抢劫致人死亡？

续表

段落	事实	思路与问题
P5	吴某为了不让孙某的身份被人知道，将孙某的手机、身份证带到江边准备丢弃。到了江边，吴某改变心意，将孙某的手机据为己有。	吴某的这一系列行为如何定性？
	吴某之后携带赎金潜逃，洪某也无法联系到他。洪某走投无路之下自首。	能否构成侵占罪？存在不同观点。（观点展示）
P6	洪某交代，其实在3月5日，自己发现赵某试图逃跑，就掐住赵某脖子，导致其窒息死亡。	绑架并杀害被绑架人。
	此外，洪某交代了白某的犯罪事实。	自首。
	（洪某）带领警方到白某家中，将白某抓获。	立功。
P7	白某被抓获后，也交代了犯罪事实。	坦白。
	（白某）称其3月4日控制赵某后就心生悔意，但不敢跟洪某说，于是从3月5日开始躲在家中没有出现。	共犯脱离问题。
P8	另查明，林某是某民营企业出纳，其为了交付赎金，将自己保管的公司财物取出交付赎金，并将账目做平，使得一般人无法发现。	职务侵占。

S2：拆分案件，将整篇案情拆分成小案件。

案件	事实概括	角色	对应段落
案件1	控制赵某要钱拿，各怀鬼胎把人杀	洪某、白某	P1、P2、P6、P7
案件2	吴某入伙属承继，抢劫肇事拿手机	吴某、洪某	P3~P5
案件3	洪某自首抓同伴，白某坦白能从宽	洪某、白某	P6、P7
案件4	林某利用职务便，做平账目不还钱	林某	P8

S3：按照法律关系不同，找出上述案件对应的有关事实。

案件	重要事实
案件1	⊙洪某想控制赵某向其妻子索要财物。洪某找到白某，欺骗白某称赵某欠自己一笔债务，白某答应帮助其索要。（P1） ⊙2022年3月4日，洪某和白某将赵某关押在地下室，准备向其妻子林某索要财物。（P1） ⊙赵某为了不让林某担心，提出要自己给林某打电话。在电话中，赵某称自己急需用钱。（P2） ⊙洪某交代，其实在3月5日，自己发现赵某试图逃跑，就掐住赵某脖子，导致其窒息死亡。（P6） ⊙3月6日，洪某联系不上白某。（P3） ⊙白某被抓获后，也交代了犯罪事实，并称其3月4日控制赵某后就心生悔意，但不敢跟洪某说，于是从3月5日开始躲在家中没有出现。（P7）

续表

案 件	重要事实
案件2	○洪某联系不上白某，情急之下，只能找到朋友吴某。洪某向吴某说了事情的全部真相，请求吴某帮助其从林某处拿赎金，并分吴某1万元作为酬谢。吴某同意。(P3) ○吴某到了会面地点之后，林某发现不是自己的老公，心生怀疑，便不肯将钱交给吴某。吴某拿出随身携带的刀要挟林某，林某不得已将钱交给吴某。(P4) ○吴某随即驾车逃跑，在严重超速的情况下将路人孙某撞死。(P4) ○吴某为了不让孙某的身份被人知道，将孙某的手机、身份证带到江边准备丢弃。到了江边，吴某改变心意，将孙某的手机据为己有。(P5) ○吴某之后携带赎金潜逃。(P5)
案件3	○洪某交代，其实在3月5日，自己发现赵某试图逃跑，就掐住赵某脖子，导致其窒息死亡。(P6) ○此外，洪某交代了白某的犯罪事实。(P6) ○（洪某）带领警方到白某家中，将白某抓获。(P6) ○白某被抓获后，也交代了犯罪事实。(P7)
案件4	○林某是某民营企业出纳，其为了交付赎金，将自己保管的公司财物取出交付赎金，并将账目做平，使得一般人无法发现。(P8)

S4：分析案件中的法律关系，得出结论。

案 件	重要事实	结论和理由
案件1	○洪某想控制赵某向其妻子索要财物。洪某找到白某，欺骗白某称赵某欠自己一笔债务，白某答应帮助其索要。(P1)	[结论] 洪某有非法占有目的；白某没有非法占有目的。 [解析] 非法拘禁罪没有非法占有目的（不想白嫖），这是其和抢劫罪、绑架罪的核心区别。
	○2022年3月4日，洪某和白某将赵某关押在地下室，准备向其妻子林某索要财物。(P1) ○赵某为了不让林某担心，提出要自己给林某打电话。在电话中，赵某称自己急需用钱。(P2)	[结论] 洪某和白某在非法拘禁的范围内成立共同犯罪。 [解析] 控制时的目的决定了犯罪的性质。如果控制的时候向第三人索要财物，则是绑架罪；如果控制的时候向被控制者本人索要财物，则是抢劫罪。之后财物来源发生变化的，不影响犯罪性质的认定。
	○洪某交代，其实在3月5日，自己发现赵某试图逃跑，就掐住赵某脖子，导致其窒息死亡。(P6)	[结论] 洪某属于"绑架并杀害被绑架人"；白某是非法拘禁致人死亡。 [解析] 洪某在绑架之后非法剥夺他人生命，属于"绑架并杀害被绑架人"，加重处罚。白某对洪某的杀人行为没有预见可能性，但是由于其具有非法拘禁的故意，对被害人的死亡结果有预见可能性，因此，白某属于非法拘禁致人死亡。

续表

案 件	重要事实	结论和理由
案件1	○3月6日，洪某联系不上白某。(P3) ○白某被抓获后，也交代了犯罪事实，并称其3月4日控制赵某后就心生悔意，但不敢跟洪某说，于是从3月5日开始躲在家中没有出现。(P7)	[结论] 白某是犯罪既遂。 [解析] 白某控制被害人，已经是犯罪既遂，不可能再成立共犯脱离。
案件2	○洪某联系不上白某，情急之下，只能找到朋友吴某。洪某向吴某说了事情的全部真相，请求吴某帮助其从林某处拿赎金，并分吴某1万元作为酬谢。吴某同意。(P3)	[结论] 吴某是绑架罪的承继共犯，构成绑架罪。 [解析] 原则上，只有在他人犯罪既遂之前加入的，才能成立承继共犯。但在继续犯的场合，即使前行为已经既遂，在不法状态持续过程中加入的，也成立承继共犯。本案中，虽然洪某的绑架行为已经既遂，但由于绑架罪是继续犯，因此，吴某在洪某既遂后加入，帮助其勒索财物，成立绑架罪的承继共犯。又由于承继共犯的处理原则是和前行为人适用同一罪名，但对前行为人造成的重伤、死亡等结果不负责（"罪名共用、责任分担"），因此，吴某构成绑架罪，但不属于"绑架并杀害被绑架人"。
	○吴某到了会面地点之后，林某发现不是自己的老公，心生怀疑，便不肯将钱交给吴某。吴某拿出随身携带的刀要挟林某，林某不得已将钱交给吴某。(P4)	[结论] 吴某以暴力相威胁取得财物，属于抢劫罪。
	○吴某随即驾车逃跑，在严重超速的情况下将路人孙某撞死。(P4)	[结论] 吴某构成交通肇事罪，与抢劫罪数罪并罚。 [解析] 结果加重犯要求"常见、常发、常伴随"。本案中，由于不是抢劫行为本身导致他人死亡，因此不能评价吴某为"抢劫致人死亡"。
	○吴某为了不让孙某的身份被人知道，将孙某的手机、身份证带到江边准备丢弃。到了江边，吴某改变心意，将孙某的手机据为己有。(P5)	[结论] 吴某构成故意毁坏财物罪（中止）与侵占罪，数罪并罚。 [解析] 吴某在拿走手机的时候没有非法占有目的，不构成盗窃罪。吴某先意图毁坏财物，但中途放弃，成立故意毁坏财物罪（中止）；之后将手机据为己有的行为构成侵占罪，数罪并罚。
	○吴某之后携带赎金潜逃。(P5)	[结论] 吴某将赎金侵吞的行为可能构成侵占罪或者无罪。 [解析] 洪某对赎金这一非法财产的利益是否受到刑法保护？如果答案是肯定的，则吴某构成侵占罪；如果答案是否定的，则吴某不构成侵占罪。

续表

案　件	重要事实	结论和理由
案件3	○洪某交代，其实在3月5日，自己发现赵某试图逃跑，就掐住赵某脖子，导致其窒息死亡。(P6) ○此外，洪某交代了白某的犯罪事实。(P6)	[结论] 洪某是自首。 [解析] 自首需要交代自己的犯罪事实以及同案犯的犯罪事实。本案中，洪某交代自己和白某的犯罪事实，属于自首。
	○(洪某)带领警方到白某家中，将白某抓获。(P6)	[结论] 洪某帮助抓获犯罪的人，属于立功。
	○白某被抓获后，也交代了犯罪事实。(P7)	[结论] 白某属于坦白。 [解析] 由于白某的犯罪事实已经被洪某揭发，因此，白某主动交代公安机关已经掌握的犯罪事实，属于坦白。
案件4	○林某是某民营企业出纳，其为了交付赎金，将自己保管的公司财物取出交付赎金，并将账目做平，使得一般人无法发现。(P8)	[结论] 林某是职务侵占罪。 [解析] 林某作为某民营企业出纳，利用职务之便侵吞公司财物，属于职务侵占罪。

S5：最后，将结论用"倒置三段论"的方式表达出来。

答案

1. 洪某和白某在非法拘禁的范围内成立共同犯罪。洪某具有非法占有目的，白某没有非法占有目的，二人共同控制赵某，向第三人索要财物。洪某构成绑架罪，白某构成非法拘禁罪。洪某在绑架之后非法剥夺他人生命，属于"绑架并杀害被绑架人"，加重处罚。白某对洪某的杀人行为没有预见可能性，但是由于其具有非法拘禁的故意，对被害人的死亡结果有预见可能性，因此，白某属于非法拘禁致人死亡。白某控制被害人，已经是犯罪既遂，即使之后没有参与取财的行为，也不可能再成立共犯脱离。

2. 吴某在洪某绑架罪既遂之后加入，成立绑架罪的承继共犯。由于吴某加入时被害人已经死亡，因此，吴某不属于"绑架并杀害被绑架人"。在取财过程中，吴某以暴力相威胁取得财物，属于抢劫罪，但孙某的死亡不是抢劫本身所致，因此不能评价吴某为"抢劫致人死亡"，只能评价其为交通肇事罪，与抢劫罪数罪并罚。

3. 对于孙某的手机，吴某在取走手机的时候没有非法占有目的，不构成盗窃罪。吴某先意图毁坏财物，但中途放弃，成立故意毁坏财物罪（中止）；之后将手机据为己有，变占有为所有，构成侵占罪，数罪并罚。

4. 对于吴某侵吞赎金的行为，存在两种观点：

观点1：如果认为洪某对赎金这一非法财产的利益受到刑法保护，则吴某还构成侵占罪；

观点2：如果认为洪某对赎金这一非法财产的利益不受刑法保护，则吴某不构成侵占罪。

5. 洪某交代自己和同案犯白某的犯罪事实，属于自首；洪某帮助抓获犯罪的人，属于立功。白某主动交代公安机关已经掌握的犯罪事实，属于坦白，从宽处罚。

6. 林某作为某民营企业出纳，利用职务之便侵吞公司财物，属于职务侵占罪。

案例五　夫妻共谋奸杀案

案情：

白某（男）曾因抢劫罪被判处有期徒刑5年。2002年1月1日，在有期徒刑执行3年整（没有执行完毕的刑期为2年整）时被假释，之后与谭某（女）结婚。婚后谭某有外遇，白某发现后与谭某长期吵闹，谭某与白某商量："我帮你找个女孩儿，我们扯平。"（P1）

2003年2月1日，谭某上街时以身体不适为由，骗取被害人林某（女）的信任，让林某送其回家之后再回自己家。到家后，谭某骗林某喝下掺有迷药的饮料，趁林某昏迷，谭某让其丈夫白某对林某实施强奸。后二人将林某用绳子勒死，并掩埋其尸体。因被害人林某家属报案称林某失踪，公安机关立案，但并未破获该案。（P2）

2016年3月1日，白某进入A家盗窃数额较大的财物。（P3）

2018年4月1日，谭某怀孕，胎位不正，疑遭报应，又与白某产生争吵，遂前往公安机关投案。此时，白某逃往外地，谭某因怀有身孕被公安机关监视居住，后趁去医院做产检的机会也逃匿。公安机关将二人信息录入全国在逃人员信息库。2018年5月1日，谭某在外逃途中流产，经母亲劝说，谭某准备回乡投案，在投案途中被公安机关抓获。谭某如实供述了骗林某喝迷药的事实，但隐瞒了与白某一起勒死林某的事实（说是白某一人所为）。后谭某向公安机关提供了犯罪后其知悉的白某在外地的手机号码，但公安机关赶到时，白某已闻风逃走。（P4）

2018年6月1日，白某在逃途中盗窃B的信用卡并使用，数额较大，因此在外地被抓。在公安人员讯问时，白某起初使用假名，后经讯问人员做思想工作，如实交代了自己的真名，并供述了自己在2003年实施的强奸、杀人的事实，以及2016年盗窃A家的事实，并揭发了谭某参与杀人的事实。（P5）

问题： 综合分析各行为人的行为定性和量刑问题。

解答思路

S1：通读案情，圈画关键词，做基本的概念翻译和考点对应工作。

段落	事　　实	思路与问题
P1	白某（男）曾因抢劫罪被判处有期徒刑5年。2002年1月1日，在有期徒刑执行3年整（没有执行完毕的刑期为2年整）时被假释，之后与谭某（女）结婚。婚后谭某有外遇，白某发现后与谭某长期吵闹，谭某与白某商量："我帮你找个女孩儿，我们扯平。"	假释考验期为2002~2004年。
P2	2003年2月1日，谭某上街时以身体不适为由，骗取被害人林某（女）的信任，让林某送其回家之后再回自己家。到家后，谭某骗林某喝下掺有迷药的饮料，趁林某昏迷，谭某让其丈夫白某对林某实施强奸。	强奸罪的共同犯罪。
	后二人将林某用绳子勒死，并掩埋其尸体。	强奸并杀人的行为，如何处理？
	因被害人林某家属报案称林某失踪，公安机关立案，但并未破获该案。	公安机关已经立案，可能涉及追诉时效的延长制度。
P3	2016年3月1日，白某进入A家盗窃数额较大的财物。	追诉时效会中断吗？
P4	2018年4月1日，谭某怀孕，胎位不正，疑遭报应，又与白某产生争吵，遂前往公安机关投案。此时，白某逃往外地，谭某因怀有身孕被公安机关监视居住，后趁去医院做产检的机会也逃匿。	"逃跑"和"投案"对自首认定的影响。
	公安机关将二人信息录入全国在逃人员信息库。	白某的犯罪事实已经被公安机关掌握。

续表

段落	事实	思路与问题
P4	2018年5月1日,谭某在外逃途中流产,经母亲劝说,谭某准备回乡投案,在投案途中被公安机关抓获。	亲友规劝影响自首的成立吗?在自首途中被抓获影响自首的成立吗?
	谭某如实供述了骗林某喝迷药的事实,但隐瞒了与白某一起勒死林某的事实(说是白某一人所为)。	交代部分犯罪事实影响自首的成立吗?
	后谭某向公安机关提供了犯罪后其知悉的白某在外地的手机号码,但公安机关赶到时,白某已闻风逃走。	立功问题。
P5	2018年6月1日,白某在逃途中盗窃B的信用卡并使用,数额较大,因此在外地被抓。	是否超过追诉时效?
	在公安人员讯问时,白某起初使用假名,后经讯问人员做思想工作,如实交代了自己的真名,并供述了自己在2003年实施的强奸、杀人的事实,以及2016年盗窃A家的事实,并揭发了谭某参与杀人的事实。	是否构成自首和立功?

S2:拆分案件,将整篇案情拆分成小案件。

案 件	事实概括	时 间	对应段落
案件1	白某、谭某强奸并杀人	2003年2月1日(假释考验期间内)	P2
案件2	白某第一次盗窃	2016年3月1日	P3
案件3	谭某自首	2018年4月1日	P4
案件4	白某第二次盗窃	2018年6月1日	P5

S3:按照法律关系不同,找出上述案件对应的有关事实。

案 件	重要事实
案件1	○白某(男)曾因抢劫罪被判处有期徒刑5年。2002年1月1日,在有期徒刑执行3年整(没有执行完毕的刑期为2年整)时被假释。(P1) ○2003年2月1日,谭某上街时以身体不适为由,骗取被害人林某(女)的信任,让林某送其回家之后再回自己家。到家后,谭某骗林某喝下掺有迷药的饮料,趁林某昏迷,谭某让其丈夫白某对林某实施强奸。(P2) ○后二人将林某用绳子勒死。(P2)
案件2	○2016年3月1日,白某进入A家盗窃数额较大的财物。(P3)
案件3	○(谭某)前往公安机关投案。此时,白某逃往外地,谭某因怀有身孕被公安机关监视居住,后趁去医院做产检的机会也逃匿。(P4) ○经母亲劝说,谭某准备回乡投案,在投案途中被公安机关抓获。(P4)

续表

案 件	重要事实
案件3	⊙谭某如实供述了骗林某喝迷药的事实,但隐瞒了与白某一起勒死林某的事实(说是白某一人所为)。(P4)
	⊙后(谭某)向公安机关提供了犯罪后其知悉的白某在外地的手机号码,但公安机关赶到时,白某已闻风逃走。(P4)
案件4	⊙2018年6月1日,白某在逃途中盗窃B的信用卡并使用,数额较大,因此在外地被抓。(P5)
	⊙(白某)如实交代了自己的真名,并供述了自己在2003年实施的强奸、杀人的事实。(P5)
	⊙(白某如实交代了自己)2016年盗窃A家的事实。(P5)
	⊙(白某)揭发了谭某参与杀人的事实。(P5)

S4:分析案件中的法律关系,得出结论。

案 件	重要事实	结论和理由
案件1	⊙白某(男)曾因抢劫罪被判处有期徒刑5年。2002年1月1日,在有期徒刑执行3年整(没有执行完毕的刑期为2年整)时被假释。(P1)	[结论]白某不是累犯。 [解析]累犯是从假释考验期满起算5年,因此假释考验期内犯罪的,不是累犯。
	⊙2003年2月1日,谭某上街时以身体不适为由,骗取被害人林某(女)的信任,让林某送其回家之后再回自己家。到家后,谭某骗林某喝下掺有迷药的饮料,趁林某昏迷,谭某让其丈夫白某对林某实施强奸。(P2)	[结论]白某和谭某成立强奸罪的共同犯罪。
	⊙后二人将林某用绳子勒死。(P2)	[结论]白某和谭某强奸之后杀人,数罪并罚。 [解析]强奸致人死亡必须是强奸行为本身过失致人死亡。如果是强奸之后故意杀人,数罪并罚。
案件2	⊙2016年3月1日,白某进入A家盗窃数额较大的财物。(P3)	[结论]强奸罪和故意杀人罪的追诉时效中断(重新计算)。 [解析]白某的强奸罪和故意杀人罪的追诉时效分别为15年、20年,从2003年起算,到2016年均未超过追诉时效。由于2016年白某又犯盗窃罪,因此强奸罪和故意杀人罪的追诉时效从2016年重新计算。
案件3	⊙(谭某)前往公安机关投案。此时,白某逃往外地,谭某因怀有身孕被公安机关监视居住,后趁去医院做产检的机会也逃匿。(P4) ⊙经母亲劝说,谭某准备回乡投案,在投案途中被公安机关抓获。(P4)	[结论]谭某属于自首。 [解析]谭某投案后逃跑,但之后又投案的,不影响自首的成立。在投案途中被抓获的,不影响自首的成立。在亲人规劝下自首的,不影响自首的成立。

续表

案 件	重要事实	结论和理由
案件3	⊙谭某如实供述了骗林某喝迷药的事实，但隐瞒了与白某一起勒死林某的事实（说是白某一人所为）。(P4)	[结论] 谭某对强奸罪成立自首。 [解析] 犯罪嫌疑人交代部分犯罪事实的，对交代的部分成立自首。
	⊙后谭某向公安机关提供了犯罪后其知悉的白某在外地的手机号码，但公安机关赶到时，白某已闻风逃走。(P4)	[结论] 谭某不属于立功。 [解析] 谭某向公安机关提供的同案犯的手机号码属于基本信息，且对抓捕犯人没有起到实际作用，不属于立功。
案件4	⊙2018年6月1日。(P5)	[结论] 故意杀人罪、强奸罪、盗窃罪均未超过追诉时效。 [解析] 由于故意杀人罪（追诉时效为20年）、强奸罪（追诉时效为15年）的追诉时效从2016年开始重算，盗窃罪的追诉时效为5年，因此到2018年，三罪均没有超过追诉时效。
	⊙白某在逃逸中盗窃B的信用卡并使用，数额较大，因此在外地被抓。(P5)	[结论] 白某构成盗窃罪。 [解析] 盗窃信用卡并使用的，构成盗窃罪。
	⊙（白某）如实交代了自己的真名，并供述了自己在2003年实施的强奸、杀人的事实。(P5)	[结论] 白某不成立自首。 [解析] 白某强奸、杀人的事实已经被公安机关掌握。
	⊙（白某如实交代了自己）2016年盗窃A家的事实。(P5)	[结论] 白某不成立自首。 [解析] 供述同种罪行一般不认定为自首。白某对"进入A家盗窃"的罪行也不成立自首。
	⊙（白某）揭发了谭某参与杀人的事实。(P5)	[结论] 白某不成立自首，也不成立立功。 [解析] 白某没有自动投案，其杀人的事实也已经被公安机关掌握，白某对杀人行为不成立自首；同时，谭某的杀人行为不属于其他人的独立犯罪事实，因此，白某也不成立立功。

S5：最后，将结论用"倒置三段论"的方式表达出来。

答案

1. 谭某和白某压制他人反抗，强行与他人发生性关系，构成强奸罪的共同正犯。之后二人非法剥夺他人生命，构成故意杀人罪，与强奸罪数罪并罚。白某在假释考验期内犯新罪，不属于刑罚执行完毕后犯罪，不构成累犯。应当撤销假释，先减后并。

2. 白某入户实施盗窃行为，构成盗窃罪，且属于"入户盗窃"。白某的强奸罪和故意杀人罪的追诉时效分别为15年、20年，从2003年起算，在2016年均未超过追诉时效。由于2016年白某又犯盗窃罪，强奸罪和故意杀人罪的追诉时效从2016年重新计算。

3. 谭某供述强奸事实，对强奸罪成立自首。谭某在投案后逃跑又自动投案的，虽然投案后逃跑不成立自首,但不影响最后一次投案自首的成立。谭某在投案途中被抓获,也不影响自首的成立。谭某向公安机关提供的同案犯的手机号码属于基本信息,且对抓捕犯人没有起到实际作用,不属于立功。

4. 由于故意杀人罪(追诉时效为 20 年)、强奸罪(追诉时效为 15 年)的追诉时效从 2016 年重新计算,盗窃罪的追诉时效为 5 年,因此到 2018 年,三罪均没有超过追诉时效。

白某对强奸和故意杀人罪行的供述不是自首。由于强奸、杀人的事实系司法机关已经掌握的罪行,白某既没有自动投案,也没有如实供述司法机关还未掌握的本人其他罪行,因此不属于自首。

对于盗窃 A 家一案,白某因为盗窃罪被抓,这与其供述的事实罪名相同,不属于特别自首。

白某没有交代与自己无关的、他人的犯罪事实,不属于立功。

此外,白某的两次盗窃行为不属于累犯。累犯是从假释考验期满之日,即 2005 年起算,两次盗窃行为分别发生在 2016 年和 2018 年,不在 2005 年起算的 5 年内,白某不属于累犯。

案例六　抢劫又刷卡,还把警察打

案情:

胡某、刘某系多年好友。二人开车到公交站台,刘某在站台假装挤公交,趁乱将王某的钱包拿走,胡某在旁边望风并做接应。刘某得手之后,胡某和刘某随即上车,准备开车逃离现场。(P1)

王某发现钱包丢失后大叫"别走",胡某迅速启动车辆驶向大门。王某扑向胡某车前的风挡,抓住雨刮器。刘某对胡某说:"太危险啦!你这速度会死人的,快停车!"胡某说:"这是他自寻死路。"仍然拼命加速,致王某摔倒在地。(P2)

胡某看到王某倒地不起,以为王某已经死了,就对刘某说:"他自作自受,我们俩把尸体处理了吧。"刘某发现王某还没死,但没有作声。二人一同将王某扔到桥洞下面。其间,刘某发现了王某的身份证和钱包(内有现金 6000 元和信用卡一张),将其拿走。胡某看到后也没有说什么。(P3)

二人离开现场时,遇到便衣警察李某,李某上前揪住二人,不让二人离开。胡某大喊:"有劫匪啊,给他点教训尝尝。"刘某信以为真,对李某实施殴打,将李某打成轻伤。胡某提前离开。李某对刘某说:"我是警察,是来带你们回去的,现在不能动了,能扶我起来吗?"刘某看了李某的证件,相信李某的身份,但拒绝救助李某,导致李某在雪地里被冻死。(P4)

3 天之后,刘某使用王某的信用卡,分两次在商场的 POS 机上刷卡消费 6 万元。公安机关通过消费记录找到刘某消费的商场,并以此为线索找到了涉案的胡某、刘某,将二人逮捕归案。(P5)

后查明，王某系在桥洞下被冻死，在这之前因为被车辆拖行受重伤。还查明，胡某早前就认识李某，知道李某是便衣警察，但刘某不知道。(P6)

问题：请结合《刑法》以及相关理论，分析胡某和刘某的刑事责任，如有不同观点，需列举。

解答思路

S1：通读案情，圈画关键词，做基本的概念翻译和考点对应工作。

段 落	事 实	思路与问题
P1	胡某、刘某系多年好友。二人开车到公交站台，刘某在站台假装挤公交，趁乱将王某的钱包拿走。	扒窃。
	胡某在旁边望风并做接应。刘某得手之后，胡某和刘某随即上车，准备开车逃离现场。	共同犯罪。

续表

段落	事　　实	思路与问题
P2	王某发现钱包丢失后大叫"别走",胡某迅即启动车辆驶向大门。王某扑向胡某车前的风挡,抓住雨刮器。刘某对胡某说:"太危险啦!你这速度会死人的,快停车!"胡某说:"这是他自寻死路。"仍然拼命加速,致王某摔倒在地。	对胡某实施的杀人行为,刘某要不要负责?
P3	胡某看到王某倒地不起,以为王某已经死了,就对刘某说:"他自作自受,我们俩把尸体处理了吧。"刘某发现王某还没死,但没有作声。二人一同将王某扔到桥洞下面。	刘某有杀人故意。
P3	其间,刘某发现了王某的身份证和钱包(内有现金6000元和信用卡一张),将其拿走。	刘某的行为性质是盗窃还是侵占?
P3	胡某看到后也没有说什么。	胡某有制止义务吗?
P4	二人离开现场时,遇到便衣警察李某,李某上前揪住二人,不让二人离开。胡某大喊:"有劫匪啊,给他点教训尝尝。"	教唆犯还是间接正犯?
P4	刘某信以为真,对李某实施殴打,将李某打成轻伤。胡某提前离开。李某对刘某说:"我是警察,是来带你们回去的,现在不能动了,能扶我起来吗?"	假想防卫。
P4	刘某看了李某的证件,相信李某的身份,但拒绝救助李某,导致李某在雪地里被冻死。	不作为犯。
P5	3天之后,刘某使用王某的信用卡,分两次在商场的POS机上刷卡消费6万元。	刘某是"盗卡使用"还是"捡卡使用"?
P5	公安机关通过消费记录找到刘某消费的商场,并以此为线索找到了涉案的胡某、刘某,将二人逮捕归案。	无用事实。
P6	后查明,王某系在桥洞下被冻死,在这之前因为被车辆拖行受重伤。	事前故意。(观点展示)
P6	还查明,胡某早前就认识李某,知道李某是便衣警察,但刘某不知道。	"特殊认知"型的间接正犯。

S2:拆分案件,将整篇案情拆分成小案件。

案　件	事实概括	角　色	对应段落
案件1	刘胡扒窃王某,胡某充当副手	刘某是正犯,胡某是帮助犯	P1
案件2	胡某拖行直冲,刘某劝阻无用	胡某是正犯	P2
案件3	处理"尸体"死亡,不动声色不讲	胡某和刘某(刘某知道真相)	P3
案件4	基于被骗"防卫",能救却不作为	刘某亲自动手,胡某欺骗刘某	P4
案件5	盗窃现金和卡,暗中多次盗刷	刘某实施,胡某未制止	P3、P5

S3：按照法律关系不同，找出上述案件对应的有关事实。

案　件	重要事实
案件 1	⊙ 刘某在站台假装挤公交，趁乱将王某的钱包拿走。(P1) ⊙ 胡某在旁边望风并做接应。(P1)
案件 2	⊙ 胡某迅即启动车辆驶向大门。王某扑向胡某车前的风挡，抓住雨刮器。(P2) ⊙ 刘某对胡某说："太危险啦！你这速度会死人的，快停车！"(P2)
案件 3	⊙ 胡某看到王某倒地不起，以为王某已经死了。(P3) ⊙ 二人一同将王某扔到桥洞下面。(P3) ⊙ 后查明，王某系在桥洞下被冻死。(P6) ⊙ 刘某发现王某还没死，但没有作声。(P3) ⊙ 二人一同将王某扔到桥洞下面。(P3) ⊙ 后查明，王某系在桥洞下被冻死。(P6)
案件 4	⊙ 胡某大喊："有劫匪啊，给他点教训尝尝。"(P4) ⊙ 胡某早前就认识李某，知道李某是便衣警察。(P6) ⊙ 刘某信以为真，对李某实施殴打，将李某打成轻伤。(P4) ⊙ 刘某看了李某的证件，相信李某的身份，但拒绝救助李某，导致李某在雪地里被冻死。(P4)
案件 5	⊙ 刘某发现了王某的身份证和钱包（内有现金6000元和信用卡一张），将其拿走。(P3) ⊙ 胡某看到后也没有说什么。(P3) ⊙ 3天之后，刘某使用王某的信用卡，分两次在商场的POS机上刷卡消费6万元。(P5)

S4：分析案件中的法律关系，得出结论。

案　件	重要事实	结论和理由
案件 1	⊙ 刘某在站台假装挤公交，趁乱将王某的钱包拿走。(P1)	［结论］刘某是扒窃。
	⊙ 胡某在旁边望风并做接应。(P1)	［结论］刘某是正犯；胡某是帮助犯。
案件 2	⊙ 胡某迅即启动车辆驶向大门。王某扑向胡某车前的风挡，抓住雨刮器。(P2) ⊙ 刘某对胡某说："太危险啦！你这速度会死人的，快停车！"(P2)	［结论］胡某触犯故意杀人罪，整体转化为抢劫罪。 ［解析］"拖行致人死亡"表明胡某具有故意，刘某"你这速度会死人的"印证了车速已经达到了杀人的程度，胡某触犯故意杀人罪。 　　胡某在盗窃之后为了抗拒抓捕使用暴力，转化为抢劫。 　　至于胡某会不会构成"抢劫致人死亡"，在案件 3 中加以分析。
	⊙ 刘某对胡某说："太危险啦！你这速度会死人的，快停车！"(P2)	［结论］刘某在该事实中不对王某的死亡结果负责。 ［解析］刘某没有杀人的故意，也没有参与胡某的杀人行为，不转化为抢劫罪，不对王某的死亡结果负责。

144

续表

案 件	重要事实	结论和理由
案件3	⊙胡某看到王某倒地不起，以为王某已经死了。（P3） ⊙二人一同将王某扔到桥洞下面。（P3） ⊙后查明，王某系在桥洞下被冻死。（P6）	[结论] 胡某认定为抢劫致人死亡，或者抢劫致人重伤，与过失致人死亡罪数罪并罚。 [解析] 胡某对王某的死亡结果负责，且胡某属于事前故意。如果将死亡结果归属于抢劫行为，则胡某属于抢劫致人死亡；如果将死亡结果归属于"抛尸"行为，则胡某属于抢劫致人重伤，与过失致人死亡罪数罪并罚。
	⊙刘某发现王某还没死，但没有作声。（P3） ⊙二人一同将王某扔到桥洞下面。（P3） ⊙后查明，王某系在桥洞下被冻死。（P6）	[结论] 刘某构成故意杀人罪。 [解析] 刘某明知被害人没死，还亲自动手实施杀人行为，构成故意杀人罪。
案件4	⊙胡某大喊："有劫匪啊，给他点教训尝尝。"（P4） ⊙胡某早就认识李某，知道李某是便衣警察。（P6）	[结论] 胡某是故意伤害致人死亡的间接正犯，同时也是袭警罪的间接正犯，从一重罪处罚。 [解析] 胡某利用不知情的刘某实施"防卫"，且"教训"一词表明胡某有伤害的故意，且对李某的死亡结果有预见，成立故意伤害致人死亡，是间接正犯，同时也是袭警罪的间接正犯，从一重罪处罚。
	⊙刘某信以为真，对李某实施殴打，将李某打成轻伤。（P4）	[结论] 刘某是假想防卫，但不构成犯罪。 [解析] 假想防卫一般以过失处理，但过失致人轻伤没有被规定为犯罪，因此该事实中，刘某不构成犯罪。
	⊙刘某看了李某的证件，相信李某的身份，但拒绝救助李某，导致李某在雪地里被冻死。（P4）	[结论] 刘某构成不作为的故意杀人罪。 [解析] 刘某将李某打成轻伤，虽然无罪，但该行为升高了对方死亡的风险，产生了救助义务，刘某构成不作为的故意杀人罪。
案件5	⊙刘某发现了王某的身份证和钱包（内有现金6000元和信用卡一张），将其拿走。（P3）	[结论] 刘某构成盗窃罪。 [解析] 死者能否占有的问题存在观点展示，但此时王某还没死，客观上占有财物，因此，刘某只有可能是盗窃，而不是侵占。
	⊙胡某看到后也没有说什么。（P3）	[结论] 胡某没有制止义务。 [解析] 胡某的人身犯罪没有升高侵害财产法益的风险，因此，其对刘某盗窃的行为没有制止义务，不构成犯罪。
	⊙3天之后，刘某使用王某的信用卡，分两次在商场的POS机上刷卡消费6万元。（P5）	[结论] 刘某盗窃信用卡并使用，构成盗窃罪，与6000元数额累计计算。

S5：最后，将结论用"倒置三段论"的方式表达出来。

> **答案**

1. 第一段中，胡某和刘某在公共场合扒窃他人财物，构成盗窃罪，且属于"扒窃"。二人属于盗窃罪的共同犯罪，其中，刘某是正犯，胡某是帮助犯。

2. 第二段中，在王某抓住雨刮器、刘某告知会导致死亡的情况下，胡某仍然加速，其对王某的死亡结果持放任的态度。胡某的罪过形式为间接故意，而非过失，构成故意杀人罪。胡某在实施盗窃后为了抗拒抓捕而使用暴力，转化为抢劫罪。

对于胡某的突然加速，刘某不存在杀人的故意，胡某的行为超出了共同犯罪的故意，因此，针对胡某加速导致被害人死亡这一事实，刘某不承担责任。

3. 第三段中，胡某属于事前故意，对此有两种观点：

观点1：胡某在抢劫中实施杀人行为，导致他人死亡，构成抢劫致人死亡；

观点2：胡某在抢劫中实施杀人行为，但仅导致他人重伤的结果，之后的"抛尸"行为过失导致他人死亡，构成抢劫致人重伤与过失致人死亡罪，数罪并罚。

刘某主观上具有杀人的故意，客观上亲手非法剥夺他人生命，构成故意杀人罪的直接正犯。

4. 第四段中，刘某属于假想防卫，不构成故意犯罪。由于过失导致他人轻伤的不构成犯罪，所以刘某将李某打成轻伤无罪。但刘某制造了风险，有义务消除，具有基于先前行为产生的作为义务，构成不作为的故意杀人罪。

胡某利用刘某不知情的行为实施伤害，且导致他人死亡，属于故意伤害罪的间接正犯，同时构成袭警罪的间接正犯，从一重罪，认定为故意伤害致人死亡。

5. 第三、五段中，王某未死亡时，客观上占有身上的财物。刘某从王某身上拿走6000元，构成盗窃罪。刘某盗窃信用卡并使用，构成盗窃罪，与6000元数额累计计算。胡某的人身犯罪没有升高侵害财产法益的风险，因此，其对刘某盗窃的行为没有制止义务，不构成犯罪。

案例七 "逼人下海"案

案情：

2017年5月25日11时许，颜某（17周岁）、韩某（当天16周岁生日）发现周某（13周岁）正在盗窃颜某的自行车，为了拿回自行车，颜某、韩某分别手持石块、扳手，击打周某头部等处，致周某头皮裂创（轻伤）。（P1）

周某挣脱后逃跑，颜某、韩某分头继续追赶周某，周某被追赶到货船上，见无路可逃便跳入河中。周某向前游了数米后又往回游，在水中挣扎，并向船上的颜某、韩某二人呼救。货船主人蒋某告诫二人："要出人命了！"船上虽有救生圈，但二人却无动于衷。（P2）

此时，周某抓住了货船边的一条绳子，蒋某想将周某拉上来。颜某见状，用扳手顶着蒋某脑袋，呵斥道："谁叫你拉的？把绳子解掉，不然打爆你的头！"蒋某被迫将绳子解

掉。(P3)

半小时后，颜某、韩某二人看见周某逐渐沉入水中、不见身影，才下船离开。在此期间，当地检察院的一位检察官张某一直在一旁观看，也没有救助。(P4)

公安人员接警后赶至事发地点，欲抓捕颜某、韩某二人。韩某暴力拒捕，将一名干警打成重伤。颜某趁机逃跑。(P5)

颜某逃跑时推了一名围观群众，导致该群众朱某倒地后心脏病发作死亡。(P6)

后公安人员将周某打捞上来时，周某已溺水身亡。(P7)

问题：综合案情，分析各行为人的刑事责任。

解答思路

S1：通读案情，圈画关键词，做基本的概念翻译和考点对应工作。

段 落	事 实	思路与问题
P1	2017年5月25日11时许，颜某（17周岁）、韩某（当天16周岁生日）……	颜某17周岁，对所有犯罪负责，但从宽处罚。韩某16周岁生日当天为多少周岁？对哪些犯罪负责？
P1	（颜某、韩某）发现周某（13周岁）正在盗窃颜某的自行车，为了拿回自行车，颜某、韩某分别手持石块、扳手，击打周某头部等处，致周某头皮裂创（轻伤）。	正当防卫问题。
P2	周某挣脱后逃跑，颜某、韩某分头继续追赶周某，周某被迫赶到货船上，见无路可逃便跳入河中。周某向前游了数米后又往回游，在水中挣扎，并向船上的颜某、韩某二人呼救。货船主人蒋某告诫二人："要出人命了！"船上虽有救生圈，但二人却无动于衷。	不作为犯问题。
P3	此时，周某抓住了货船边的一条绳子，蒋某想将周某拉上来。颜某见状，用扳手顶着蒋某脑袋，呵斥道："谁叫你拉的？把绳子解掉，不然打爆你的头！"	胁迫型的间接正犯。
P3	蒋某被迫将绳子解掉。	是不是紧急避险？是否具有期待可能性？
P4	半小时后，颜某、韩某二人看见周某逐渐沉入水中、不见身影，才下船离开。	不作为。
P4	在此期间，当地检察院的一位检察官张某一直在一旁观看，也没有救助。	张某有救助义务吗？
P5	公安人员接警后赶至事发地点，欲抓捕颜某、韩某二人。韩某暴力拒捕，将一名干警打成重伤。颜某趁机逃跑。	袭警罪；故意伤害罪。
P6	颜某逃跑时推了一名围观群众，导致该群众朱某倒地后心脏病发作死亡。	过失致人死亡罪。
P7	后公安人员将周某打捞上来时，周某已溺水身亡。	故意杀人（既遂）。

S2：拆分案件，将整篇案情拆分成小案件。

案 件	事实概括	角 色	对应段落
案件1	抓小偷案	颜某、韩某	P1
案件2	不救人且不让别人救人案	颜某、韩某	P2、P3
案件3	张某见危不救案	张某	P4

续表

案　件	事实概括	角　色	对应段落
案件 4	韩某袭警案	韩某	P5
案件 5	颜某推人案	颜某	P6

S3：按照法律关系不同，找出上述案件对应的有关事实。

案　件	重要事实
案件 1	⊙颜某、韩某发现周某正在盗窃颜某的自行车，为了拿回自行车，颜某、韩某分别手持石块、扳手，击打周某头部等处，致周某头皮裂创（轻伤）。(P1)
案件 2	⊙周某向前游了数米后又往回游，在水中挣扎，并向船上的颜某、韩某二人呼救。货船主人蒋某告诫二人："要出人命了！"船上虽有救生圈，但二人却无动于衷。(P2) ⊙半小时后，颜某、韩某二人看见周某逐渐沉入水中、不见身影，才下船离开。(P4) ⊙后公安人员将周某打捞上来时，周某已溺水身亡。(P7) ⊙颜某见状，用扳手顶着蒋某脑袋，呵斥道："谁叫你拉的？把绳子解掉，不然打爆你的头！"(P3) ⊙蒋某被迫将绳子解掉。(P3)
案件 3	⊙当地检察院的一位检察官张某一直在一旁观看，也没有救助。(P4)
案件 4	⊙颜某（17周岁）、韩某（当天16周岁生日）……(P1) ⊙公安人员接警后赶至事发地点，欲抓捕颜某、韩某二人。韩某暴力拒捕，将一名干警打成重伤。颜某趁机逃跑。(P5)
案件 5	⊙颜某逃跑时推了一名围观群众，导致该群众朱某倒地后心脏病发作死亡。(P6)

S4：分析案件中的法律关系，得出结论。

案　件	重要事实	结论和理由
案件 1	⊙颜某、韩某发现周某正在盗窃颜某的自行车，为了拿回自行车，颜某、韩某分别手持石块、扳手，击打周某头部等处，致周某头皮裂创（轻伤）。(P1)	[结论] 颜某、韩某属于正当防卫。 [解析] 正当防卫中，造成轻伤的，一般不属于防卫过当。
案件 2	⊙周某向前游了数米后又往回游，在水中挣扎，并向船上的颜某、韩某二人呼救。货船主人蒋某告诫二人："要出人命了！"船上虽有救生圈，但二人却无动于衷。(P2) ⊙半小时后，颜某、韩某二人看见周某逐渐沉入水中、不见身影，才下船离开。(P4) ⊙后公安人员将周某打捞上来时，周某已溺水身亡。(P7)	[结论] 颜某、韩某有救助义务，构成不作为的故意杀人罪。 [解析] 虽然制止小偷的不法侵害行为可以成立正当防卫，但不法侵害结束之后，颜某、韩某将周某追入河中，基于创造风险的先前行为，颜某、韩某有救助义务，构成不作为的故意杀人罪。

续表

案 件	重要事实	结论和理由
案件2	⊙颜某见状，用扳手顶着蒋某脑袋，呵斥道："谁叫你拉的？把绳子解掉，不然打爆你的头！"（P3）	[结论] 颜某构成故意杀人罪（间接正犯）。 [解析] 颜某有救助义务，其以胁迫的方式支配蒋某实施杀人行为，构成故意杀人罪（间接正犯），同时吸收前面的不作为犯罪，整体评价为故意杀人罪一罪。
	⊙蒋某被迫将绳子解掉。（P3）	[结论] 蒋某不构成犯罪。 [解析] 蒋某为了保全自己的生命而牺牲了他人的生命，属于缺乏期待可能性的行为，不构成犯罪。由于生命不得紧急避险，因此，蒋某不属于紧急避险。
案件3	⊙当地检察院的一位检察官张某一直在一旁观看，也没有救助。（P4）	[结论] 张某无罪。 [解析] 张某只是普通公务员，没有救助义务，不构成犯罪。
案件4	⊙颜某（17周岁）、韩某（当天16周岁生日）……（P1） ⊙公安人员接警后赶至事发地点，欲抓捕颜某、韩某二人。韩某暴力拒捕，将一名干警打成重伤。颜某趁机逃跑。（P5）	[结论] 韩某构成故意伤害致人重伤；颜某对此不负责。 [解析] 16周岁生日当天是15周岁，只对故意杀人、故意伤害致人重伤或者死亡、强奸、抢劫、贩卖毒品、放火、爆炸、投放危险物质罪八类犯罪负责。因此，韩某只对故意伤害致人重伤行为承担刑事责任。颜某没有参与该行为，对此不负责。
案件5	⊙颜某逃跑时推了一名围观群众，导致该群众朱某倒地后心脏病发作死亡。（P6）	[结论] 颜某构成过失致人死亡罪。 [解析] 如果没有颜某推人的行为，被害人朱某不会死亡，因此，二者之间有因果关系。且一般的"心脏病"不是特殊体质（"先天性心脏病"才是特殊体质），因此，颜某主观上有过失，构成过失致人死亡罪。

S5：最后，将结论用"倒置三段论"的方式表达出来。

> 答案

1. 关于第一段，周某的盗窃行为属于"不法侵害"，颜某、韩某可以对此进行防卫；且仅造成轻伤结果，没有超出必要限度，颜某、韩某属于正当防卫。

2. 关于第二、三段，颜某、韩某将被害人周某赶入河中，在能够救助的情况下没有救助，且主观上追求被害人死亡的结果，系直接故意，因此，基于先前行为，构成不作为的故意杀人罪。

并且，颜某以胁迫的方式支配蒋某实施了杀人行为，构成故意杀人罪（间接正犯），吸收前面的不作为犯罪，整体评价为故意杀人罪一罪。

蒋某造成他人死亡的结果，不属于紧急避险，但因缺乏期待可能性，不构成犯罪。

3. 关于第四段，张某只对自己职责范围内的事务有作为义务，其没有救助周某的义务，不构成犯罪。

4. 关于第五段，韩某不满16周岁，不对袭警罪或者妨害公务罪承担刑事责任。其只对故意伤害致人重伤行为承担刑事责任，构成故意伤害致人重伤。颜某没有参与该行为，对此不负责。

5. 关于第六段，客观上，根据条件说，朱某的死亡结果与颜某的行为具有因果关系；主观上，颜某应当预见但未预见朱某的死亡结果，属于疏忽大意的过失，构成过失致人死亡罪。

"分问散案"型

案例八 "行凶从没成功过"案

案情：

2015年11月初，张某权、张某普预谋到偏僻地段对单身女性行人实施抢劫。11月9日晚，两人提出如果遇到漂亮女性，就先抢劫后强奸，并用抓阄的方式确定张某权先实施强奸行为。11月11日晚，两人商定：发现作案目标后，由张某普持一把尖刀将被害人逼至路边，张某权用胶带将其捆绑后实施抢劫。当晚，两人寻找作案目标未果。11月12日晚，两人在某镇寻找抢劫目标时遇公安巡逻，张某普逃跑，张某权被抓。（P1）

2015年12月，张某普逃到A市，预谋抢劫出租车司机。某日15时许，张某普携带卡簧刀骗乘周某驾驶的本田出租车，要求周某将车开往某地。行至某地，周某起疑，拒绝前行，要求张某普下车。张某普担心立即实施抢劫可能被人发觉，遂下车。当晚10时，张某普见一人骑自行车过来，顿生歹意，将坐在自行车上的刘某拽下，按翻在地，欲行强奸，不料刘某居然是其多年未见的中学校友。刘某认出张某普后，说："我认识你，你要敢，我就报案！"张某普闻言遂起身逃走，强奸未成。（P2）

次日凌晨3时许，张某普路过陈某住处，见陈某独自在房内睡觉，遂产生强奸念头。张某普由窗户进入室内，从室内拿了一根绳子将陈某捆绑后实施了奸淫。后张某普因害怕陈某报警，便用手掐其颈部，意图灭口，因发现陈某痛苦不堪，心生恐惧，不忍心下手，遂解开陈某手脚上的绳子，逃离现场（对陈某勒颈的行为造成了陈某颈部勒痕等轻微伤）。（P3）

随后，张某普担心刘某会报警，决定杀人灭口。张某普携带含有致命毒剂的弓弩，找到刘某家，朝正在洗菜的"刘某"瞄准。正欲射杀时，张某普发现被瞄准的并非"刘某"，而是刘某的姐姐丙。张某普于是放弃，在离开过程中，遇见巡逻警察，被抓获归案。（P4）

问题：

1. 张某权、张某普意欲对单身女性实施抢劫并强奸的行为是否构成犯罪？如果构成，属于何种犯罪形态？应当如何处理？
2. 张某普抢劫出租车司机的行为是否构成犯罪？如果构成，属于何种犯罪形态？应当如何处理？
3. 张某普意图强奸刘某的行为是否构成犯罪？如果构成，属于何种犯罪形态？应当如何处理？
4. 张某普对陈某的侵害行为构成哪些犯罪？属于何种犯罪形态？应当如何处理？
5. 张某普试图杀害刘某的事实如何认定？
6. 如果张某普是意图抢劫，发现被瞄准的并非"刘某"，而是刘某的姐姐丙，从而放弃犯罪,其行为如何认定?

解答思路

S1:通读案情,圈画关键词,做基本的概念翻译和考点对应工作。

段落	事　　实	思路与问题
P1	2015年11月初,张某权、张某普预谋到偏僻地段对单身女性行人实施抢劫。11月9日晚,两人提出如果遇到漂亮女性,就先抢劫后强奸,并用抓阄的方式确定张某权先实施强奸行为。	二人形成了强奸的合意吗?
	11月11日晚,两人商定:发现作案目标后,由张某普持一把尖刀将被害人逼至路边,张某权用胶带将其捆绑后实施抢劫。当晚,两人寻找作案目标未果。11月12日晚,两人在某镇寻找抢劫目标时遇公安巡逻,张某普逃跑,张某权被抓。	二人构成什么罪?有没有着手?主动还是被动放弃?是什么犯罪形态?

续表

段落	事实	思路与问题
P2	2015年12月，张某普逃到A市，预谋抢劫出租车司机。某日15时许，张某普携带卡簧刀骗乘周某驾驶的本田出租车，要求周某将车开往某地。行至某地，周某起疑，拒绝前行，要求张某普下车。张某普担心立即实施抢劫可能被人发觉，遂下车。	张某普构成什么罪？有没有着手？主动还是被动放弃？是什么犯罪形态？
	当晚10时，张某普见一人骑自行车过来，顿生歹意，将坐在自行车上的刘某拽下，按翻在地，欲行强奸，不料刘某居然是其多年未见的中学校友。刘某认出张某普后，说："我认识你，你要敢，我就报案！"张某普闻言遂起身逃走，强奸未成。	张某普构成什么罪？有没有着手？主动还是被动放弃？是什么犯罪形态？
P3	次日凌晨3时许，张某普路过陈某住处，见陈某独自在房内睡觉，遂产生强奸念头。张某普由窗户进入室内，从室内拿了一根绳子将陈某捆绑后实施了奸淫。	强奸罪。
	后张某普因害怕陈某报警，便用手掐其颈部，意图灭口，因发现陈某痛苦不堪，心生恐惧，不忍心下手，遂解开陈某手脚上的绳子，逃离现场（对陈某勒颈的行为造成了陈某颈部勒痕等轻微伤）。	杀人行为到了哪一步？有没有造成损害？
P4	随后，张某普担心刘某会报警，决定杀人灭口。张某普携带含有致命毒剂的弓弩，找到刘某家，朝正在洗菜的"刘某"瞄准。正欲射杀时，张某普发现被瞄准的并非"刘某"，而是刘某的姐姐丙。张某普于是放弃，在离开过程中，遇见巡逻警察，被抓获归案。	发现瞄准错误在杀人案件中是大的阻力还是小的阻力呢？

S2：按照法律关系不同，找出上述案件对应的有关事实。

问题	关键事实
1. 张某权、张某普意欲对单身女性实施抢劫并强奸的行为是否构成犯罪？如果构成，属于何种犯罪形态？应当如何处理？	⊙ 张某权、张某普预谋到偏僻地段对单身女性行人实施抢劫。11月9日晚，两人提出如果遇到漂亮女性，就先抢劫后强奸，并用抓阄的方式确定张某权先实施强奸行为。(P1) ⊙ 两人商定：发现作案目标后，由张某普持一把尖刀将被害人逼至路边，张某权用胶带将其捆绑后实施抢劫。当晚，两人寻找作案目标未果。(P1)
2. 张某普抢劫出租车司机的行为是否构成犯罪？如果构成，属于何种犯罪形态？应当如何处理？	⊙ 张某普携带卡簧刀骗乘周某驾驶的本田出租车，要求周某将车开往某地。行至某地，周某起疑，拒绝前行，要求张某普下车。张某普担心立即实施抢劫可能被人发觉，遂下车。(P2)
3. 张某普意图强奸刘某的行为是否构成犯罪？如果构成，属于何种犯罪形态？应当如何处理？	⊙ 张某普见一人骑自行车过来，顿生歹意，将坐在自行车上的刘某拽下，按翻在地，欲行强奸，不料刘某居然是其多年未见的中学校友。刘某认出张某普后，说："我认识你，你要敢，我就报案！"张某普闻言遂起身逃走，强奸未成。(P2)

续表

问题	关键事实
4. 张某普对陈某的侵害行为构成哪些犯罪？属于何种犯罪形态？应当如何处理？	⊙张某普由窗户进入室内，从室内拿了一根绳子将陈某捆绑后实施了奸淫。（P3） ⊙后张某普因害怕陈某报警，便用手掐其颈部，意图灭口，因发现陈某痛苦不堪，心生恐惧，不忍心下手，遂解开陈某手脚上的绳子，逃离现场（对陈某勒颈的行为造成了陈某颈部勒痕等轻微伤）。（P3）
5. 张某普试图杀害刘某的事实如何认定？	⊙张某普携带含有致命毒剂的弓弩，找到刘某家，朝正在洗菜的"刘某"瞄准。正欲射杀时，张某普发现被瞄准的并非"刘某"，而是刘某的姐姐丙。张某普于是放弃。（P4）
6. 如果张某普是意图抢劫，发现被瞄准的并非"刘某"，而是刘某的姐姐丙，从而放弃犯罪，其行为如何认定？	⊙如果张某普是意图抢劫，发现被瞄准的并非"刘某"，而是刘某的姐姐丙，从而放弃犯罪。（代入案情）

S3：分析案件中的法律关系，得出结论。

问题	关键事实	结论和理由
1. 张某权、张某普意欲对单身女性实施抢劫并强奸的行为是否构成犯罪？如果构成，属于何种犯罪形态？应当如何处理？	⊙张某权、张某普预谋到偏僻地段对单身女性行人实施抢劫。11月9日晚，两人提出如果遇到漂亮女性，就先抢劫后强奸，并用抓阄的方式确定张某权先实施强奸行为。（P1） ⊙两人商定：发现作案目标后，由张某普持一把尖刀将被害人逼至路边，张某权用胶带将其捆绑后实施抢劫。当晚，两人寻找作案目标未果。（P1）	[结论] 二行为人不构成强奸罪，仅构成抢劫罪的共同犯罪，且属于犯罪预备。 [解析] 二行为人对于强奸只是犯意表示，没有形成合意，不构成强奸罪（预备）。二行为人预备抢劫，成立共同犯罪，在预备阶段未得逞，属于犯罪预备。
2. 张某普抢劫出租车司机的行为是否构成犯罪？如果构成，属于何种犯罪形态？应当如何处理？	⊙张某普携带卡簧刀骗乘周某驾驶的本田出租车，要求周某将车开往某地。行至某地，周某起疑，拒绝前行，要求张某普下车。张某普担心立即实施抢劫可能被人发觉，遂下车。（P2）	[结论] 张某普构成抢劫罪，属于预备阶段中止。 [解析] 张某普预备抢劫，但在着手抢劫之前的预备阶段就自愿放弃，属于预备阶段中止。
3. 张某普意图强奸刘某的行为是否构成犯罪？如果构成，属于何种犯罪形态？应当如何处理？	⊙张某普见一人骑自行车过来，顿生歹意，将坐在自行车上的刘某拽下，按翻在地，欲行强奸，不料刘某居然是其多年未见的中学校友。刘某认出张某普后，说："我认识你，你要敢，我就报警！"张某普闻言遂起身逃走，强奸未成。（P2）	[结论] 张某普构成强奸罪，属于实行阶段中止。 [解析] "遇到校友"在强奸案件中属于小阻力，行为人已经使用暴力着手犯罪，但因为小阻力自动放弃，属于实行阶段中止。

续表

问题	关键事实	结论和理由
4. 张某普对陈某的侵害行为构成哪些犯罪？属于何种犯罪形态？应当如何处理？	○张某普由窗户进入室内，从室内拿了一根绳子将陈某捆绑后实施了奸淫。（P3）	[结论]张某普构成强奸罪。
	○后张某普因害怕陈某报警，便用手掐其颈部，意图灭口，因发现陈某痛苦不堪，心生恐惧，不忍心下手，遂解开陈某手脚上的绳子，逃离现场（对陈某勒颈的行为造成了陈某颈部勒痕等轻微伤）。（P3）	[结论]张某普构成故意杀人罪，属于实行阶段中止，且属于"没有造成损害的中止"，应当免除处罚。 [解析]张某普意图杀人，但在实行阶段中止。所谓"造成损害的中止"，需要符合另一个轻罪的构成，而故意伤害罪需要达到轻伤的程度才处罚。本案中，张某普仅造成陈某受轻微伤，没有达到轻伤的程度，属于"没有造成损害的中止"，应当免除处罚。
5. 张某普试图杀害刘某的事实如何认定？	○张某普携带含有致命毒剂的弓弩，找到刘某家，朝正在洗菜的"刘某"瞄准。正欲射杀时，张某普发现被瞄准的并非"刘某"，而是刘某的姐姐丙。张某普于是放弃。（P4）	[结论]张某普构成故意杀人罪，属于犯罪未遂。 [解析]杀人案件中，认错对象是大阻力，行为人属于犯罪未遂。
6. 如果张某普是意图抢劫，发现被瞄准的并非"刘某"，而是刘某的姐姐丙，从而放弃犯罪，其行为如何认定？	○如果张某普是意图抢劫，发现被瞄准的并非"刘某"，而是刘某的姐姐丙，从而放弃犯罪。（代入案情）	[结论]张某普构成抢劫罪，是实行阶段中止。 [解析]抢劫案件中，认错对象是小阻力，行为人属于犯罪中止。

S4：最后，将结论用"倒置三段论"的方式表达出来。

> **答案**

1. 张某权、张某普为抢劫准备工具、制造条件，在预备阶段因客观原因未能得逞，构成抢劫罪预备，可以比照既遂犯从轻、减轻或者免除处罚。张某权、张某普对于强奸只是犯意表示，不构成强奸罪。

2. 张某普意图实施抢劫，在预备阶段因主观原因放弃犯罪，属于预备阶段中止。由于未造成损害结果，应当免除处罚。

3. 张某普以暴力方式压制反抗，强行与刘某发生性关系，构成强奸罪；但在实行阶段因主观原因放弃犯罪，属于实行阶段中止。由于未造成损害结果，应当免除处罚。

4. 张某普以暴力方式压制反抗，强行与陈某发生性关系，构成强奸罪。之后张某普试图非法剥夺陈某的生命，但在实行阶段因主观原因放弃犯罪，属于实行阶段中止。由于仅造成了轻微伤，不符合轻罪（故意伤害罪）的构成要件，应当免除处罚。

5. 张某普试图非法剥夺刘某的生命，但在实行阶段因客观原因未能得逞，属于故意杀人罪未遂,可以比照既遂犯从轻或者减轻处罚。

6. 张某普试图压制反抗取得刘某的财物,构成抢劫罪,在实行阶段因为主观原因放弃犯罪,属于犯罪中止。

案例九 "被害人自死"案

案情:

林某(15周岁)驾车带叔叔周某出去玩,于某晚9时驾驶货车在县城主干道超车时,逆行进入对向车道,撞上甲驾驶的小轿车。甲被卡在车内无法动弹,甲车内的丙当场死亡、乙受重伤。后查明,甲无驾驶资格,事发时略有超速,且未采取有效制动措施。林某准备下车救助,但周某唆使林某迅速离开现场,林某听从,于是驾车逃逸。乙失救死亡。(事实一)(P1)

交警对甲的车进行切割,试图将甲救出。此时,陈某与杨某各自驾驶摩托车"飙车"经过此路段。陈某发现甲车时紧急刹车,摩托车侧翻,猛烈撞向甲车左前门一侧,随后逃离。20分钟后,交警将甲抬出车时,发现其已死亡。现无法查明甲被陈某撞击前是否已死亡,也无法查明甲被陈某撞击前所受创伤是否为致命伤。(事实二)(P2)

问题:

1. 事实一中,林某和周某的行为分别如何定性?

2. 事实一中,如果将案情"乙失救死亡"改为"急救人员5分钟后赶到现场,乙因伤势过重被送医院后死亡",其他案情不变,周某是否还构成交通肇事罪的共犯?

3. 事实一中,如果将案情"周某唆使林某迅速离开现场"改为"周某用刀胁迫林某迅速离开现场",其他案情不变,对于林某和周某的行为定性会产生什么影响?

4. 事实二中,陈某和杨某的行为如何定性?二人是否对甲的死亡结果负责?林某是否对甲的死亡结果负责?

5. 事实二中,如果将案情变为"交警没有到达现场",陈某也没有"飙车",而是因为前方发生事故刹车不及撞上甲的车辆。现无法查明甲被陈某撞击前是否已死亡,也无法查明甲被陈某撞击前所受创伤是否为致命伤。陈某和林某是否对甲的死亡结果负责?

解答思路

S1：通读案情，圈画关键词，做基本的概念翻译和考点对应工作。

段落	事 实	思路与问题
P1	林某（15周岁）驾车带叔叔周某出去玩。	林某15周岁，只对8类犯罪负责，对交通肇事不负刑事责任。
P1	（林某）于某晚9时驾驶货车在县城主干道超车时，逆行进入对向车道，撞上甲驾驶的小轿车。甲被卡在车内无法动弹，甲车内的丙当场死亡、乙受重伤。后查明，甲无驾驶资格，事发时略有超速，且未采取有效制动措施。	林某构成交通肇事罪吗？
P1	林某准备下车救助，但周某唆使林某迅速离开现场，林某听从，于是驾车逃逸。乙失救死亡。	交通肇事中的共犯问题。
P2	交警对甲的车进行切割，试图将甲救出。	在交警保护现场的情况下，有人闯入现场导致被害人死亡的，是正常介入因素还是异常介入因素？
P2	此时，陈某与杨某各自驾驶摩托车"飙车"经过此路段。	危险驾驶罪。
P2	陈某发现甲车时紧急刹车，摩托车侧翻，猛烈撞向甲车左前门一侧，随后逃离。20分钟后，交警将甲抬出车时，发现其已死亡。现无法查明甲被陈某撞击前是否已死亡，也无法查明甲被陈某撞击前所受创伤是否为致命伤。	"查不清"问题。

S2：按照法律关系不同，找出上述案件对应的有关事实。

问题	关键事实
1. 事实一中，林某和周某的行为分别如何定性？	林某（15周岁）驾车带叔叔周某出去玩，于某晚9时驾驶货车在县城主干道超车时，逆行进入对向车道，撞上甲驾驶的小轿车。甲被卡在车内无法动弹，甲车内的丙当场死亡、乙受重伤。后查明，甲无驾驶资格，事发时略有超速，且未采取有效制动措施。林某准备下车救助，但周某唆使林某迅速离开现场，林某听从，于是驾车逃逸。乙失救死亡。（P1）
2. 事实一中，如果将案情"乙失救死亡"改为"急救人员5分钟后赶到现场，乙因伤势过重被送医院后死亡"，其他案情不变，周某是否还构成交通肇事罪的共犯？	林某（15周岁）驾车带叔叔周某出去玩，于某晚9时驾驶货车在县城主干道超车时，逆行进入对向车道，撞上甲驾驶的小轿车。甲被卡在车内无法动弹，甲车内的丙当场死亡、乙受重伤。后查明，甲无驾驶资格，事发时略有超速，且未采取有效制动措施。林某准备下车救助，但周某唆使林某迅速离开现场，林某听从，于是驾车逃逸。急救人员5分钟后赶到现场，乙因伤势过重被送医院后死亡。（代入案情）
3. 事实一中，如果将案情"周某唆使林某迅速离开现场"改为"周某用刀胁迫林某迅速离开现场"，其他案情不变，对于林某和周某的行为定性会产生什么影响？	林某（15周岁）驾车带叔叔周某出去玩，于某晚9时驾驶货车在县城主干道超车时，逆行进入对向车道，撞上甲驾驶的小轿车。甲被卡在车内无法动弹，甲车内的丙当场死亡、乙受重伤。后查明，甲无驾驶资格，事发时略有超速，且未采取有效制动措施。林某准备下车救助，但周某用刀胁迫林某迅速离开现场，林某听从，于是驾车逃逸。乙失救死亡。（代入案情）
4. 事实二中，陈某和杨某的行为如何定性？二人是否对甲的死亡结果负责？林某是否对甲的死亡结果负责？	交警对甲的车进行切割，试图将甲救出。此时，陈某与杨某各自驾驶摩托车"飙车"经过此路段。陈某发现甲车时紧急刹车，摩托车侧翻，猛烈撞向甲车左前门一侧，随后逃离。20分钟后，交警将甲抬出车时，发现其已死亡。现无法查明甲被陈某撞击前是否已死亡，也无法查明甲被陈某撞击前所受创伤是否为致命伤。（P2）
5. 事实二中，如果将案情变为"交警没有到达现场"，陈某也没有"飙车"，而是因为前方发生事故刹车不及撞上甲的车辆。现无法查明甲被陈某撞击前是否已死亡，也无法查明甲被陈某撞击前所受创伤是否为致命伤。陈某和林某是否对甲的死亡结果负责？	此时，陈某因为前方发生事故刹车不及撞上甲的车辆。20分钟后，交警将甲抬出车时，发现其已死亡。现无法查明甲被陈某撞击前是否已死亡，也无法查明甲被陈某撞击前所受创伤是否为致命伤。（代入案情）

S3：分析案件中的法律关系，得出结论。

问题	关键事实	结论和理由
1. 事实一中，林某和周某的行为分别如何定性？	林某（15周岁）驾车带叔叔周某出去玩，于某晚9时驾驶货车在县城主干道超车时，逆行进入对向车道，	[结论] 林某和周某在违法层面成立交通肇事罪的共同犯罪；林某不承担刑事责任。 [解析] 本案中，林某违章驾驶，导致一人死

续表

问　题	关键事实	结论和理由
1. 事实一中，林某和周某的行为分别如何定性？	撞上甲驾驶的小轿车。甲被卡在车内无法动弹，甲车内的丙当场死亡、乙受重伤。后查明，甲无驾驶资格，事发时略有超速，且未采取有效制动措施。林某准备下车救助，但周某唆使林某迅速离开现场，林某听从，于是驾车逃逸。乙失救死亡。（P1）	亡，在违法层面构成交通肇事罪；周某作为乘车人，指使林某逃逸，在违法层面成立交通肇事罪的共同犯罪。在责任层面，林某没有达到刑事责任年龄，不负刑事责任；周某负刑事责任，以交通肇事罪论处，且属于"交通肇事逃逸致人死亡"。
2. 事实一中，如果将案情"乙失救死亡"改为"急救人员5分钟后赶到现场，乙因伤势过重被送医院后死亡"，其他案情不变，周某是否还构成交通肇事罪的共犯？	林某（15周岁）驾车带叔叔周某出去玩，于某晚9时驾驶货车在县城主干道超车时，逆行进入对向车道，撞上甲驾驶的小轿车。甲被卡在车内无法动弹，甲车内的丙当场死亡、乙受重伤。后查明，甲无驾驶资格，事发时略有超速，且未采取有效制动措施。林某准备下车救助，但周某唆使林某迅速离开现场，林某听从，于是驾车逃逸。急救人员5分钟后赶到现场，乙因伤势过重被送医院后死亡。（代入案情）	[结论] 周某不构成交通肇事罪的共犯。 [解析] 急救人员5分钟后赶到现场，还是无法避免乙的死亡结果，因此，林某的"逃逸"行为与乙的死亡结果之间无因果关系，林某不属于"逃逸致人死亡"，对周某也就不能适用"乘车人指使肇事人逃逸，致使被害人因得不到救助而死亡的，以交通肇事罪的共犯论处"的司法解释。因此，周某不构成交通肇事罪的共犯。
3. 事实一中，如果将案情"周某唆使林某迅速离开现场"改为"周某用刀胁迫林某迅速离开现场"，其他案情不变，对于林某和周某的行为定性会产生什么影响？	林某（15周岁）驾车带叔叔周某出去玩，于某晚9时驾驶货车在县城主干道超车时，逆行进入对向车道，撞上甲驾驶的小轿车。甲被卡在车内无法动弹，甲车内的丙当场死亡、乙受重伤。后查明，甲无驾驶资格，事发时略有超速，且未采取有效制动措施。林某准备下车救助，但周某用刀胁迫林某迅速离开现场，林某听从，于是驾车逃逸。乙失救死亡。（代入案情）	[结论] 林某不承担刑事责任；周某构成故意杀人罪的间接正犯。 [解析] 用刀胁迫显然不属于"指使"，对周某不能适用"乘车人指使肇事人逃逸，致使被害人因得不到救助而死亡的，以交通肇事罪的共犯论处"的司法解释，不能认定为交通肇事罪的共同犯罪。相应地，周某以胁迫的方式支配了林某实施客观上的、不作为的故意杀人行为，构成故意杀人罪的间接正犯。
4. 事实二中，陈某和杨某的行为如何定性？二人是否对甲的死亡结果负责？林某是否对甲的死亡结果负责？	交警对甲的车进行切割，试图将甲救出。此时，陈某与杨某各自驾驶摩托车"飙车"经过此路段。陈某发现甲车时紧急刹车，摩托车侧翻，猛烈撞向甲车左前门一侧，随后逃离。20分钟后，交警将甲抬出车时，发现其已死亡。现无法查明	[结论] 陈某和杨某构成危险驾驶罪；陈某、杨某、林某均不对甲的死亡结果负责。 [解析] 陈某和杨某在道路上追逐竞驶，情节恶劣，构成危险驾驶罪。至于是否构成交通肇事罪，取决于二人是否对甲的死亡结果负责。在"查不清"的问题上，我们采用"逻辑双刀"，即分情况讨论：如果甲的死亡

续表

问 题	关键事实	结论和理由
4. 事实二中，陈某和杨某的行为如何定性？二人是否对甲的死亡结果负责？林某是否对甲的死亡结果负责？	甲被陈某撞击前是否已死亡，也无法查明甲被陈某撞击前所受创伤是否为致命伤。（P2）	结果是陈某导致的，由于在交警保护现场的情况下闯入现场导致甲死亡是异常介入因素，切断了林某的行为与甲的死亡结果之间的因果关系，则林某不对甲的死亡结果负责；如果甲的死亡结果是林某导致的，则陈某仅是撞击尸体，不对甲的死亡结果负责。综上所述，在"查不清"的情况下，根据"存疑有利于被告"的原则，林某和陈某均不对甲的死亡结果负责。杨某也不负责。
5. 事实二中，如果将案情变为"交警没有到达现场"，陈某也没有"飙车"，而是因为前方发生事故刹车不及撞上甲的车辆。现无法查明甲被陈某撞击前是否已死亡，也无法查明甲被陈某撞击前所受创伤是否为致命伤。陈某和林某是否对甲的死亡结果负责？	此时，陈某因为前方发生事故刹车不及撞上甲的车辆。20分钟后，交警将甲抬出车时，发现其已死亡。现无法查明甲被陈某撞击前是否已死亡，也无法查明甲被陈某撞击前所受创伤是否为致命伤。（代入案情）	[结论] 陈某不负责；林某负责。 [解析] 在"查不清"的问题上，我们采用"逻辑双刀"，即分情况讨论：如果甲的死亡结果是陈某导致的，由于在道路上刹车不及导致的"二次撞击"是正常介入因素，不切断林某的行为与甲的死亡结果之间的因果关系，则林某对甲的死亡结果负责；如果甲的死亡结果是林某导致的，则陈某仅是撞击尸体，不对甲的死亡结果负责。综上所述，无论如何，林某都要对甲的死亡结果负责；但根据"存疑有利于被告"的原则，陈某不对甲的死亡结果负责。

S4：最后，将结论用"倒置三段论"的方式表达出来。

答案

1. 在违法层面，林某违章驾驶，导致一人死亡，构成交通肇事罪；周某作为乘车人，指使林某逃逸，成立交通肇事罪的共同犯罪。在责任层面，林某没有达到刑事责任年龄，不负刑事责任；周某负刑事责任，以交通肇事罪论处，且属于"交通肇事逃逸致人死亡"。

2. 乙的死亡结果并非林某的逃逸行为所致，因此，林某不属于"交通肇事逃逸致人死亡"，仅成立"交通肇事逃逸"；周某也不属于"指使肇事人逃逸，致使被害人因得不到救助而死亡"，不成立交通肇事罪的共同犯罪。

3. 周某没有教唆肇事者林某逃逸，不成立交通肇事罪的共同犯罪。周某采用胁迫的方式支配林某实施杀人行为，构成故意杀人罪的间接正犯。林某没有达到交通肇事罪的刑事责任年龄，且在被胁迫的情况下，缺乏期待可能性，不承担刑事责任。

4. 由于无法查明甲的死亡结果由谁导致，根据"存疑有利于被告"的原则，陈某和林某均不对甲的死亡结果负责。陈某在道路上追逐竞驶，情节恶劣，且不对甲的死亡结果负责，仅构成危险驾驶罪。杨某和陈某共同飙车，构成危险驾驶罪的共同犯罪。由于杨某无法预见甲的死亡结果，也不对甲的死亡结果负责。

5. 陈某来不及刹车，撞击甲属于正常介入因素，不切断林某的行为与甲的死亡结果之间的因果关系。因此，无论甲的死亡结果实际由谁导致，林某都要对甲的死亡结果负责；但根据"存疑有利于被告"的原则，陈某不对甲的死亡结果负责。

案例十　枪支、药品和坟墓

案情：

王某通过网络结识了身在美国的华人林某（已被美国警方羁押）。两人通过网络聊天，约定由林某将枪支、子弹通过物流公司从美国发往王某所在的T市，后王某根据买家联系地址将枪弹快递至买家。（P1）

2010年7月至2015年8月间，王某共向买家提供枪支48支、子弹4500余发。涉案的张某、李某等多名买家"爱好"枪弹，因为收藏而购买。经鉴定，查获的枪支具有杀伤力，子弹亦为有效子弹。（P2）

经查，买家张某为国有医院医生，多次利用开高价处方药，收受医药代表赵某（在逃）回扣（实查金额为100万元）。后张某升任医院院长时，更是长期接受赵某财物（实查金额为200万元）。赵某利用张某的信任，与该医院签订价值500万元的医疗器械合同，故意将已被淘汰的医疗器械当成进口医疗器械卖给该医院。张某在签订合同时亦未认真审查合同、查验样品，给医院造成重大损失。（P3）

买家李某为某塔园公司经理，开发、销售塔位（用于殡葬）。李某将塔位分为使用型和投资型两种，承诺购买投资型的塔位2年后可以更名和退单，并不定期提高塔位的销售价格，吸引众多群众购买。2010~2015年，某塔园公司大肆宣传塔位的投资价值，违反国家公墓销售规定，面向4334人销售投资型塔位，涉及未退金额7192万元。经查，王某还以万家公司的名义经营有偿讨债业务。2012年，王某接受秦某的委托，向陈某追讨230万元欠款，双方签订合同，约定将收回欠款的20%作为报酬。随后陈某归还秦某50万元，秦某按约支付给王某10万元报酬。国家经贸委曾与其他部门联合发布《关于取缔各类讨债公司严厉打击非法讨债活动的通知》（国经贸综合［2000］568号），规定："禁止任何单位和个人开办任何形式的讨债公司……构成犯罪的，依法追究其刑事责任。"但该通知未以国务院名义发布。（P4）

问题：

1. 王某向买家提供枪支、子弹的行为应当如何处理？
2. 张某、李某等买家购买枪支、子弹的行为应当如何处理？为什么？
3. 张某收受医药代表赵某300万元的行为应当如何定性？
4. 张某签订医疗器械合同，给医院造成重大损失的行为该如何处理？为什么？
5. 李某销售塔位吸纳资金的行为应当如何处理？为什么？
6. 王某经营有偿讨债业务是否构成非法经营罪？为什么？

解答思路

S1：通读案情，圈画关键词，做基本的概念翻译和考点对应工作。

段 落	事 实	思路与问题
P1	王某通过网络结识了身在美国的华人林某（已被美国警方羁押）。两人通过网络聊天，约定由林某将枪支、子弹通过物流公司从美国发往王某所在的T市，后王某根据买家联系地址将枪弹快递至买家。	走私武器罪。
P2	2010年7月至2015年8月间，王某共向买家提供枪支48支、子弹4500余发。	非法买卖枪支罪。
	涉案的张某、李某等多名买家"爱好"枪弹，因为收藏而购买。经鉴定，查获的枪支具有杀伤力，子弹亦为有效子弹。	非法买卖枪支罪。
P3	经查，买家张某为国有医院医生，多次利用开高价处方药，收受医药代表赵某（在逃）回扣（实查金额为100万元）。	非国家工作人员受贿罪。

续表

段落	事实	思路与问题
P3	后张某升任医院院长时，更是长期接受赵某财物（实查金额为200万元）。	受贿罪。
	赵某利用张某的信任，与该医院签订价值500万元的医疗器械合同，故意将已被淘汰的医疗器械当成进口医疗器械卖给该医院。张某在签订合同时亦未认真审查合同、查验样品，给医院造成重大损失。	张某构成签订、履行合同失职被骗罪；赵某构成合同诈骗罪。
P4	买家李某为某塔园公司经理，开发、销售塔位（用于殡葬）。李某将塔位分为使用型和投资型两种，承诺购买投资型的塔位2年后可以更名和退单，并不定期提高塔位的销售价格，吸引众多群众购买。2010~2015年，某塔园公司大肆宣传塔位的投资价值，违反国家公墓销售规定，面向4334人销售投资型塔位，涉及未退金额7192万元。	非法吸收公众存款罪。
	经查，王某还以万家公司的名义经营有偿讨债业务。2012年，王某接受秦某的委托，向陈某追讨230万元欠款，双方签订合同，约定将收回欠款的20%作为报酬。随后陈某归还秦某50万元，秦某按约支付给王某10万元报酬。	是否构成非法经营罪？

S2：按照法律关系不同，找出上述案件对应的有关事实。

问题	关键事实
1. 王某向买家提供枪支、子弹的行为应当如何处理？	王某通过网络结识了身在美国的华人林某（已被美国警方羁押）。两人通过网络聊天，约定由林某将枪支、子弹通过物流公司从美国发往王某所在的T市，后王某根据买家联系地址将枪弹快递至买家。(P1)
2. 张某、李某等买家购买枪支、子弹的行为应当如何处理？为什么？	张某、李某等多名买家"爱好"枪弹，因为收藏而购买。(P2)
3. 张某收受医药代表赵某300万元的行为应当如何定性？	买家张某为国有医院医生，多次利用开高价处方药，收受医药代表赵某（在逃）回扣（实查金额为100万元）。(P3)
	后张某升任医院院长时，更是长期接受赵某财物（实查金额为200万元）。(P3)
4. 张某签订医疗器械合同，给医院造成重大损失的行为该如何处理？为什么？	赵某利用张某的信任，与该医院签订价值500万元的医疗器械合同，故意将已被淘汰的医疗器械当成进口医疗器械卖给该医院。张某在签订合同时亦未认真审查合同、查验样品，给医院造成重大损失。(P3)
5. 李某销售塔位吸纳资金的行为应当如何处理？为什么？	买家李某为某塔园公司经理，开发、销售塔位（用于殡葬）。李某将塔位分为使用型和投资型两种，承诺购买投资型的塔位2年后可以更名和退单，并不定期提高塔位的销售价格，吸引众多群众购买。2010~2015年，某塔园公司大肆宣传塔位的投资价值，违反国家公墓销售规定，面向4334人销售投资型塔位，涉及未退金额7192万元。(P4)
6. 王某经营有偿讨债业务是否构成非法经营罪？为什么？	经查，王某还以万家公司的名义经营有偿讨债业务。(P4)

S3:分析案件中的法律关系,得出结论。

问 题	关键事实	结论和理由
1. 王某向买家提供枪支、子弹的行为应当如何处理?	王某通过网络结识了身在美国的华人林某(已被美国警方羁押)。两人通过网络聊天,约定由林某将枪支、子弹通过物流公司从美国发往王某所在的T市,后王某根据买家联系地址将枪弹快递至买家。(P1)	[结论] 王某构成走私武器、弹药罪和非法买卖枪支、弹药罪,数罪并罚。
2. 张某、李某等买家购买枪支、子弹的行为应当如何处理?为什么?	张某、李某等多名买家"爱好"枪弹,因为收藏而购买。(P2)	[结论] 张某、李某等买家构成非法买卖枪支、弹药罪。 [解析] 无论是出售还是购买枪支、子弹,均构成非法买卖枪支、弹药罪。
3. 张某收受医药代表赵某300万元的行为应当如何定性?	买家张某为国有医院医生,多次利用开高价处方药,收受医药代表赵某(在逃)回扣(实查金额为100万元)。(P3)	[结论] 张某构成非国家工作人员受贿罪。 [解析] "开处方药"的便利是"技术性便利",张某构成非国家工作人员受贿罪。
	后张某升任医院院长时,更是长期接受赵某财物(实查金额为200万元)。(P3)	[结论] 张某构成受贿罪。 [解析] 院长职务带来的便利是"公共事务管理的便利",张某构成受贿罪。
4. 张某签订医疗器械合同,给医院造成重大损失的行为该如何处理?为什么?	赵某利用张某的信任,与该医院签订价值500万元的医疗器械合同,故意将已被淘汰的医疗器械当成进口医疗器械卖给该医院。张某在签订合同时亦未认真审查合同、查验样品,给医院造成重大损失。(P3)	[结论] 张某构成签订、履行合同失职被骗罪。 [解析] 根据《刑法》第167条的规定,签订、履行合同失职被骗罪,是指国有公司、企业、事业单位直接负责的主管人员,在签订、履行合同过程中,因严重不负责任而被诈骗,致使国家利益遭受重大损失的行为。
5. 李某销售塔位吸纳资金的行为应当如何处理?为什么?	买家李某为某塔园公司经理,开发、销售塔位(用于殡葬)。李某将塔位分为使用型和投资型两种,承诺购买投资型的塔位2年后可以更名和退单,并不定期提高塔位的销售价格,吸引众多群众购买。2010~2015年,某塔园公司大肆宣传塔位的投资价值,违反国家公墓销售规定,面向4334人销售投资型塔位,涉及未退金额7192万元。(P4)	[结论] 李某构成非法吸收公众存款罪。 [解析] 非法吸收公众存款罪,是指以高利回报为诱惑,直接或间接向不特定公众吸收存款,进行资本经营的行为。李某以投资为诱惑,吸收不特定公众存款,构成非法吸收公众存款罪。

续表

问题	关键事实	结论和理由
6. 王某经营有偿讨债业务是否构成非法经营罪？为什么？	经查，王某还以万家公司的名义经营有偿讨债业务。（P4）	[结论] 王某不构成非法经营罪。 [解析] 非法经营罪，是指未经许可经营法律、行政法规规定的专营、专卖物品或其他限制买卖的物品的行为。"讨债业务"显然不是国家专营的业务，王某不构成非法经营罪。

S4：最后，将结论用"倒置三段论"的方式表达出来。

> **答案**

1. 王某与林某共谋，从境外走私枪支、子弹并出售，构成走私武器、弹药罪和非法买卖枪支、弹药罪，数罪并罚。

2. 张某、李某等买家购买枪支、子弹，构成非法买卖枪支、弹药罪。

3. 张某开高价处方药收受回扣，利用的是"技术性便利"，构成非国家工作人员受贿罪；张某担任院长期间，利用职务之便收受财物，构成受贿罪，与非国家工作人员受贿罪数罪并罚。

4. 张某在签订、履行合同过程中，因严重不负责任而被诈骗，致使国家利益遭受重大损失，构成签订、履行合同失职被骗罪。

5. 李某违反国家规定，以高利回报为诱惑，向不特定公众吸收资金，构成非法吸收公众存款罪。

6. 王某并非从事国家专营、专卖的业务，不构成非法经营罪。

案例十一 老汉扒灰找帮手，绑架一套送人走

案情：

滕某与王某系公媳关系。2016年8月某日，滕某、董某晚饭后乘凉时，滕某告诉董某，儿媳王某同他人有不正当两性关系，而自己多次想与她发生性关系均遭拒绝，但是"只要是外人，她都肯发生性关系"，并唆使董某与王某发生性关系。董某遂答应去试试看。滕某又讲自己到时去"捉奸"，迫使王某同意与自己发生性关系。当日晚9时许，董某在王某房间内与其发生性关系后，滕某随即持充电灯至现场"捉奸"，以发现王某与他人有奸情，要将王某拖回娘家相威胁，并采用殴打等手段，强行对王某实施奸淫行为。但因生理原因，滕某的强奸行为未能得逞。（P1）

董某逃至外地，开了一家五金店，因经济窘迫，产生绑票索财之意。2016年9月，董某向在自己店里工作的路某提出："有人欠我赌债不还，去把其子带来，逼其还债。"路某表示同意。当日下午，董某骑摩托车载着路某到实验小学附近，将去学校上学的被害人吴

某指认给路某,路某后将吴某骗出,欲与董某骑摩托车将吴某带至五金店。董某因为慌张,在道路上高速逆行,摩托车跌入沟渠,吴某当场摔死。董某与路某慌忙逃跑。(P2)

后董某染上毒瘾。毒瘾发作,董某非常难受,但却没有钱购买毒品,此时正好有个孩子从董某身旁经过,董某便将孩子打晕,并将孩子放入麻袋之中捆好。后董某谎称此袋中是一只小狗,将其卖给某经营狗肉火锅的饭店老板刘某,获钱50元。刘某见麻袋中有动静,便指使饭店厨师李某(17周岁)用扁担猛击麻袋,孩子发出微弱哭声。李某对刘某笑称:"狗居然学人哭。"刘某也感到可笑。后李某再次用扁担猛击,孩子死亡。两人解开麻袋,才发现是个孩子。(P3)

问题:

1. 滕某、董某如何定罪?犯罪形态是什么?
2. 滕某是否构成强奸罪的加重情节?为什么?
3. 董某与路某绑架吴某的行为应当如何处理?
4. 董某导致吴某摔死的行为又该当何罪?为什么?
5. 董某将小孩卖给火锅店的行为应当如何定性?为什么?
6. 刘某和李某的行为如何定性?为什么?

解答思路

S1：通读案情，圈画关键词，做基本的概念翻译和考点对应工作。

段 落	事 实	思路与问题
P1	滕某与王某系公媳关系。2016年8月某日，滕某、董某晚饭后乘凉时，滕某告诉董某，儿媳王某同他人有不正当两性关系，而自己多次想与她发生性关系均遭拒绝，但是"只要是外人，她都肯发生性关系"，并<u>唆使董某与王某发生性关系</u>。董某遂答应去试试看。滕某又讲自己到时去"捉奸"，迫使王某同意与自己发生性关系。	有合意（意思联络）；共同犯罪。
	当日晚9时许，<u>董某在王某房间内与其发生性关系后</u>，滕某随即持充电灯至现场"捉奸"，以发现王某与他人有奸情，要将王某拖回娘家相威胁，并采用殴打等手段，强行对王某实施奸淫行为。	强奸罪，滕某是正犯，董某是帮助犯。
	但因生理原因，滕某的强奸行为未能得逞。	犯罪未遂。
P2	董某逃至外地，开了一家五金店，因经济窘迫，产生绑票索财之意。2016年9月，董某向自己店里工作的路某提出："<u>有人欠我赌债不还，去把其子带来，逼其还债</u>。"路某表示同意。	董某有非法占有目的；路某无非法占有目的。
	当日下午，董某骑摩托车载着路某到实验小学附近，将去学校上学的被害人吴某指认给路某，路某后将吴某骗出，欲与董某骑摩托车将吴某带至五金店。董某因为慌张，在道路上高速逆行，摩托车跌入沟渠，<u>吴某当场摔死</u>。董某与路某慌忙逃跑。	交通肇事逃逸。
P3	后董某染上毒瘾。毒瘾发作，董某非常难受，但却没有钱购买毒品，此时正好有个孩子从董某身旁经过，董某便将孩子打晕，并将孩子放入麻袋之中捆好。后董某谎称此袋中是一只小狗，<u>将其卖给某经营狗肉火锅的饭店老板刘某</u>，获钱50元。	故意杀人罪；拐卖儿童罪。
	刘某见麻袋中有动静，便指使饭店厨师李某（17周岁）用扁担猛击麻袋，孩子发出微弱哭声。李某对刘某笑称："狗居然学人哭。"刘某也感到可笑。后李某再次用扁担猛击，孩子死亡。两人解开麻袋，才发现是个孩子。	过失致人死亡罪。

S2：按照法律关系不同，找出上述案件对应的有关事实。

问　　题	关键事实
1. 滕某、董某如何定罪？犯罪形态是什么？	⊙（滕某）以发现王某与他人有奸情，要将王某拖回娘家相威胁，并采用殴打等手段，强行对王某实施奸淫行为。(P1) ⊙但因生理原因，滕某的强奸行为未能得逞。(P1) ⊙（滕某）唆使董某与王某发生性关系。董某遂答应去试试看。(P1) ⊙当日晚9时许，董某在王某房间内与其发生性关系后，滕某随即持充电灯至现场"捉奸"。(P1)

续表

问题	关键事实
2. 滕某是否构成强奸罪的加重情节？为什么？	⊙董某在王某房间内与其发生性关系后，滕某随即持充电灯至现场"捉奸"。（P1）
3. 董某与路某绑架吴某的行为应当如何处理？	⊙（董某）产生绑票索财之意。2016年9月，董某向在自己店里工作的路某提出："有人欠我赌债不还，去把其子带来，逼其还债。"路某表示同意。（P2）
4. 董某导致吴某摔死的行为又该当何罪？为什么？	⊙董某因为慌张，在道路上高速逆行，摩托车跌入沟渠，吴某当场摔死。董某与路某慌忙逃跑。（P2）
5. 董某将小孩卖给火锅店的行为应当如何定性？为什么？	⊙董某非常难受，但却没有钱购买毒品，此时正好有个孩子从董某身旁经过，董某便将孩子打晕，并将孩子放入麻袋之中捆好。后董某谎称此袋中是一只小狗，将其卖给某经营狗肉火锅的饭店老板刘某。（P3）
6. 刘某和李某的行为如何定性？为什么？	⊙刘某见麻袋中有动静，便指使饭店厨师李某（17周岁）用扁担猛击麻袋，孩子发出微弱哭声。李某对刘某笑称："狗居然学人哭。"刘某也感到可笑。后李某再次用扁担猛击，孩子死亡。（P3）

S3：分析案件中的法律关系，得出结论。

问题	关键事实	结论和理由
1. 滕某、董某如何定罪？犯罪形态是什么？	⊙（滕某）以发现王某与他人有奸情，要将王某拖回娘家相威胁，并采用殴打等手段，强行对王某实施奸淫行为。（P1） ⊙但因生理原因，滕某的强奸行为未能得逞。（P1） ⊙（滕某）唆使董某与王某发生性关系。董某遂答应去试试看。（P1） ⊙当日晚9时许，董某在王某房间内与其发生性关系后，滕某随即持充电灯至现场"捉奸"。（P1）	[结论] 滕某属于强奸罪未遂。 [解析] 滕某意图强行与王某发生性关系，但在实行阶段未能得逞，属于强奸罪未遂。 [结论] 董某是帮助犯，也是犯罪未遂。 [解析] 董某以肉身做诱饵，为滕某实施强奸提供帮助，是帮助犯。由于滕某是未遂，因此，董某也是未遂。
2. 滕某是否构成强奸罪的加重情节？为什么？	⊙董某在王某房间内与其发生性关系后，滕某随即持充电灯至现场"捉奸"。（P1）	[结论] 滕某不属于轮奸。 [解析] 轮奸要求2次发生性关系都是非自愿的。本案中，董某与王某发生性关系是基于王某自愿，因此，二人不属于轮奸。
3. 董某与路某绑架吴某的行为应当如何处理？	⊙（董某）产生绑票索财之意。2016年9月，董某向在自己店里工作的路某提出："有人欠我赌债不还，去把其子带来，逼其还债。"路某表示同意。（P2）	[结论] 董某构成绑架罪；路某构成非法拘禁罪。 [解析] 董某有非法占有目的，控制他人向第三人索要财物，是绑架行为；路某意图要赌债，没有非法占有目的，是非法拘禁行为。

续表

问　题	关键事实	结论和理由
4.董某导致吴某摔死的行为又该当何罪？为什么？	⊙董某因为慌张，在道路上高速逆行，摩托车跌入沟渠，吴某当场摔死。董某与路某慌忙逃跑。（P2）	[结论]董某构成交通肇事罪（交通肇事逃逸），与绑架罪数罪并罚。 [解析]董某在绑架之后交通肇事致人死亡，构成交通肇事罪，属于"交通肇事逃逸"，与绑架罪数罪并罚。
5.董某将小孩卖给火锅店的行为应当如何定性？为什么？	⊙董某非常难受，但却没有钱购买毒品，此时正好有个孩子从董某身旁经过，董某便将孩子打晕，并将孩子放入麻袋之中捆好。后董某谎称此袋中是一只小狗，将其卖给某经营狗肉火锅的饭店老板刘某。（P3）	[结论]董某构成故意杀人罪与拐卖儿童罪，从一重罪处罚。 [解析]董某对被害人的死亡结果是持"无所谓"的放任态度，是间接故意，同时侵犯了他人的人身自由，构成拐卖儿童罪。因此，董某构成故意杀人罪和拐卖儿童罪，从一重罪处罚。
6.刘某和李某的行为如何定性？为什么？	⊙刘某见麻袋中有动静，便指使饭店厨师李某（17周岁）用扁担猛击麻袋，孩子发出微弱哭声。李某对刘某笑称："狗居然学人哭。"刘某也感到可笑。后李某再次用扁担猛击，孩子死亡。（P3）	[结论]刘某和李某构成过失致人死亡罪。 [解析]刘某和李某有检验"货品"的义务但没有履行，对被害人的死亡结果有预见可能性，构成过失致人死亡罪。

S4：最后，将结论用"倒置三段论"的方式表达出来。

答案

1. 滕某、董某共同实施强奸行为，成立强奸罪的共同犯罪。滕某在共同犯罪中起主要作用，系主犯；董某为滕某奸淫王某提供了便利条件，系帮助犯，应当按照从犯的规定从宽处理。另外，滕某系强奸罪的犯罪未遂，从宽处罚。

2. 董某第一次与王某发生性关系系双方自愿，因此，滕某、董某并非轮奸，对二人不适用"轮奸"的加重情节。

3. 董某和路某在非法拘禁罪的范围内可以成立共同犯罪。董某有非法占有目的，构成绑架罪；路某不具有非法占有目的，构成非法拘禁罪。

4. 董某违反交通运输管理法规，驾驶摩托车跌入沟渠致人死亡的行为构成交通肇事罪，属于"交通肇事逃逸"，应当以绑架罪和交通肇事罪数罪并罚。对此肇事行为，路某没有参与，不承担责任。

5. 董某将孩子冒充小狗卖给火锅店，对孩子的死亡结果持放任态度，属于故意杀人罪，且是间接故意；同时，董某出卖孩子的行为构成拐卖儿童罪。一个行为触犯数个罪名，应当以故意杀人罪和拐卖儿童罪从一重罪论处。

6. 刘某和李某对被害人的死亡结果有预见可能性，没有尽到注意义务导致他人死亡的，构成过失致人死亡罪。

案例十二 "恶徒魏某化名'孙静'"案

案情：

2015年3月，魏某（2000年1月20日出生）听说同村村民刘某代收电费款后，遂萌生抢劫之念。次日2时许，魏某携带作案工具，翻墙进入刘某家，发现刘某在东屋睡觉，便钻入西屋，翻找钱款未果，又至东屋寻找，刘某被惊醒。魏某用钳子朝刘某头部猛击，见刘某不动，在认为刘某已死亡的情况下，用钳子将抽屉撬开，将里面的9700元电费款拿走，并将刘某的手机、银行卡等物品搜刮一空。为了毁灭罪证，魏某用打火机点燃一些纤维编织袋扔在刘某所盖的被子上，导致刘某颅脑损伤后吸入一氧化碳窒息死亡，价值7209元的物品被烧毁。(P1)

后魏某逃亡，化名孙静，应聘到某乳品公司担任业务员。出于为该公司创造经营业绩的动机，其从2016年10月起向该公司虚构了某学院需要供奶的事实，并利用伪造的学院行政章与该公司签订了供货合同，从2016年10月起至2017年3月。魏某将该公司321 500份钙铁锌奶送至其暂住地，每天将牛奶全部销毁。经鉴定，上述牛奶按0.95元每份计算，共价值人民币305 425元。(P2)

经查，2017年3月，魏某在移动公司办理业务时，结识了该公司员工方某，两人预谋以贩卖移动公司手机靓号的方式牟利。之后方某利用工作之便，从移动公司内部电脑系统查得14个号码的机主资料信息，通过制假证者伪造了14张与机主资料相同的假身份证。同年7月，魏某分别持上述假身份证到移动公司营业厅，将原机主的移动号码非法过户到自己名下，随后魏某隐瞒真相，以自己的名义将其中4个号码卖给他人，共获取人民币8.1万元。(P3)

问题：

1. 魏某在取财过程中致人重伤昏迷，又放火毁灭罪证，致人窒息死亡，应当如何处理？为什么？
2. 如果魏某用刘某的银行卡在自动提款机中取钱，应如何处理？为什么？
3. 如果魏某用刘某的手机拨打电话，造成电信公司资费损失数额较大，应当如何处理？为什么？
4. 魏某将牛奶销毁的行为是否构成职务侵占罪？为什么？
5. 电话"靓号"是否属于刑法上的财物？魏某和方某的行为如何定性？

解答思路

S1：通读案情，圈画关键词，做基本的概念翻译和考点对应工作。

段落	事　　实	思路与问题
P1	2015年3月，魏某（2000年1月20日出生）听说同村村民刘某代收电费款后，遂萌生抢劫之念。	抢劫罪。
	次日2时许，魏某携带作案工具，翻墙进入刘某家，发现刘某在东屋睡觉，便钻入西屋，翻找钱款未果，又至东屋寻找，刘某被惊醒。	入户抢劫。
	魏某用钳子朝刘某头部猛击，见刘某不动，在认为刘某已死亡的情况下……	抢劫过程中故意杀人。
	（魏某）用钳子将抽屉撬开，将里面的9700元电费款拿走，并将刘某的手机、银行卡等物品搜刮一空。	抢劫罪既遂。
	为了毁灭罪证，魏某用打火机点燃一些纤维编织袋扔在刘某所盖的被子上，导致刘某颅脑损伤后吸入一氧化碳窒息死亡，价值7209元的物品被烧毁。	放火罪；事前故意（观点展示）。

续表

段落	事 实	思路与问题
P2	后魏某逃亡，化名孙静，应聘到某乳品公司担任业务员。出于为该公司创造经营业绩的动机，其从2016年10月起向该公司虚构了某学院需要供奶的事实，并利用伪造的学院行政章与该公司签订了供货合同，从2016年10月起至2017年3月。魏某将该公司321 500份钙铁锌奶送至其暂住地，每天将牛奶全部销毁。经鉴定，上述牛奶按0.95元每份计算，共价值人民币305 425元。	行为人构成职务侵占罪、诈骗罪、合同诈骗罪还是故意毁坏财物罪？
P3	经查，2017年3月，魏某在移动公司办理业务时，结识了该公司员工方某，两人预谋以贩卖移动公司手机靓号的方式牟利。之后方某利用工作之便，从移动公司内部电脑系统查得14个号码的机主资料信息，通过制假证者伪造了14张与机主资料相同的假身份证。同年7月，魏某分别持上述假身份证到移动公司营业厅，将原机主的移动号码非法过户到自己名下，随后魏某隐瞒真相，以自己的名义将其中4个号码卖给他人，共获取人民币8.1万元。	行为人构成诈骗罪还是盗窃罪？

S2：按照法律关系不同，找出上述案件对应的有关事实。

问 题	关键事实
1. 魏某在取财过程中致人重伤昏迷，又放火毁灭罪证，致人窒息死亡，应当如何处理？为什么？	◎ 魏某（2000年1月20日出生）听说同村村民刘某代收电费款后，遂萌生抢劫之念。（P1） ◎（魏某）发现刘某在东屋睡觉，便钻入西屋，翻找钱款未果，又至东屋寻找，刘某被惊醒。（P1） ◎ 魏某用钳子朝刘某头部猛击。（P1） ◎（魏某）翻墙进入刘某家。（P1） ◎（魏某）用钳子将抽屉撬开，将里面的9700元电费款拿走，并将刘某的手机、银行卡等物品搜刮一空。（P1） ◎ 魏某用钳子朝刘某头部猛击。（P1） ◎ 为了毁灭罪证，魏某用打火机点燃一些纤维编织袋扔在刘某所盖的被子上，导致刘某颅脑损伤后吸入一氧化碳窒息死亡，价值7209元的物品被烧毁。（P1）
2. 如果魏某用刘某的银行卡在自动提款机中取钱，应如何处理？为什么？	◎ 魏某抢劫取得刘某的银行卡之后，用刘某的银行卡在自动提款机中取钱。（代入案情）
3. 如果魏某用刘某的手机拨打电话，造成电信公司资费损失数额较大，应当如何处理？为什么？	◎ 魏某用刘某的手机拨打电话，造成电信公司资费损失数额较大。（代入案情）

续表

问　题	关键事实
4. 魏某将牛奶销毁的行为是否构成职务侵占罪？为什么？	⊙（魏某）虚构了某学院需要供奶的事实，并利用伪造的学院行政章与该公司签订了供货合同，从2016年10月起至2017年3月。魏某将该公司321 500份钙铁锌奶送至其暂住地，每天将牛奶全部销毁。(P2)
5. 电话"靓号"是否属于刑法上的财物？魏某和方某的行为如何定性？	⊙（方某）从移动公司内部电脑系统查得14个号码的机主资料信息，通过制假证者伪造了14张与机主资料相同的假身份证。(P3) ⊙同年7月，魏某分别持上述假身份证到移动公司营业厅，将原机主的移动号码非法过户到自己名下。(P3) ⊙魏某隐瞒真相，以自己的名义将其中4个号码卖给他人，共获取人民币8.1万元。(P3)

S3：分析案件中的法律关系，得出结论。

问　题	关键事实	结论和理由
1. 魏某在取财过程中致人重伤昏迷，又放火毁灭罪证，致人窒息死亡，应当如何处理？为什么？	⊙魏某（2000年1月20日出生）听说同村村民刘某代收电费款后，遂萌生抢劫之念。(P1) ⊙（魏某）发现刘某在东屋睡觉，便钻入西屋，翻找钱款未果，又至东屋寻找，刘某被惊醒。(P1) ⊙魏某用钳子朝刘某头部猛击。(P1)	[结论] 魏某构成抢劫罪。 [解析] 魏某一开始就具有抢劫的故意，并且压制反抗、取得财物，构成抢劫罪。其行为本身就构成抢劫罪，不是转化型抢劫。
	⊙（魏某）翻墙进入刘某家。(P1)	[结论] 魏某是"入户抢劫"，加重处罚。
	⊙（魏某）用钳子将抽屉撬开，将里面的9700元电费款拿走，并将刘某的手机、银行卡等物品搜刮一空。(P1)	[结论] 魏某已经取得财物，属于抢劫罪既遂。
	⊙魏某用钳子朝刘某头部猛击。(P1) ⊙为了毁灭罪证，魏某用打火机点燃一些纤维编织袋扔在刘某所盖的被子上，导致刘某颅脑损伤后吸入一氧化碳窒息死亡，价值7209元的物品被烧毁。(P1)	[结论] 魏某在抢劫后放火，根据不同观点，分别可能成立"抢劫致人死亡+放火"或"放火致人死亡+抢劫"。 [解析] 魏某属于事前故意，前后实施了抢劫杀人行为和放火行为。如果将被害人的死亡结果归属于前行为，魏某属于"抢劫致人死亡+放火"；如果将被害人的死亡结果归属于后行为，魏某属于"放火致人死亡+抢劫"。
2. 如果魏某用刘某的银行卡在自动提款机中取钱，应如何处理？为什么？	⊙魏某抢劫取得刘某的银行卡之后，用刘某的银行卡在自动提款机中取钱。(代入案情)	[结论] 魏某构成抢劫罪。 [解析] 抢劫信用卡并使用的，认定为抢劫罪。

续表

问　　题	关键事实	结论和理由
3. 如果魏某用刘某的手机拨打电话，造成电信公司资费损失数额较大，应当如何处理？为什么？	⊙魏某用刘某的手机拨打电话，造成电信公司资费损失数额较大。（代入案情）	[结论] 魏某构成盗窃罪。 [解析] "电信诈骗"，是指以虚假、冒用的身份证件办理入网手续并使用移动电话，造成电信资费损失数额较大的行为。 　　"电信盗窃"，是指盗用他人上网账号、密码上网，造成电信资费损失数额较大的行为。 　　"电信诈骗"和"电信盗窃"的核心区别就是是否存在被害人的处分行为。本案中，魏某用刘某的手机拨打电话，并没有人被骗，也没有被害人的处分行为，魏某构成盗窃罪。
4. 魏某将牛奶销毁的行为是否构成职务侵占罪？为什么？	⊙（魏某）虚构了某学院需要供奶的事实，并利用伪造的学院行政章与该公司签订了供货合同，从2016年10月起至2017年3月，魏某将该公司321 500份钙铁锌奶送至其暂住地，每天将牛奶全部销毁。（P2）	[结论] 魏某构成合同诈骗罪。 [解析] 从魏某"签大单拿小提成"的做法可以推测，魏某在一开始签订合同的时候采用的是赊账的方式，并且没有真正付钱的意思。因此，魏某通过合同欺骗所在公司，构成合同诈骗罪。 　　魏某没有利用职务之便，任何外部人士都可以实施该行为，因此排除职务侵占罪。魏某取得牛奶的时候合同诈骗罪已经成立，之后如何处置牛奶不再构成其他犯罪，因此，销毁牛奶的行为属于"事后不可罚"，不另行构成故意毁坏财物罪。
5. 电话"靓号"是否属于刑法上的财物？魏某和方某的行为如何定性？	⊙（方某）从移动公司内部电脑系统查得14个号码的机主资料信息，通过制假证者伪造了14张与机主资料相同的假身份证。（P3） ⊙同年7月，魏某分别持上述假身份证到移动公司营业厅，将原机主的移动号码非法过户到自己名下。（P3） ⊙魏某隐瞒真相，以自己的名义将其中4个号码卖给他人，共获取人民币8.1万元。（P3）	[结论] 魏某构成诈骗罪。 [解析] 本案中，号码的原主人可以通过一定程序取回原号码，因此，真正受到损害的是"靓号"的二次购买者。魏某通过欺骗的方式使得"靓号"的二次购买者受到损失，构成诈骗罪。

S4：最后，将结论用"倒置三段论"的方式表达出来。

答案

1. 魏某实施了抢劫行为，构成抢劫罪，属于"入户抢劫"，加重处罚，且已经取得财物，属于犯罪既遂。

魏某属于事前故意，对此有两种观点：

观点1：魏某为了取得财物杀害他人，导致他人死亡，构成抢劫致人死亡；之后的放火行为危及公共安全，构成放火罪，与抢劫罪数罪并罚。

观点2：魏某为了取得财物意图杀害他人，但未得逞，构成抢劫罪的基本犯；之后的放火行为造成被害人死亡，构成放火罪（致人死亡），与抢劫罪数罪并罚。

2. 魏某抢劫信用卡并使用，构成抢劫罪。

3. 魏某通过拨打电话造成电信公司资费损失，且不存在他人的处分行为，构成盗窃罪。

4. 魏某没有利用职务之便，不构成职务侵占罪。由于魏某没有付牛奶价款的意思，属于虚构事实骗取货物，因此只构成合同诈骗罪。

5. 本案中，受到损害的是"靓号"的二次购买者，而非号码的原主人。魏某通过欺骗的方式使得"靓号"的二次购买者受到财产损失，构成诈骗罪，不构成盗窃罪。

案例十三　吴某贪污受贿案

案情：

2010年下半年，吴某担任某国有独资基建公司总经理期间，徐某多次找到吴某，要求承接该公司某项目所需钢绞线全部供应业务。吴某原计划安排情妇赵某承接该业务，便以"让领导的朋友退出"为由，要徐某给予"领导的朋友"好处费30万元，徐某表示同意。之后，吴某利用职权，决定以徐某的名义承接总额700余万元的钢绞线供应业务。2010年9月底，徐某按约定联系吴某交付30万元好处费。吴某带徐某与赵某见面，谎称赵某系"领导的朋友"。徐某将30万元交给赵某。（P1）

2011年，徐某为某公立学校承包工程，工程按质按量完工后，学校一直拖欠工程款（3000余万元）。徐某听说吴某（国有独资基建公司总经理）与校长很熟，便送给吴某10万元，请吴某帮忙。吴某让校长张某帮忙解决，张某于是将工程款给付徐某。（P2）

2012年，基建公司进行产权制度改革，在资产评估过程中，吴某明知公司的应付款账户中有三笔共计460万元系上几年虚设，而未向评估人员作出说明，隐瞒该款项的真实情况，从而使评估人员将该三笔款项作为应付款评估并予以确认。同年底，政府发文同意该公司产权制度改革实施方案。此后，基建公司在570名职工中平均配股。6月，公司股东大会选举产生董事会，董事长为吴某。而后，吴某收购了其他569名股东的全部股份，并于当年8月正式成立蓝天基建有限公司。9月，蓝天基建有限公司向区财政局交清国有资产购买款4650万元。随后，吴某积极办理公司产权转移手续。案发时，手续尚在办理之中。（P3）

问题：

1. 吴某以谎称"让领导的朋友退出"为由，让徐某支付30万给赵某，吴某的行为是否构成受贿罪？如果构成，是否属于法定从重情节？为什么？

2. 徐某支付10万元给赵某，徐某和赵某的行为应当如何定性？为什么？

3. 徐某请求吴某帮忙解决学校的工程款一案，徐某和吴某的行为应当如何定性？为什么？

4. 如果吴某是张某的直系上级，徐某和吴某的行为应当如何定性？为什么？

5. 吴某在国有企业改制中隐瞒资产真实情况，造成巨额国有资产潜在流失的行为是否构成犯罪？属于何种犯罪形态？为什么？

解答思路

S1：通读案情，圈画关键词，做基本的概念翻译和考点对应工作。

段落	事　实	思路与问题
P1	2010年下半年，吴某担任某国有独资基建公司总经理期间，徐某多次找到吴某，要求承接该公司某项目所需钢绞线全部供应业务。吴某原计划安排情妇赵某承接该业务，便以"让领导的朋友退出"为由，要徐某给予"领导的朋友"好处费30万元，徐某表示同意。之后，吴某利用职权，决定以徐某的名义承接总额700余万元的钢绞线供应业务。2010年9月底，徐某按约定联系吴某交付30万元好处费。吴某带徐某与赵某见面，谎称赵某系"领导的朋友"。徐某将30万元交给赵某。	受贿罪；索贿。

续表

段　落	事　　实	思路与问题
P2	2011年，徐某为某公立学校承包工程，工程按质按量完工后，学校一直拖欠工程款（3000余万元）。	正当利益。
	徐某听说吴某（国有独资基建公司总经理）与校长很熟，便送给吴某10万元，请吴某帮忙。吴某让校长张某帮忙解决，张某于是将工程款给付徐某。	徐某和吴某的行为性质是什么？在谋取正当利益的情况下，是否构成犯罪？
P3	2012年，基建公司进行产权制度改革，在资产评估过程中，吴某明知公司的应付款账户中有三笔共计460万元系上几年虚设，而未向评估人员作出说明，隐瞒该款项的真实情况，从而使评估人员将该三笔款项作为应付款评估并予以确认。同年底，政府发文同意该公司产权制度改革实施方案。此后，基建公司在570名职工中平均配股。6月，公司股东大会选举产生董事会，董事长为吴某。而后，吴某收购了其他569名股东的全部股份，并于当年8月正式成立蓝天基建有限公司。9月，蓝天基建有限公司向区财政局交清国有资产购买款4650万元。随后，吴某积极办理公司产权转移手续。	贪污行为。
	案发时，手续尚在办理之中。	犯罪未遂。

S2：按照法律关系不同，找出上述案件对应的有关事实。

问　题	关键事实
1. 吴某以谎称"让领导的朋友退出"为由，让徐某支付30万给赵某，吴某的行为是否构成受贿罪？如果构成，是否属于法定从重情节？为什么？	⊙吴某原计划安排情妇赵某承接该业务，便以"让领导的朋友退出"为由，要徐某给予"领导的朋友"好处费30万元。（P1）
2. 徐某支付10万元给赵某，徐某和赵某的行为应当如何定性？为什么？	⊙吴某带徐某与赵某见面，谎称赵某系"领导的朋友"。徐某将30万元交给赵某。（P1）
3. 徐某请求吴某帮忙解决学校的工程款一案，徐某和吴某的行为应当如何定性？为什么？	⊙徐某为某公立学校承包工程，工程按质按量完工后，学校一直拖欠工程款（3000余万元）。徐某听说吴某（国有独资基建公司总经理）与校长很熟，便送给吴某10万元，请吴某帮忙。吴某让校长张某帮忙解决，张某于是将工程款给付徐某。（P2）
4. 如果吴某是张某的直系上级，徐某和吴某的行为应当如何定性？为什么？	⊙徐某为某公立学校承包工程，工程按质按量完工后，学校一直拖欠工程款（3000余万元）。徐某听说吴某（张某的直系上级）与校长很熟，便送给吴某10万元，请吴某帮忙。吴某让校长张某帮忙解决，张某于是将工程款给付徐某。（代入案情）
5. 吴某在国有企业改制中隐瞒资产真实情况，造成巨额国有资产潜在流失的行为是否构成犯罪？属于何种犯罪形态？为什么？	⊙吴某担任某国有独资基建公司总经理。（P1） ⊙2012年，基建公司进行产权制度改革，在资产评估过程中，吴某明知公司的应付款账户中有三笔共计460万元系上几年虚设，而未向评估人员作出说明，隐瞒该款项的真实情况，从而使评

续表

问 题	关键事实
5. 吴某在国有企业改制中隐瞒资产真实情况，造成巨额国有资产潜在流失的行为是否构成犯罪？属于何种犯罪形态？为什么？	估人员将该三笔款项作为应付款评估并予以确认。同年底，政府发文同意该公司产权制度改革实施方案。此后，基建公司在570名职工中平均配股。6月，公司股东大会选举产生董事会，董事长为吴某。而后，吴某收购了其他569名股东的全部股份，并于当年8月正式成立蓝天基建有限公司。9月，蓝天基建有限公司向区财政局交清国有资产购买款4650万元。随后，吴某积极办理公司产权转移手续。案发时，手续尚在办理之中。（P3）

S3：分析案件中的法律关系，得出结论。

问 题	关键事实	结论和理由
1. 吴某以谎称"让领导的朋友退出"为由，让徐某支付30万给赵某，吴某的行为是否构成受贿罪？如果构成，是否属于法定从重情节？为什么？	吴某原计划安排情妇赵某承接该业务，便以"让领导的朋友退出"为由，要徐某给予"领导的朋友"好处费30万元。（P1）	[结论] 吴某收受他人财物，构成受贿罪，且属于"索贿"，加重处罚。
2. 徐某支付10万元给赵某，徐某和赵某的行为应当如何定性？为什么？	吴某带徐某与赵某见面，谎称赵某系"领导的朋友"。徐某将30万元交给赵某。（P1）	[结论] 徐某构成行贿罪；赵某构成受贿罪的帮助犯。 [解析] 徐某明知赵某是国家工作人员同一阵营的人而给予其财物，构成行贿罪。吴某与赵某共同收受财物，构成受贿罪的共同犯罪；赵某没有国家工作人员的身份，是受贿罪的帮助犯。
3. 徐某请求吴某帮忙解决学校的工程款一案，徐某和吴某的行为应当如何定性？为什么？	徐某为某公立学校承包工程，工程按质按量完工后，学校一直拖欠工程款（3000余万元）。徐某听说吴某（国有独资基建公司总经理）与校长很熟，便送给吴某10万元，请吴某帮忙。吴某让校长张某帮忙解决，张某于是将工程款给付徐某。（P2）	[结论] 徐某和吴某均不构成犯罪。 [解析] 吴某作为国家工作人员，收受徐某财物，通过其他国家工作人员张某行使职权，为他人谋取利益，是斡旋受贿行为；徐某给予国家工作人员财物，是行贿行为。 由于徐某的"工程款"是正当利益，而斡旋受贿行为和行贿行为必须要谋取不正当利益才能构成犯罪，因此，二人均不构成犯罪。
4. 如果吴某是张某的直系上级，徐某和吴某的行为应当如何定性？为什么？	徐某为某公立学校承包工程，工程按质按量完工后，学校一直拖欠工程款（3000余万元）。徐某听说吴某（张某的直系上级）与校长很熟，便送给吴某	[结论] 徐某不构成犯罪；吴某构成受贿罪。 [解析] 吴某作为国家工作人员，收受徐某财物，通过直系下属张某行使职权，为

续表

问　题	关键事实	结论和理由
4. 如果吴某是张某的直系上级，徐某和吴某的行为应当如何定性？为什么？	10万元，请吴某帮忙。吴某让校长张某帮忙解决，张某于是将工程款给付徐某。（代入案情）	他人谋取利益，是普通受贿行为。由于普通受贿的成立无需谋取不正当利益，因此，吴某构成受贿罪。 　　徐某给予国家工作人员财物，是行贿行为。由于行贿行为必须要谋取不正当利益才能构成犯罪，因此，徐某不构成犯罪。
5. 吴某在国有企业改制中隐瞒资产真实情况，造成巨额国有资产潜在流失的行为是否构成犯罪？属于何种犯罪形态？为什么？	2012年，基建公司进行产权制度改革，在资产评估过程中，吴某明知公司的应付款账户中有三笔共计460万元系上几年虚设，而未向评估人员作出说明，隐瞒该款项的真实情况，从而使评估人员将该三笔款项作为应付款评估并予以确认。同年底，政府发文同意该公司产权制度改革实施方案。此后，基建公司在570名职工中平均配股。6月，公司股东大会选举产生董事会，董事长为吴某。而后，吴某收购了其他569名股东的全部股份，并于当年8月正式成立蓝天基建有限公司。9月，蓝天基建有限公司向区财政局交清国有资产购买款4650万元。随后，吴某积极办理公司产权转移手续。案发时，手续尚在办理之中。（P3）	[结论] 吴某构成贪污罪（未遂）。 [解析] 吴某作为国家工作人员，利用职务之便将公司股权据为己有，构成贪污罪。贪污罪的既遂标准是取得财物，吴某尚未取得财物，构成贪污罪（未遂）。

S4：最后，将结论用"倒置三段论"的方式表达出来。

答案

1. 吴某作为国家工作人员，向徐某索要财物，构成受贿罪，且属于"索贿"，从重处罚。

2. 徐某在吴某知情的情况下给予吴某的情妇赵某财物，构成行贿罪。吴某与赵某共同收受财物，构成受贿罪的共同犯罪；赵某不具有国家工作人员的身份，是帮助犯。

3. 吴某收受财物，通过其他国家工作人员为他人谋取利益，属于斡旋受贿行为，但没有谋取不正当利益，不构成（斡旋受贿型的）受贿罪。徐某给予国家工作人员财物，属于行贿行为，但没有谋取不正当利益，不构成行贿罪。

4. 如果吴某是张某的直系上级，吴某收受他人财物，通过校长张某为他人谋取利益，构成受贿罪。徐某给予国家工作人员财物，属于行贿行为，但没有谋取不正当利益，不构成行贿罪。

5. 吴某以非法占有为目的，利用职务之便将公司股权据为己有，并非基于单位的意志、为了单位的利益，不构成私分国有资产罪，而构成贪污罪。又由于吴某已经着手但未取得财物，因此属于犯罪未遂。

"分问整案"型

案例十四 "恋爱脑杨某某"案

案情：

杨某某离婚后，独自照顾一子一女。2013年5月，听闻其子（杨某军）处了一个对象，家境贫困，杨某某希望其子断绝和女方往来，但儿子拒绝。杨某某非常生气。杨某某开始留意儿子的行动，一旦发现他再和女友来往，就对儿子进行殴打，同时找到女方，威胁她不要再和自己儿子来往。此后杨某某还多次因为此事殴打儿子，杨某军痛苦不堪，于是在2013年6月和女方一起投河自杀，两人均死亡。（P1）

2013年7月，杨某某为了转移痛苦与女儿（杨某艳）的同学张某某谈恋爱，后产生矛盾。杨某某购买硫酸倒入杯中携带至张某某家。杨某某手拿水杯对张某某说"真想泼到你脸上"，并欲拧开水杯盖子，但未能打开。张某某认为水杯中系清水，为稳定自己情绪，接过水杯，拧了多次才打开杯盖，将水杯中的硫酸倒在自己的头上，致使其身体多部位被硫酸烧伤。因为张某某和杨某艳是好友，杨某艳请求张某某不要报警，并一直在医院照顾张某某。（P2）

杨某某认为，张某某"移情别恋"是因为赵某，遂雇请李四杀害赵某。杨某某将正在买菜的"赵某"指给李四看。但事实上，杨某某将王五当成了"赵某"。后李四按照约定，将实为王五的"赵某"杀害。（P3）

杨某某担心张某某报警，决定杀死"张某某"，遂于深夜潜入张某某病房，用被子蒙住"张某某"，导致"张某某"窒息而死。但"张某某"实系杨某艳，杨某某误将其女杨某艳捂死。（P4）

杨某某在逃跑过程中，心情万分绝望，多次吸食毒品。某日，杨某某因服食摇头丸药性发作，持刀朝路人胸部插刺，致路人抢救无效死亡。杨某某于当晚9时许被抓获。经司法鉴定认为，杨某某系吸食摇头丸后出现精神病症状，在精神病状态下作案，评定为限定刑事责任能力。（P5）

问题：

1. 杨某某暴力干涉儿子恋爱，导致两人自杀的行为，是否存在刑法上的因果关系？应当如何定性？

2. 杨某某携带硫酸导致被害人被烧伤的行为应当如何定性？为什么？

3. 李四将实为王五的"赵某"杀害的行为是否出现了认识错误？应当如何定性？按照共犯从属理论，杨某某的行为是否出现了认识错误？按照法定符合说，又应当如何定性？

4. 杨某某误将女儿杀死的行为应当如何处理？若有多种学说，请分别说明。

5. 杨某某吸毒之后杀人的行为如何认定？

解答思路

S1：通读案情，圈画关键词，做基本的概念翻译和考点对应工作。

问　　题	事　　实	思路与问题
1. 杨某某暴力干涉儿子恋爱，导致两人自杀的行为，是否存在刑法上的因果关系？应当如何定性？	2013 年 5 月，听闻其子（杨某军）处了一个对象，家境贫困，杨某某希望其子断绝和女方往来，但儿子拒绝。杨某某非常生气。杨某某开始留意儿子的行动，一旦发现他再和女友来往，就对儿子进行殴打，同时找到女方，威胁她不要再和自己儿子来往。此后杨某某还多次因为此事殴打儿子，杨某军痛苦不堪。（P1）	暴力干涉"恋爱自由"构成暴力干涉婚姻自由罪吗？
	（杨某军）于是在 2013 年 6 月和女方一起投河自杀，两人均死亡。（P1）	杨某某是否对儿子和女方的自杀结果负责

续表

问 题	事 实	思路与问题
2. 杨某某携带硫酸导致被害人被烧伤的行为应当如何定性？为什么？	杨某某购买硫酸倒入杯中携带至张某某家。杨某某手拿水杯对张某某说"真想泼到你脸上"，并欲拧开水杯盖子，但未能打开。（P2）	故意伤害罪；犯罪未遂。
	张某某认为水杯中系清水，为稳定自己情绪，接过水杯，拧了多次才打开杯盖，将水杯中的硫酸倒在自己的头上，致使其身体多部位被硫酸烧伤。（P2）	属于不作为犯还是过失犯？
3. 李四将实为王五的"赵某"杀害的行为是否出现了认识错误？应当如何定性？按照共犯从属理论，杨某某的行为是否出现了认识错误？按照法定符合说，又应当如何定性？	杨某某认为，张某某"移情别恋"是因为赵某，遂雇请李四杀害赵某。（P3）	杨某某是故意杀人罪（教唆犯）；李四是正犯。
	杨某某将正在买菜的"赵某"指给李四看。但事实上，杨某某将王五当成了"赵某"。后李四按照约定，将实为王五的"赵某"杀害。（P3）	杨某某是对象错误？李四是否存在认识错误？
4. 杨某某误将女儿杀死的行为应当如何处理？若有多种学说，请分别说明。	杨某某担心张某某报警，决定杀死"张某某"，遂于深夜潜入张某某病房，用被子蒙住"张某某"，导致"张某某"窒息而死。但"张某某"实系杨某艳，杨某某误将其女杨某艳捂死。（P4）	对象错误。
5. 杨某某吸毒之后杀人的行为如何认定？	杨某某在逃跑过程中，心情万分绝望，多次吸食毒品。某日，杨某某因服食摇头丸药性发作，持刀朝路人胸部插刺，致路人抢救无效死亡。（P5）	原因自由行为。

S2：分析案件中的法律关系，得出结论。

问 题	关键事实	结论和理由
1. 杨某某暴力干涉儿子恋爱，导致两人自杀的行为，是否存在刑法上的因果关系？应当如何定性？	（杨某某）一旦发现他再和女友来往，就对儿子进行殴打……此后杨某某还多次因为此事殴打儿子，杨某军痛苦不堪。（P1）	[结论] 杨某某构成暴力干涉婚姻自由罪。 [解析] 暴力干涉婚姻自由，是指以暴力手段干涉他人婚姻自由的权利，情节严重的行为。由于"恋爱"和"婚姻"是密不可分的两个部分，因此，暴力干涉婚姻自由罪包括暴力干涉他人恋爱自由的情况。
	（杨某军）于是在2013年6月和女方一起投河自杀，两人均死亡。（P1）	[结论] 杨某某属于"暴力干涉婚姻自由致人死亡"，对其子的死亡结果负责，但不对其子女友的死亡结果负责。 [解析] "暴力干涉婚姻自由致人死亡"包括被害人自杀的情况，但结果加重犯必须符合"常见、常发、常伴随"的特点。在杨某某暴力干涉婚姻自由的情况下，其子的自杀行为正常，但其子女友的自杀行为不正常。因此，杨某某对其子的死亡结果负责，但不对其子女友的死亡结果负责。

续表

问题	关键事实	结论和理由
2. 杨某某携带硫酸导致被害人被烧伤的行为应当如何定性？为什么？	杨某某购买硫酸倒入杯中携带至张某某家。杨某某手拿水杯对张某某说"真想泼到你脸上"，并欲拧开水杯盖子，但未能打开。（P2）	[结论] 杨某某构成故意伤害罪（未遂）。 [解析] 杨某某意图用硫酸泼人，构成故意伤害罪。由于已经对他人的人身法益产生了"现实、直接、紧迫"的危险，因此属于犯罪未遂。
	张某某认为水杯中系清水，为稳定自己情绪，接过水杯，拧了多次才打开杯盖，将水杯中的硫酸倒在自己的头上，致使其身体多部位被硫酸烧伤。（P2）	[结论] 杨某某构成不作为的故意伤害罪，整体评价为故意伤害罪（既遂）。 [解析] 本案中，"拧了多次"表明杨某某有足够的时间制止对方，具有作为可能性；且杨某某将硫酸带到张某某面前升高了风险，产生了作为义务，构成不作为的故意伤害罪。
3. 李四将实为王五的"赵某"杀害的行为是否出现了认识错误？应当如何定性？按照共犯从属理论，杨某某的行为是否出现了认识错误？按照法定符合说，又应当如何定性？	杨某某认为，张某某"移情别恋"是因为赵某，遂雇请李四杀害赵某。（P3）	[结论] 杨某某教唆李四杀人，是教唆犯。
	杨某某将正在买菜的"赵某"指给李四看。但事实上，杨某某将王五当成了"赵某"。（P3）	[结论] 杨某某认错了人，属于对象错误。对象错误根据"法定符合说"和"具体符合说"都是犯罪既遂。
	后李四按照约定，将实为王五的"赵某"杀害。（P3）	[结论] 李四按照杨某某的指示杀人，没有出现错误，成立故意杀人罪（既遂）。
4. 杨某某误将女儿杀死的行为应当如何处理？若有多种学说，请分别说明。	杨某某担心张某某报警，决定杀死"张某某"，遂于深夜潜入张某某病房，用被子蒙住"张某某"，导致"张某某"窒息而死。但"张某某"实系杨某艳，杨某某误将其女杨某艳捂死。（P4）	[结论] 杨某某认错了人，属于对象错误。对象错误根据"法定符合说"和"具体符合说"都是犯罪既遂。
5. 杨某某吸毒之后杀人的行为如何认定？	杨某某在逃跑过程中，心情万分绝望，多次吸食毒品。某日，杨某某因服食摇头丸药性发作，持刀朝路人胸部插刺，致路人抢救无效死亡。（P5）	[结论] 杨某某构成故意杀人罪。 [解析] "原因自由行为"中，第一次陷入缺乏责任能力的状态造成损害的，属于过失犯罪；多次陷入缺乏责任能力的状态造成损害，属于故意犯罪。

S3：最后，将结论用"倒置三段论"的方式表达出来。

答案

1. 杨某某使用暴力干涉其子婚姻自由，构成暴力干涉婚姻自由罪。杨某某的行为导致其子自杀，行为与结果之间存在因果关系，杨某某需要对其子的死亡结果负责；但是女方自杀并不常见，杨某某对此不负责任。因此，杨某某的行为构成暴力干涉婚姻自由致人死亡，但仅对其子的死亡结果负责。

2. 杨某某有伤害的故意，但在实行阶段因客观原因未能得逞，构成故意伤害罪（未遂）。之后，杨某某基于先行行为产生了作为义务，但没有采取任何有效防止措施，成立不作为的故意伤害罪，最终以故意伤害罪论处。

3. 实行者李四没有发生认识错误，成立故意杀人罪（既遂）。教唆犯杨某某属于对象错误，无论根据"具体符合说"还是"法定符合说"，均不影响既遂的成立。杨某某成立故意杀人罪（既遂）。

4. 杨某某发生对象错误，无论根据"具体符合说"还是"法定符合说"，均不影响既遂的成立。杨某某构成故意杀人罪（既遂）。

5. 杨某某多次吸毒后杀人，属于原因自由行为，不影响犯罪故意的认定，构成故意杀人罪（既遂）。

案例十五 "装订厂长李某黑化"案

案情：

2015年，向某（女）利用其担任某供电公司（非国有）出纳员的职务之便，多次动用自己保管的公司账上的资金用于赌博。2016年10月，向某从自己保管的供电公司的小金库中取款22万元，用于填补挪用差款。后向某认为供电公司的小金库管理松懈，遂产生侵吞供电公司小金库资金的念头。之后，向某伙同其夫田某侵吞公司小金库资金70余万元。（P1）

经查，1998年，田某与向某登记结婚。2008年4月，田某与杨某以夫妻名义同居。同年8月，二人举办了婚礼，在B市购买了一套房产居住，并育有一子。2010年，田某前往D市工作，未告知杨某。2013年，杨某找到田某要求与其办理结婚登记，田某拒绝并再次离开杨某。2014年年初，田某回到B市向某处生活。同年5月，在未通知杨某的情况下，田某将曾与杨某同居的房产（登记在田某名下）出售。2015年3月，杨某找到田某并报警，田某被抓获。（P2）

2014年年初，田某从他人处得知某装订厂能印刷无委印手续书刊，便与厂长李某联系，称自己是书商，想印一些大学教材，但无任何手续。厂长李某认为所要印的教材不是"黄色"和"反动"的，即同意印刷。依据约定，李某安排图书的印刷及装订。田某接货将盗版书销往全国各地，非法经营额达人民币272万余元。后因分配不均，田某撰文要举报李某。（P3）

李某出逃，后因经济困难，想找点钱花。2015年2月某日晚，李某将一女子张某骗至公共绿地，并将三唑仑片放入饮料中，骗张某饮用，趁张某服药神志不清之机，抢走张某2万余元现金。在强摘张某耳环时，遭张某反抗，李某对张某进行殴打。次日上午10时许，张某的尸体在该绿地东南边的水沟里被发现，经法医鉴定，张某系被他人扼颈后溺水

致窒息而死亡。(P4)

李某知道自己犯下了命案，觉得这都是田某所致，遂决定除掉田某。李某从警察王某处窃取枪支一把，在前往田某家的途中被抓获。(P5)

问题：

1. 向某挪用并侵吞公司财物的行为是否属于吸收犯？应当如何处理？向某的赌博行为是否构成犯罪？为什么？

2. 田某的重婚行为属于何种罪数形态？其追诉时效应从何时开始计算？

3. 田某与李某的非法经营行为触犯哪些犯罪构成？它们是什么关系？应当如何处理？

4. 对于抢劫行为，如果李某始终辩称，他只想谋财，从未有过害命之意，那么李某的抢劫行为是否属于结果加重犯？为什么？

5. 李某盗窃枪支的行为如何定性？

解答思路

S1：通读案情，圈画关键词，做基本的概念翻译和考点对应工作。

问 题	事 实	思路与问题
1. 向某挪用并侵吞公司财物的行为是否属于吸收犯？应当如何处理？向某的赌博行为是否构成犯罪？为什么？	2015年，向某（女）利用其担任某供电公司（非国有）出纳员的职务之便……（P1）	向某的身份是什么？
	（向某）多次动用自己保管的公司账上的资金用于赌博。2016年10月，向某从自己保管的供电公司的小金库中取款22万元，用于填补挪用差款。（P1）	挪用资金罪。
	后向某认为供电公司的小金库管理松懈，遂产生侵吞供电公司小金库资金的念头。之后，向某伙同其夫田某侵吞公司小金库资金70余万元。（P1）	职务侵占罪。
2. 田某的重婚行为属于何种罪数形态？其追诉时效应从何时开始计算？	经查，1998年，田某与向某登记结婚。2008年4月，田某与杨某以夫妻名义同居。同年8月，二人举办了婚礼，在B市购买了一套房产居住，并育有一子。2010年，田某前往D市工作，未告知杨某。2013年，杨某找到田某要求与其办理结婚登记，田某拒绝并再次离开杨某。（P2）	重婚罪。
	2014年年初，田某回到B市向某处生活。同年5月，在未通知杨某的情况下，田某将曾与杨某同居的房产（登记在田某名下）出售。2015年3月，杨某找到田某并报警，田某被抓获。（P2）	田某在2014年结束了事实婚姻，重婚的状态结束。
3. 田某与李某的非法经营行为触犯哪些犯罪构成？它们是什么关系？应当如何处理？	2014年年初，田某从他人处得知某装订厂能印刷无委印手续书刊，便与厂长李某联系，称自己是书商，想印一些大学教材，但无任何手续。厂长李某认为所要印的教材不是"黄色"和"反动"的，即同意印刷。依据约定，李某安排图书的印刷及装订。田某接货将盗版书销往全国各地，非法经营额达人民币272万余元。后因分配不均，田某撰文要举报李某。（P3）	田某与李某构成侵犯著作权罪还是非法经营罪？
4. 对于抢劫行为，如果李某始终辩称，他只想谋财，从未有过害命之意，那么李某的抢劫行为是否属于结果加重犯？为什么？	李某出逃，后因经济困难，想找点钱花。2015年2月某日晚，李某将一女子张某骗至公共绿地，并将三唑仑片放入饮料中，骗张某饮用，趁张某服药神志不清之机，抢走张某2万余元现金。（P4）	"其他方式"的抢劫。
	在强摘张某耳环时，遭张某反抗，李某对张某进行殴打。次日上午10时许，张某的尸体在该绿地东南边的水沟里被发现，经法医鉴定，张某系被他人扼颈后溺水致窒息而死亡。（P4）	抢劫致人死亡。

续表

问题	事实	思路与问题
5. 李某盗窃枪支的行为如何定性？	李某知道自己犯下了命案，觉得这都是田某所致，遂决定除掉田某。李某从警察王某处窃取枪支一把，在前往田某家的途中被抓获。(P5)	李某构成盗窃罪和故意杀人罪，如何处理罪数问题？

S2：分析案件中的法律关系，得出结论。

问题	关键事实	结论和理由
1. 向某挪用并侵吞公司财物的行为是否属于吸收犯？应当如何处理？向某的赌博行为是否构成犯罪？为什么？	2015年，向某（女）利用其担任某供电公司（非国有）出纳员的职务之便，多次动用自己保管的公司账上的资金用于赌博。2016年10月，向某从自己保管的供电公司的小金库中取款22万元，用于填补挪用差款。(P1)	[结论] 向某构成挪用资金罪。 [解析] 挪用公款罪和挪用资金罪的区别在于身份不同，挪用公款罪的主体是国家工作人员，挪用资金罪的主体是公司、企业或者其他单位的人员。向某作为非国有公司出纳人员，构成挪用资金罪。
	后向某认为供电公司的小金库管理松懈，遂产生侵吞供电公司小金库资金的念头。之后，向某伙同其夫田某侵吞公司小金库资金70余万元。(P1)	[结论] 向某构成职务侵占罪。 [解析] 要构成职务侵占罪，行为人主观上需要有非法占有目的，即行为人有将财物"据为己有"的意思，否则只能构成挪用资金罪。本段事实中，"侵吞"代表行为人具有非法占有目的，向某构成职务侵占罪。
2. 田某的重婚行为属于何种罪数形态？其追诉时效应从何时开始计算？	经查，1998年，田某与向某登记结婚。2008年4月，田某与杨某以夫妻名义同居。同年8月，二人举办了婚礼，在B市购买了一套房产居住，并育有一子。2010年，田某前往D市工作，未告知杨某。2013年，杨某找到田某要求与其办理结婚登记，田某拒绝并再次离开杨某。(P2)	[结论] 田某构成重婚罪。 [解析] 重婚罪，是指有配偶又与他人结婚或者明知他人有配偶而与之结婚的行为。"事实婚姻"也属于重婚罪中的"结婚"。田某结婚后又与杨某成立事实婚姻，构成重婚罪。
	2014年年初，田某回到B市向某处生活。同年5月，在未通知杨某的情况下，田某将曾与杨某同居的房产（登记在田某名下）出售。2015年3月，杨某找到田某并报警，田某被抓获。(P2)	[结论] 田某是继续犯，追诉时效从2014年开始计算。 [解析] 追诉期限从犯罪之日起计算；犯罪行为有连续或者继续状态的，从犯罪行为终了之日起计算。本案中，2014年，田某回到原配向某处生活，并变卖房产，表明了不再维持事实婚姻的意思，犯罪状态的结束，故追诉时效从2014年开始计算。

续表

问题	关键事实	结论和理由
3. 田某与李某的非法经营行为触犯哪些犯罪构成？它们是什么关系？应当如何处理？	2014年年初，田某从他人处得知某装订厂能印刷无委印手续书刊，便与厂长李某联系，称自己是书商，想印一些大学教材，但无任何手续。厂长李某认为所要印的教材不是"黄色"和"反动"的，即同意印刷。依据约定，李某安排图书的印刷及装订。田某接货将盗版书销往全国各地，非法经营额达人民币272万余元。后因分配不均，田某撰文要举报李某。（P3）	[结论] 行为人触犯侵犯著作权罪和销售侵权复制品罪，最终认定为侵犯著作权罪。 [解析] 如果私自出版物存在合法版本，则行为人构成侵犯著作权罪；如果私自出版物不存在合法版本（如私自发行自创小说《霸道总裁太猴急》），则行为人构成非法经营罪。本案中，由于行为人盗版的是大学教材，存在对应的合法版本，因此不构成非法经营罪。 另外，先后触犯侵犯著作权罪和销售侵权复制品罪，销售侵权复制品罪属于"事后不可罚"，行为人只认定为侵犯著作权罪。
4. 对于抢劫行为，如果李某始终辩称，他只想谋财，从未有过害命之意，那么李某的抢劫行为是否属于结果加重犯？为什么？	李某出逃，后因经济困难，想找点钱花。2015年2月某日晚，李某将一女子张某骗至公共绿地，并将三唑仑片放入饮料中，骗张某饮用，趁张某服药神志不清之机，抢走张某2万余元现金。（P4）	[结论] 李某构成抢劫罪。 [解析] 抢劫的手段包括"暴力"、"胁迫"和"其他方式"，"其他方式"是指创造了被害人不能反抗状态取得财物的情形。本案中，李某创造了被害人张某神志不清的状态，而后取得财物，构成抢劫罪。
	在强摘张某耳环时，遭张某反抗，李某对张某进行殴打。次日上午10时许，张某的尸体在该绿地东南边的水沟里被发现，经法医鉴定，张某系被他人扼颈后溺水致窒息而死亡。（P4）	[结论] 李某属于抢劫致人死亡。 [解析] "抢劫致人死亡"包括抢劫过程中故意杀人的情形。李某在抢劫过程中至少是放任被害人的死亡结果的发生，具有间接故意，属于"抢劫致人死亡"，加重处罚。
5. 李某盗窃枪支的行为如何定性？	李某知道自己犯下了命案，觉得这都是田某所致，遂决定除掉田某。李某从警察王某处窃取枪支一把，在前往田某家的途中被抓获。（P5）	[结论] 李某构成盗窃枪支罪与故意杀人罪（预备），从一重罪处罚。 [解析] 李某盗窃枪支就是为杀人做准备，因此，一个行为触犯盗窃枪支罪与故意杀人罪（预备），从一重罪处罚。

S3：最后，将结论用"倒置三段论"的方式表达出来。

答案

1. 向某是公司、企业或者其他单位的人员，且作为出纳员，对公司财物有管控义务。向某挪用资金用于非法活动，构成挪用资金罪；之后对92万元产生非法占有目的，并据为已有，构成职务侵占罪，与挪用资金罪数罪并罚。

2. 田某的重婚行为属于继续犯。2014年，田某回到原配向某处生活，并变卖房产，表明了不再维持事实婚姻的意思，犯罪状态的结束，故追诉时效从2014年开始计算。

3. 田某与李某擅自复制、发行他人作品并出售，触犯侵犯著作权罪和销售侵权复制品罪，后行为属于"事后不可罚"，因此应当认定为侵犯著作权罪。

4. 李某使用暴力、昏醉的方式压制他人反抗，取得财物，构成抢劫罪。李某在抢劫过程中至少是放任被害人的死亡结果的发生，具有间接故意，触犯故意杀人罪。因此整体评价为"抢劫致人死亡"，加重处罚。

5. 李某构成盗窃枪支罪，同时为杀人行为准备工具、制造条件，属于故意杀人罪（预备），从一重罪处罚。

案例十六　射线照领导，开车撞亲妈

案情：

2013年2月，古某因拆迁事宜为报复刘某，在刘某办公室内的暗室安装铱射线工业探伤机，使用铱源对刘某的身体进行照射，致使刘某及其他70位工作人员受到放射源的辐射伤害。经鉴定，刘某为重伤，有13人为轻伤。（P1）

2013年4月，执法人员开始拆除古某家的违章建筑，古某看到房子被拆越想越气。随后，古某加速驾驶小轿车直冲下去，撞到了维持外围秩序的多名工作人员，其中，李某被车头撞飞，滚在引擎盖上后又被甩在地上。古某继续右转向行驶，并朝工作人员密集的地方冲撞而去，直至撞上房屋南侧小门。在此过程中，古某又撞到多名工作人员和其母亲。后古某驾车逃跑。经鉴定，其中5人的损伤程度为轻伤，2人为轻微伤，4人未达到轻微伤程度。（P2）

2014年7月2日晚21时，古某驾驶小轿车，碰撞到行走的被害人徐某，致其身体局部受伤倒地。古某驾车离开现场。22时许，张某开车行至该路段，碰撞到倒地躺在快车道上的徐某，造成徐某当场死亡。经交通警察大队事故责任认定，该事故第一次碰撞中，古某负事故全部责任，徐某无责任；第二次碰撞中，古某负事故同等责任，张某负事故同等责任，徐某无责任。（P3）

2014年7月5日，古某在逃跑过程中，穿过一小镇时，正在停靠于路边的收割机后玩耍的儿童李某突然想跑到马路对面，并横穿公路来到车前。正常驾驶的古某立即刹车，但仍未能避免李某被汽车撞伤死亡。后古某被愤怒的村民拦截，扭送至公安机关。经查，古某在此前的数小时，在限速40公里/小时的路段以50公里/小时的速度行驶，曾在限速110公里/小时的路段以130公里/小时高速行驶。（P4）

问题：

1. 古某在刘某办公室安装铱射线工业探伤机的行为应当如何处理？造成刘某等多人身体伤害的行为又当如何定性？为什么？

2. 古某驾车冲撞执法人员，是否构成犯罪？如果构成，应以何罪处理？

3. 古某的肇事行为与徐某的死亡结果之间是否存在因果关系？为什么？针对徐某的死亡，古某的肇事行为应当如何处理？如果古某的辩护律师主张第一次撞击未造成徐某重伤以上结果，这会影响案件的认定吗？

4. 古某的违章行为与儿童的死亡结果之间是否存在因果关系？为什么？

📥 解答思路

S1：通读案情，圈画关键词，做基本的概念翻译和考点对应工作。

问　　题	事　　实	思路与问题
1. 古某在刘某办公室安装铱射线工业探伤机的行为应当如何处理？造成刘某等多人身体伤害的行为又当如何定性？为什么？	○古某因拆迁事宜为报复刘某，在刘某办公室内的暗室安装铱射线工业探伤机，使用铱源对刘某的身体进行照射，致使刘某及其他70位工作人员受到放射源的辐射伤害。经鉴定，刘某为重伤，有13人为轻伤。(P1)	投放危险物质罪；结果加重犯。
2. 古某驾车冲撞执法人员，是否构成犯罪？如果构成，应以何罪处理？	○古某加速驾驶小轿车直冲下去，撞到了维持外围秩序的多名工作人员，其中，李某被车头撞飞，滚在引擎盖上后又被甩在地上。古某继续右转向行驶，并朝工作人员密集的地方冲撞而去，直至撞上房屋南侧小门。在此过程中，古某又撞到多名工作人员和其母亲。后古某驾车逃跑。经鉴定，其中5人的损伤程度为轻伤，2人为轻微伤，4人未达到轻微伤程度。(P2)	以危险方法危害公共安全罪。

续表

问　题	事　实	思路与问题
3. 古某的肇事行为与徐某的死亡结果之间是否存在因果关系？为什么？针对徐某的死亡，古某的肇事行为应当如何处理？如果古某的辩护律师主张第一次撞击未造成徐某重伤以上结果，这会影响案件的认定吗？	⊙古某驾驶小轿车，碰撞到行走的被害人徐某，致其身体局部受伤倒地。古某驾车离开现场。22时许，张某开车行至该路段，碰撞到倒地躺在快车道上的徐某，造成徐某当场死亡。(P3)	因果关系；"交通肇事逃逸致人死亡"。
4. 古某的违章行为与儿童的死亡结果之间是否存在因果关系？为什么？	⊙正在停靠于路边的收割机后玩耍的儿童李某突然想跑到马路对面，并横穿公路来到车前。正常驾驶的古某立即刹车，但仍未能避免李某被汽车撞伤死亡。(P4) ⊙古某在此前的数小时，在限速40公里/小时的路段以50公里/小时的速度行驶，曾在限速110公里/小时的路段以130公里/小时高速行驶。(P4)	因果关系判断。

S2：分析案件中的法律关系，得出结论。

问　题	关键事实	结论和理由
1. 古某在刘某办公室安装铱射线工业探伤机的行为应当如何处理？造成刘某等多人身体伤害的行为又当如何定性？为什么？	⊙古某因拆迁事宜为报复刘某，在刘某办公室内的暗室安装铱射线工业探伤机，使用铱源对刘某的身体进行照射，致使刘某及其他70位工作人员受到放射源的辐射伤害。经鉴定，刘某为重伤，有13人为轻伤。(P1)	[结论] 古某属于投放危险物质致人重伤。 [解析] 投放危险物质罪，是指故意投放毒害性、放射性、传染病病原体等物质，危害公共安全的行为，"铱射线"属于放射性物质，也属于"危险物质"。投放危险物质致人重伤、死亡的，属于结果加重犯。
2. 古某驾车冲撞执法人员，是否构成犯罪？如果构成，应以何罪处理？	⊙古某加速驾驶小轿车直冲下去，撞到了维持外围秩序的多名工作人员，其中，李某被车头撞飞，滚在引擎盖上后又被甩在地上。古某继续右转向行驶，并朝工作人员密集的地方冲撞而去，直至撞上房屋南侧小门。在此过程中，古某又撞到多名工作人员和其母亲。后古某驾车逃跑。经鉴定，其中5人的损伤程度为轻伤，2人为轻微伤，4人未达到轻微伤程度。(P2)	[结论] 古某构成以危险方法危害公共安全罪。 [解析] 程度上，以危险方法危害公共安全罪>交通肇事罪>危险驾驶罪。以危险方法危害公共安全罪危及不特定人，是"死一片"；交通肇事罪是结果犯，是"死一个"；危险驾驶罪是抽象危险犯，是"没死呢"。本案中，古某撞向不特定人，危险程度高，已经达到了与"放火"等价的程度，构成以危险方法危害公共安全罪。

续表

问　　题	关键事实	结论和理由
3. 古某的肇事行为与徐某的死亡结果之间是否存在因果关系？为什么？针对徐某的死亡，古某的肇事行为应当如何处理？如果古某的辩护律师主张第一次撞击并未造成徐某重伤以上结果，这会影响案件的认定吗？	○古某驾驶小轿车，碰撞到行走的被害人徐某，致其身体局部受伤倒地。古某驾车离开现场。22时许，张某开车行至该路段，碰撞到倒地躺在快车道上的徐某，造成徐某当场死亡。（P3）	[结论] 古某的肇事行为与徐某的死亡结果之间存在因果关系，属于"交通肇事逃逸致人死亡"。 [解析] 张某因为前方道路上事故、来不及刹车碾压被害人是正常介入因素，不切断因果关系，因此，古某的肇事行为与徐某的死亡结果之间存在因果关系。另外，成立"交通肇事逃逸致人死亡"并不要求前行为已构成交通肇事罪，只要前面有肇事行为即可。古某前面有肇事行为，且有"逃逸致人死亡"的情节发生，因此属于"交通肇事逃逸致人死亡"。
4. 古某的违章行为与儿童的死亡结果之间是否存在因果关系？为什么？	○正在停靠于路边的收割机后玩耍的儿童李某突然想跑到马路对面，并横穿公路来到车前。正常驾驶的古某立即刹车，但仍未能避免李某被汽车撞伤死亡。（P4） ○古某在此前的数小时，在限速40公里/小时的路段以50公里/小时的速度行驶，曾在限速110公里/小时的路段以130公里/小时高速行驶。（P4）	[结论] 没有因果关系。 [解析] 虽然本案从形式上看，如果没有数小时前的超速行为，就不会发生此时此刻的事故。但是，从规范的保护目的上说，法律禁止超速是为了防止在"此时此刻"撞到他人，而不是为了防止在以后的某一时刻因为"蝴蝶效应"撞到他人。因此，古某的超速行为与后来发生的事故之间没有法律上的因果关系。

S3：最后，将结论用"倒置三段论"的方式表达出来。

答案

1. 古某投放放射性物质，侵害不特定人的生命健康，危及公共安全，构成投放危险物质罪，且造成重伤结果，属于投放危险物质致人重伤。

2. 古某在人群聚集地驾车撞人，危及公共安全，且达到了与放火罪等危险性等价的程度，构成以危险方法危害公共安全罪。

3. 古某将徐某撞倒在快车道上，后车碾压导致被害人徐某死亡属于正常介入因素，不切断古某的肇事行为与徐某的死亡结果之间的因果关系。因此，古某的肇事行为与徐某的死亡结果之间存在因果关系。古某的逃逸行为导致被害人死亡，古某属于交通肇事逃逸致人死亡，加重处罚。

成立"交通肇事逃逸致人死亡"并不要求前行为已构成交通肇事罪，辩护律师的主张不会影响案件的认定。

4. 古某的超速行为与后来事故之间不具有法律上的因果关系，因此不能将儿童的死亡结果归责于古某的超速行为。

案例十七 "杜某杀红眼"案

案情：

司机杜某驾驶一辆小货车（严重超载）在某国道上行驶，货主蒋某坐在副驾上押运。此时，一辆小轿车从杜某的货车左侧超车急驶而过，令杜某非常气愤，遂不顾路侧限速50公里/小时标识规定，超速至100公里/小时，驾车追逐小轿车。（事实一）（P1）

杜某在一十字路口处闯红灯，将一骑自行车的行人张某撞倒。杜某下车见张某还有呼吸，遂将张某抱到后车厢里，开车驶往附近村卫生所救治。到达村卫生所后，经医务人员诊治，认定张某病情严重，系重伤，需紧急送往县医院实施开颅手术。杜某、蒋某又开车将张某送往80公里外的县城。途中，蒋某教唆杜某将人扔掉逃走。杜某下车查看后车厢里张某的状况，摸鼻息，见张某似无呼吸，大声呼喊张某5分钟之久也无反应，误认为张某已死亡，遂与蒋某一起将张某的"尸体"抬到路边水沟里隐藏起来，之后逃离现场。随后，群众发现了水沟里的张某，其尚有极其微弱的呼吸。事发地点地处偏僻，半天才拦到一辆车送往县医院抢救，因送治太晚，张某经医治无效死亡。（事实二）（P2）

有群众发现杜某、蒋某二人行径，欲拦截抓捕二人。杜某开车撞向人群，2名群众躲闪不及，被撞成重伤。（事实三）（P3）

事后，蒋某因害怕追究想去公安机关投案，杜某知悉此情况后，潜入蒋某家中（公寓），将蒋某家厨房里的煤气管割开，欲图将蒋某熏死。蒋某半夜起床上厕所，拉开电灯产生火花，点燃煤气，引起大火，将蒋某及周围邻居居住的公寓烧毁，蒋某及5名居民被烧死。（事实四）（P4）

问题：

1. 对于事实一，分析杜某行为的性质，并说明理由。

2. 对于事实二、事实四，分析蒋某、杜某行为的性质，并说明理由。

3. 对于事实三，分析杜某行为的性质，以及蒋某是否对群众重伤的结果负责，并说明理由。

4. 对于事实四，分析杜某行为的性质，并说明理由。

📝 解答思路

S1：通读案情，圈画关键词，做基本的概念翻译和考点对应工作。

问　　题	事　　　　　　实	思路与问题
1. 对于事实一，分析杜某行为的性质，并说明理由。	司机杜某驾驶一辆小货车（严重超载）在某国道上行驶，货主蒋某坐在副驾上押运。此时，一辆小轿车从杜某的货车左侧超车急驶而过，令杜某非常气愤，遂不顾路侧限速50公里/小时标识规定，超速至100公里/小时，驾车追逐小轿车。(P1)	一个人能不能成立"追逐竞驶"型的危险驾驶罪？
2. 对于事实二、事实四，分析蒋某、杜某行为的性质，并说明理由。	杜某在一十字路口处闯红灯，将一骑自行车的行人张某撞倒。杜某下车见张某还有呼吸，遂将张某抱到后车厢里，开车驶往附近村卫生所救治。到达村卫生所后，经医务人员诊治，认定张某病情严重，系重伤，需紧急送往县医院实施开颅手术。杜某、蒋某又开车将张某送往80公里外的县城。(P2)	杜某是否构成交通肇事罪？
	途中，蒋某教唆杜某将人扔掉逃走。杜某下车查看后车厢里张某的状况，摸鼻息，见张某似无呼吸，大声呼喊张某5分钟之久也无反应，误认为张某已死亡，遂与蒋某一起将张某的"尸体"抬到路边水沟里隐藏起来，之后逃离现场。随后，群众发现了水沟里的张某，其尚有极其微弱的呼吸。事发地点地处偏僻，半天才拦到一辆车送往县医院抢救，因送治太晚，张某经医治无效死亡。(P2)	杜某是否属于"交通肇事逃逸致人死亡"？蒋某是否构成交通肇事罪的共同犯罪？

问题	事实	思路与问题
3. 对于事实三，分析杜某行为的性质，以及蒋某是否对群众重伤的结果负责，并说明理由。	有群众发现杜某、蒋某二人行径，欲拦截抓捕二人。杜某开车撞向人群，2名群众躲闪不及，被撞成重伤。（P3）	杜某是构成交通肇事罪还是以危险方法危害公共安全罪？
4. 对于事实四，分析杜某行为的性质，并说明理由。	事后，蒋某因害怕追究想去公安机关投案，杜某知悉此情况后，潜入蒋某家中（公寓），将蒋某家厨房里的煤气管割开，欲图将蒋某熏死。蒋某半夜起床上厕所，拉开电灯产生火花，点燃煤气，引起大火，将蒋某及周围邻居居住的公寓烧毁，蒋某及5名居民被烧死。（P4）	放火致人死亡

S2：分析案件中的法律关系，得出结论。

问题	关键事实	结论和理由
1. 对于事实一，分析杜某行为的性质，并说明理由。	司机杜某驾驶一辆小货车（严重超载）在某国道上行驶，货主蒋某坐在副驾上押运。此时，一辆小轿车从杜某的货车左侧超车急驶而过，令杜某非常气愤，遂不顾路侧限速50公里/小时标识规定，超速至100公里/小时，驾车追逐小轿车。（P1）	[结论] 杜某不构成危险驾驶罪。 [解析] "追逐竞驶"需要有"参照物"，一个人超速不构成危险驾驶罪。
2. 对于事实二、事实四，分析蒋某、杜某行为的性质，并说明理由。	杜某（严重超载）在一十字路口处闯红灯，将一骑自行车的行人张某撞倒。杜某下车见张某还有呼吸，遂将张某抱到后车厢里，开车驶往附近村卫生所救治。到达村卫生所后，经医务人员诊治，认定张某病情严重，系重伤，需紧急送往县医院实施开颅手术。杜某、蒋某又开车将张某送往80公里外的县城。（P2）	[结论] 杜某构成交通肇事罪。 [解析] 杜某严重超载，导致一人重伤，构成交通肇事罪。
	途中，蒋某教唆杜某将人扔掉逃走。杜某下车查看后车厢里张某的状况，摸鼻息，见张某似无呼吸，大声呼喊张某5分钟之久也无反应，误认为张某已死亡，遂与蒋某一起将张某的"尸体"抬到路边水沟里隐藏起来，之后逃离现场。随后，群众发现了水沟里的张某，其尚有极其微弱的呼吸。事发地点地处偏僻，半天才拦到一辆车送往县医院抢救，因送治太晚，张某经医治无效死亡。（P2）	[结论] 杜某属于"交通肇事逃逸致人死亡"；蒋某成立交通肇事罪的共同犯罪。 [解析] 客观上，杜某因为逃逸导致被害人死亡，属于"交通肇事逃逸致人死亡"。交通肇事后，乘车人蒋某指使肇事人杜某逃逸，致使被害人张某因得不到救助而死亡，以交通肇事罪的共犯论处，也适用"交通肇事逃逸致人死亡"的法定刑。

续表

问　　题	关键事实	结论和理由
3. 对于事实三，分析杜某行为的性质，以及蒋某是否对群众重伤的结果负责，并说明理由。	有群众发现杜某、蒋某二人行径，欲拦截抓捕二人。杜某开车撞向人群，2名群众躲闪不及，被撞成重伤。（P3）	[结论] 杜某构成以危险方法危害公共安全罪。 [解析] 程度上，以危险方法危害公共安全罪＞交通肇事罪＞危险驾驶罪。以危险方法危害公共安全罪危及不特定人，是"死一片"；交通肇事罪是结果犯，是"死一个"；危险驾驶罪是抽象危险犯，是"没死呢"。杜某开车撞向人群，危险程度极高，构成以危险方法危害公共安全罪。蒋某没有参与杜某的行为，不构成以危险方法危害公共安全罪。
4. 对于事实四，分析杜某行为的性质，并说明理由。	事后，蒋某因害怕追究想去公安机关投案，杜某知悉此情况后，潜入蒋某家中（公寓），将蒋某家厨房里的煤气管割开，欲图将蒋某熏死。蒋某半夜起床上厕所，拉开电灯产生火花，点燃煤气，引起大火，将蒋某及周围邻居居住的公寓烧毁，蒋某及5名居民被烧死。（P4）	[结论] 杜某属于放火罪（致人死亡）。 [解析] 杜某释放煤气引发火灾，危及公共安全，构成放火罪；导致他人死亡，认定为"放火罪（致人死亡）"，不再单独以故意杀人罪论处。

S3：最后，将结论用"倒置三段论"的方式表达出来。

答案

1. 杜某在道路上驾驶机动车单方面超速追逐，不具备"追逐竞驶"中"竞"的构成要件，因而不构成危险驾驶罪。

2. 杜某严重超载，导致一人重伤，构成交通肇事罪；之后杜某遗弃被害人，使得被害人因得不到及时救治而死亡，属于"交通肇事后逃逸致人死亡"，加重处罚。

蒋某作为乘车人，唆使肇事人逃逸，导致被害人死亡，属于交通肇事罪的共同犯罪，也属于"交通肇事后逃逸致人死亡"，加重处罚。

3. 杜某开车撞向人群，一次行为能够导致大规模人员死伤，其手段方法属于"危险方法"，并且造成了不特定多数人重伤的结果，系危害公共安全的行为，构成以危险方法危害公共安全罪。

蒋某对此行为没有共同行为、共同故意，不构成共同犯罪，不对群众重伤的结果负责。

4. 杜某释放煤气引发火灾，危及公共安全，构成放火罪；导致他人死亡，认定为"放火罪（致人死亡）"，不再单独以故意杀人罪论处。

案例十八　王某及其单位犯罪案

案情：

王某系A公司（具有法人资格的私营企业）的董事长兼总经理。2017年底，王某使用虚假的证明文件，以A公司名义，向B银行（国有控股银行）申请贷款200万元，欲用于A公司生产、销售伪劣白酒。（事实一）（P1）

B银行信贷部主任张某在审核A公司的贷款申请时，发现证明文件有假、贷款条件不符合。为此，王某送与张某20万元，希望网开一面，保证贷款会如期归还，张某遂将款项贷出。（事实二）（P2）

王某将该笔款项投入A公司生产、销售伪劣白酒。后因遭人举报，伪劣白酒未及售出即被查封，导致投资款均不能收回。经查，该酒含有对人体有害的工业酒精，货值金额20万元。（事实三）（P3）

为了弥补亏空，王某编造引资理由，许诺年利率40%的高额利息回报，以A公司名义向社会集资1000万元。A公司将此款多途使用。后因为利率太高，资金无法周转。王某明知不能归还，又集资3000万元，其中的2000万元已被其用于归还之前的利息，导致该笔款项不能归还。经查，A公司另有其他合法经营业务。（事实四）（P4）

另有1000万元，被王某从A公司挪出，与蒋某合伙，从国外走私香烟入境。但蒋某却瞒着王某，在香烟中夹带10支钢珠枪走私入境。后王某、蒋某在销售走私的香烟时被查获，香烟及涉案款项均被没收。经查，二人无烟草销售许可证。（事实五）（P5）

问题：

1. 对于事实一，王某构成何罪？A公司是否构成犯罪？理论上如何处理？
2. 对于事实二，王某、张某构成何罪？A公司是否构成犯罪？请说明理由。
3. 对于事实三，王某构成何罪？A公司是否构成犯罪？请说明理由。
4. 对于事实四，王某构成何罪？A公司是否构成犯罪？请说明理由。
5. 对于事实五，王某、蒋某构成何罪？A公司是否构成犯罪？请说明理由。

📖 解答思路

S1：通读案情，圈画关键词，做基本的概念翻译和考点对应工作。

问　　题	事　　　　实	思路与问题
1. 对于事实一，王某构成何罪？A 公司是否构成犯罪？理论上如何处理？	王某系 A 公司（具有法人资格的私营企业）的董事长兼总经理。2017 年底，王某使用虚假的证明文件，以 A 公司名义，向 B 银行（国有控股银行）申请贷款 200 万元，欲用于 A 公司生产、销售伪劣白酒。(P1)	"非法占有目的"；贷款诈骗罪；单位犯罪问题。
2. 对于事实二，王某、张某构成何罪？A 公司是否构成犯罪？请说明理由。	B 银行信贷部主任张某在审核 A 公司的贷款申请时，发现证明文件有假、贷款条件不符合。(P2)	张某是国家工作人员吗？
	为此，王某送与张某 20 万元。希望网开一面，保证贷款会如期归还，张某遂将款项贷出。(P2)	贿赂关系中，王某和张某如何定性？贷款关系中，王某和张某如何定性？
3. 对于事实三，王某构成何罪？A 公司是否构成犯罪？请说明理由。	王某将该笔款项投入 A 公司生产、销售伪劣白酒。后因遭人举报，伪劣白酒未及售出即被查封，导致投资款均不能收回。经查，该酒含有对人体有害的工业酒精，货值金额 20 万元。(P3)	生产、销售伪劣商品罪的罪名体系和定罪逻辑。

续表

问题	事实	思路与问题
4. 对于事实四，王某构成何罪？A公司是否构成犯罪？请说明理由。	为了弥补亏空，王某编造引资理由，许诺年利率40%的高额利息回报，以A公司名义向社会集资1000万元。A公司将此款多途使用。后因为利率太高，资金无法周转。（P4）	非法吸收公众存款罪。
	王某明知不能归还，又集资3000万元，其中的2000万元已被其用于归还之前的利息，导致该笔款项不能归还。经查，A公司另有其他合法经营业务。（P4）	集资诈骗罪。
5. 对于事实五，王某、蒋某构成何罪？A公司是否构成犯罪？请说明理由。	另有1000万元，被王某从A公司挪出，与蒋某合伙，从国外走私香烟入境。但蒋某却瞒着王某，在香烟中夹带10支钢珠枪走私入境。后王某、蒋某在销售走私的香烟时被查获，香烟及涉案款项均被没收。经查，二人无烟草销售许可证。（P5）	存在哪些法律关系？行为人分别构成哪些犯罪？

S2：分析案件中的法律关系，得出结论。

问题	关键事实	结论和理由
1. 对于事实一，王某构成何罪？A公司是否构成犯罪？理论上如何处理？	⊙王某系A公司（具有法人资格的私营企业）的董事长兼总经理。2017年底，王某使用虚假的证明文件，以A公司名义，向B银行（国有控股银行）申请贷款200万元，欲用于A公司生产、销售伪劣白酒。（P1）	[结论] 王某属于贷款诈骗的行为；对组织者王某认定为贷款诈骗罪。 [解析] "用于生产、销售伪劣白酒"（犯罪活动）说明行为人并不想归还，构成贷款诈骗罪而非骗取贷款罪。 此外，贷款诈骗罪不能由单位构成，A公司不构成贷款诈骗罪，应对组织者王某认定为贷款诈骗罪。
2. 对于事实二，王某、张某构成何罪？A公司是否构成犯罪？请说明理由。	⊙B银行信贷部主任张某在审核A公司的贷款申请时，发现证明文件有假、贷款条件不符合。（P2） ⊙张某遂将款项贷出。（P2）	[结论] 张某构成违法发放贷款罪。 [解析] 违法发放贷款罪的主体是金融机构工作人员。张某虽然不是国家工作人员，但属于金融机构工作人员，可以构成违法发放贷款罪。
	⊙为此，王某送与张某20万元，希望网开一面，保证贷款会如期归还。（P2）	[结论] 张某构成非国家工作人员受贿罪；王某构成对非国家工作人员行贿罪；A公司构成对非国家工作人员行贿罪。 [解析] 国有控股公司不是国有公司，因此，其人员一般不是国家工作人员。张某不是国家工作人员，因此构成非国家工作人员受贿罪。 另外，王某给予贿赂是为A公司谋利，A公司构成对非国家工作人员行贿罪。

续表

问题	关键事实	结论和理由
3. 对于事实三，王某构成何罪？A 公司是否构成犯罪？请说明理由。	⊙王某将该笔款项投入 A 公司生产、销售伪劣白酒。后因遭人举报，伪劣白酒未及售出即被查封，导致投资款均不能收回。经查，该酒含有对人体有害的工业酒精，货值金额 20 万元。（P3）	[结论] A 公司触犯生产、销售有毒、有害食品罪和生产、销售伪劣产品罪（未遂），从一重罪处罚；王某和 A 公司认定相同。 [解析] 遇到生产、销售伪劣商品的案件，先看生产、销售的对象是什么，再看生产、销售的数额有没有达到生产、销售伪劣产品罪的标准（销售 5 万元是既遂，生产 15 万元尚未销售是未遂）。构成 2 个以上生产、销售伪劣商品罪罪名的，从一重罪处罚。本案中，A 公司生产、销售的是对人体有害的工业酒精，触犯生产、销售有毒、有害食品罪；同时，A 公司生产 20 万元尚未卖出，触犯生产、销售伪劣产品罪（未遂），从一重罪处罚。 王某和 A 公司认定相同。
4. 对于事实四，王某构成何罪？A 公司是否构成犯罪？请说明理由。	⊙为了弥补亏空，王某编造引资理由，许诺年利率 40%的高额利息回报，以 A 公司名义向社会集资 1000 万元。A 公司将此款多途使用。后因为利率太高，资金无法周转。（P4）	[结论] A 公司对于之前非法集资 1000 万元的行为以及之后集资 3000 万元中的 1000 万元，构成非法吸收公众存款罪；王某和 A 公司认定相同。 [解析] 非法吸收公众存款罪，是指以高利回报为诱惑，直接或间接向不特定公众吸收存款，进行资本经营的行为。王某以投资为诱惑，吸收不特定公众存款，构成非法吸收公众存款罪。 王某和 A 公司认定相同。
	⊙王某明知不能归还，又集资 3000 万元，其中的 2000 万元已被其用于归还之前的利息，导致该笔款项不能归还。经查，A 公司另有其他合法经营业务。（P4）	[结论] 对于 2000 万元，A 公司构成集资诈骗罪；王某和 A 公司认定相同。 [解析] 对于该 2000 万元，王某明知不能归还而集资，具有非法占有目的，构成集资诈骗罪。 王某和 A 公司认定相同。
5. 对于事实五，王某、蒋某构成何罪？A 公司是否构成犯罪？请说明理由。	⊙另有 1000 万元，被王某从 A 公司挪出，与蒋某合伙，从国外走私香烟入境。但蒋某却瞒着王某，在香烟中夹带 10 支钢珠枪走私入境。后王某、蒋某在销售走私的香烟时被查获，香烟及涉案款项均被没收。经查，二人无烟草销售许可证。（P5）	[结论] 王某挪用单位资金，构成挪用资金罪；王某和蒋某走私香烟，构成走私普通货物、物品罪的共同犯罪；二人私自贩卖香烟，构成非法经营罪的共同犯罪。此外，蒋某单独构成走私武器罪；王某不知情，对此不负责。由于以上行为并非为了 A 公司的利益，因此，A 公司对此不负责。

S3：最后，将结论用"倒置三段论"的方式表达出来。

▶ 答案

1. A 公司骗取银行贷款用于违法活动，具有非法占有目的，属于贷款诈骗行为。但由于贷款诈骗罪不能由单位构成，因此，A 公司不构成贷款诈骗罪，应对组织者王某认定为贷款诈骗罪。

2. 张某作为非国家工作人员，收受他人财物，构成非国家工作人员受贿罪；同时违法发放贷款，构成违法发放贷款罪，与非国家工作人员受贿罪数罪并罚。

王某给予非国家工作人员张某财物，构成对非国家工作人员行贿罪，与事实一中的贷款诈骗罪数罪并罚。

王某给予贿赂是为 A 公司谋利，故 A 公司构成对非国家工作人员行贿罪。

3. A 公司生产、销售有毒、有害的伪劣白酒，构成生产、销售有毒、有害食品罪；同时生产、销售伪劣产品，生产的货值金额超过 15 万元但未销售，构成生产、销售伪劣产品罪（未遂），与生产、销售有毒、有害食品罪从一重罪处罚。王某和 A 公司认定相同。

4. 对于之前非法集资 1000 万元的行为以及之后集资 3000 万元中的 1000 万元，A 公司违反国家规定，以高利回报为诱惑，向不特定公众吸收资金，构成非法吸收公众存款罪。A 公司对之后的 2000 万元具有非法占有目的，构成集资诈骗罪，与非法吸收公众存款罪数罪并罚。王某和 A 公司认定相同。

5. 王某挪用单位资金，构成挪用资金罪；王某和蒋某走私香烟，构成走私普通货物、物品罪的共同犯罪；二人私自贩卖香烟，构成非法经营罪的共同犯罪。此外，蒋某单独构成走私武器罪；王某不知情，对此不负责。由于以上犯罪行为并非基于单位意志，也不是为了单位利益，因此，A 公司对此不负责。

案例十九　骗色又赌博，开设赌场把人打

案情：

2013 年 4 月，李某经人介绍认识了郭某某（女）。李某谎称自己是某省法院处级审判员，可将郭某某的两个儿子安排到省法院汽车队和保卫处工作，骗取了郭某某的信任，不久两人非法同居几个月。随后，李某因租房认识了房东邵某某（女）。李某身着法官制服，自称是某省法院刑一庭庭长，答应将邵某某的女儿调进法院工作，以需要进行疏通为名，骗取了邵某某人民币 4000 元。(P1)

2014 年 12 月，李某购得用于赌博作假的透视扑克牌及隐形眼镜，预谋在赌博中使用。某日下午，李某利用在家中赌博的机会，用该透视扑克牌与他人一起以打"梭哈"的形式进行赌博，李某在赌博过程中继续佩戴隐形眼镜至赌博结束，共赢得现金 48 000 元。(P2)

2016 年 1 月，李某经人介绍负责谷中城公司经营、管理。李某与"乐天堂"网站联系，签订资金支付服务合同；利用该公司管理的在快钱公司中开设的账户，为"乐天堂"等赌博网站提供结算服务，并从中收取服务费。其中，2016 年 3 月，谷中城公司管理的与

"乐天堂"赌博网站对应的系统账户进账人民币650余万元。(P3)

2016年12月,李某酒后驾驶汽车行驶至某路口时,遇民警检查。李某拒不配合检查,欲弃车逃离,被民警带至检查站内进行检查。在检查站内,李某告诉民警自己是省法院领导,希望民警通融,民警拒不理睬。李某推搡拉扯民警,阻碍民警对其检查,将民警余某警服撕破,并将其推倒在地,致余某受轻伤。经鉴定,李某血液酒精含量为206毫克/100毫升。民警后找法院核实李某身份,遂案发。(P4)

问题:

1. 李某冒充法院工作人员的行为应当如何处理?这种冒充行为是否具备法定从重情节?为什么?
2. 李某用透视扑克牌赌博的行为,应当如何处理?为什么?
3. 李某为赌博网站提供结算服务,并从中收取服务费的行为,应当如何处理?为什么?
4. 李某酒后驾车并阻碍民警检查的行为,应当如何处理?为什么?

解答思路

S1：通读案情，圈画关键词，做基本的概念翻译和考点对应工作。

问 题	事 实	思路与问题
1. 李某冒充法院工作人员的行为应当如何处理？这种冒充行为是否具备法定从重情节？为什么？	2013年4月，李某经人介绍认识了郭某某（女）。李某谎称自己是某省法院处级审判员，可将郭某某的两个儿子安排到省法院汽车队和保卫处工作，骗取了郭某某的信任，不久两人非法同居几个月。（P1）	李某对郭某某构成什么犯罪？
	随后，李某因租房认识了房东邵某某（女）。李某身着法官制服，自称是某省法院刑一庭庭长，答应将邵某某的女儿调进法院工作，以需要进行疏通为名，骗取了邵某某人民币4000元。（P1）	李某对邵某某构成什么犯罪？
2. 李某用透视扑克牌赌博的行为，应当如何处理？为什么？	2014年12月，李某购得用于赌博作假的透视扑克牌及隐形眼镜，预谋在赌博中使用。某日下午，李某利用在家中赌博的机会，用该透视扑克牌与他人一起以打"梭哈"的形式进行赌博，李某在赌博过程中继续佩戴隐形眼镜至赌博结束，共赢得现金48 000元。（P2）	李某构成赌博罪还是诈骗罪？
3. 李某为赌博网站提供结算服务，并从中收取服务费的行为，应当如何处理？为什么？	2016年1月，李某经人介绍负责谷中城公司经营、管理。李某与"乐天堂"网站联系，签订资金支付服务合同；利用该公司管理的在快钱公司中开设的账户，为"乐天堂"等赌博网站提供结算服务，并从中收取服务费。其中，2016年3月，谷中城公司管理的与"乐天堂"赌博网站对应的系统账户进账人民币650余万元。（P3）	开设赌场罪。
4. 李某酒后驾车并阻碍民警检查的行为，应当如何处理？为什么？	2016年12月，李某酒后驾驶汽车行驶至某路口时，遇民警检查。李某拒不配合检查，欲弃车逃离，被民警带至检查站内进行检查。（P4）	危险驾驶罪。
	经鉴定，李某血液酒精含量为206毫克/100毫升。民警后找法院核实李某身份，遂案发。（P4）	
	在检查站内，李某告诉民警自己是省法院领导，希望民警通融，民警拒不理睬。李某推搡拉扯民警，阻碍民警对其检查，将民警余某警服撕破，并将其推倒在地，致余某受轻伤。（P4）	袭警罪；故意伤害罪（致人轻伤）。

S2：分析案件中的法律关系，得出结论。

问 题	关键事实	结论和理由
1. 李某冒充法院工作人员的行为应当如何处理？这种冒充行为是否具备法定从重情节？为什么？	⊙李某谎称自己是某省法院处级审判员，可将郭某某的两个儿子安排到省法院汽车队和保卫处工作，骗取了郭某某的信任，不久两人非法同居几个月。（P1）	[结论]李某构成招摇撞骗罪。 [解析]诈骗罪骗取的只能是财物，招摇撞骗罪既可以骗钱，也可以骗色。因此，本案中，李某没有骗取他人财物，仅构成招摇撞骗罪，不构成诈骗罪。
	⊙李某身着法官制服，自称是某省法院刑一庭庭长，答应将邵某某的女儿调进法院工作，以需要进行疏通为名，骗取了邵某某人民币4000元。（P1）	[结论]李某构成诈骗罪和招摇撞骗罪，从一重罪处罚。 [解析]诈骗罪和招摇撞骗罪不是一般罪名与特别罪名的关系，而是应当从一重罪处罚。
2. 李某用透视扑克牌赌博的行为，应当如何处理？为什么？	⊙李某利用在家中赌博的机会，用该透视扑克牌与他人一起以打"梭哈"的形式进行赌博，李某在赌博过程中继续佩戴隐形眼镜至赌博结束，共赢得现金48 000元。（P2）	[结论]李某构成诈骗罪。 [解析]"赌博"的本质是"射幸行为"，即结局具有随机性。由于李某在赌博中作弊，因此，李某赢的结局已经注定，其不构成赌博罪，而是构成诈骗罪。
3. 李某为赌博网站提供结算服务，并从中收取服务费的行为，应当如何处理？为什么？	⊙李某经人介绍负责谷中城公司经营、管理。（P3） ⊙李某与"乐天堂"网站联系，签订资金支付服务合同；利用该公司管理的在快钱公司中开设的账户，为"乐天堂"等赌博网站提供结算服务，并从中收取服务费。（P3）	[结论]李某构成开设赌场罪的帮助犯，同时构成帮助信息网络犯罪活动罪，从一重罪处罚。 [解析]构成帮助信息网络犯罪活动罪，又构成其他罪的帮助犯的，从一重罪处罚。
4. 李某酒后驾车并阻碍民警检查的行为，应当如何处理？为什么？	⊙2016年12月，李某酒后驾驶汽车行驶至某路口。（P4） ⊙经鉴定，李某血液酒精含量为206毫克/100毫升。（P4）	[结论]李某构成危险驾驶罪。 [解析]"醉酒驾驶"不同于"酒后驾驶"，醉酒驾驶是指驾驶机动车，血液中的酒精含量达到80毫克/100毫升以上的。李某醉酒驾驶机动车，构成危险驾驶罪。
	⊙李某推搡拉扯民警，阻碍民警对其检查，将民警余某警服撕破，并将其推倒在地，致余某受轻伤。（P4）	[结论]李某以暴力袭击警察，构成袭警罪，与故意伤害罪从一重罪处罚。

S3：最后，将结论用"倒置三段论"的方式表达出来。

答案

1. 李某冒充国家机关工作人员骗郭某某，构成招摇撞骗罪。之后李某冒充国家机关工作人员骗取邵某某财物，同时构成诈骗罪与招摇撞骗罪，从一重罪处罚。"冒充人民警察招摇撞骗"的才从重处罚，由于李某并非冒充警察，因此不属于法定从重情节。

2. 李某利用透视扑克牌赌博，控制赌博输赢，欺骗他人获取财物，构成诈骗罪。由于行为背离了赌博的"随机性"本质，因此，李某不构成赌博罪。

3. 李某为他人开设赌场提供帮助，属于开设赌场罪的帮助犯，同时构成帮助信息网络犯罪活动罪，从一重罪处罚。

4. 李某醉酒驾驶机动车，构成危险驾驶罪。之后李某暴力袭击正在依法执行公务的人民警察，构成袭警罪，与故意伤害罪从一重罪处罚，再与危险驾驶罪数罪并罚。

"观点展示"型

案例二十 特定罪名的观点展示

问题1: 甲绑架乙之后用花瓶猛击乙的头部,但乙没有死亡,只受轻伤。对于本案,存在两种观点:第一种观点认为,甲成立绑架罪一罪,加重处罚;第二种观点认为,甲成立绑架罪和故意杀人罪,数罪并罚。请分别说明理由。

问题2: 甲进入超市抢劫得逞之后,在门口遇到保安,甲为了抗拒抓捕而将保安打成重伤。对于本案,存在两种观点:第一种观点认为,甲属于转化抢劫;第二种观点认为,甲成立抢劫罪与故意伤害罪,数罪并罚。请分别说明理由。

问题3: 甲教唆乙实施抢劫,乙只实施了盗窃行为。对于本案,存在两种观点:第一种观点认为,甲成立抢劫罪的教唆犯;第二种观点认为,甲成立盗窃罪的教唆犯。请分别说明理由。

问题4: 甲出于报复,将乙家的窗户砸碎。后来查明,乙家发生了煤气泄漏,甲砸碎窗户的行为恰好救了乙。对于本案,存在两种观点:第一种观点认为,甲构成故意毁坏财物罪;第二种观点认为,甲不构成犯罪。请分别说明理由。

> 解答思路

S1：先预估出两种可能的结论，再找到可能导致结论不同的核心点，并找出表达关键词。

	结 论	理 由	区分核心	关键词
问题1	绑架罪，加重处罚	绑架罪可以吸收故意杀人未遂	如何理解"绑架并杀害被绑架人"	"绑架并杀害被绑架人"；绑架罪；加重处罚
	绑架罪和故意杀人罪，数罪并罚	绑架罪不可以吸收故意杀人未遂		
问题2	转化为抢劫罪	前置罪名是普通抢劫的，也可以转化抢劫	普通抢劫是否可以解释进转化抢劫的前置罪名（盗窃罪、诈骗罪、抢夺罪）中？	转化抢劫；抢劫致人重伤
	抢劫罪与故意伤害罪，数罪并罚	前置罪名是普通抢劫的，不可以再转化，只能按照原则数罪并罚		
问题3	抢劫罪的教唆犯	教唆的内容是抢劫，应当构成抢劫罪	教唆犯的认定是否从属于正犯？	"共犯从属性"与"共犯独立性"；盗窃罪与抢劫罪
	盗窃罪的教唆犯	实行行为是盗窃，教唆者也只构成盗窃罪		
问题4	故意毁坏财物罪	需要具有避险意思才能成立紧急避险	偶然避险中，避险意思是否必要？	偶然避险；"避险意思不要说"；"避险意思必要说"
	不构成犯罪	不需要具有避险意思就能成立紧急避险		

S2：对结论凑出表达即可。

> 答案

问题1：甲绑架之后实施杀人行为，但未造成死亡结果。对于甲的行为认定，存在两种观点：

第一种观点认为，绑架之后只要有杀人的行为就属于"绑架并杀害被绑架人"，甲符合这一条件，属于"绑架并杀害被绑架人"。但由于没有造成死亡结果，因此同时适用犯罪未遂的规定，从宽处罚。

第二种观点认为，绑架之后需要有杀人行为且造成死亡结果才能认定为"绑架并杀害被绑架人"，甲没有导致被害人死亡，不符合这一条件。因此，甲只能认定为绑架罪的基本情节，之后构成故意杀人罪（未遂），数罪并罚。

问题2：甲实施抢劫之后为了抗拒抓捕而使用暴力，导致他人重伤。对于甲的行为认定，存在两种观点：

第一种观点认为，转化抢劫的前置罪名（盗窃罪、诈骗罪、抢夺罪）当然包括抢劫行为，则甲实施抢劫行为之后为了抗拒抓捕而使用暴力，转化为抢劫罪，且属于"抢劫致人重伤"。

第二种观点认为，转化抢劫的前置罪名（盗窃罪、诈骗罪、抢夺罪）不包括抢劫行为，则甲在抢劫之后使用暴力，不能再转化为抢劫罪，只能认定为普通抢劫与故意伤害罪，数罪并罚。

问题3：甲教唆乙抢劫，但乙实施了盗窃。对于甲的行为认定，存在两种观点：

第一种观点认为，甲教唆的内容是抢劫，因此，甲构成抢劫罪的教唆犯。乙没有按照甲教唆的内容实行，甲构成抢劫罪的教唆犯（未遂）。

第二种观点认为，甲的罪名认定从属于正犯，乙实施的是盗窃行为，因此，甲只构成盗窃罪的教唆犯。

问题4：甲主观上意图实施故意毁坏财物的行为，但客观上保全了更大的法益，造成了紧急避险的效果，属于"偶然避险"。对甲的行为认定，存在两种观点：

第一种观点认为，避险意思是成立紧急避险所必要的，甲虽然在客观上保护了更大的法益，但主观上有毁坏财物的故意，缺乏避险意思，因此构成故意毁坏财物罪。

第二种观点认为，避险意思是不必要的，甲客观上保护了更大的法益，属于紧急避险，不构成犯罪。

"论述写作"型

案例二十一　材料论述题

材料：

《刑法》第263条规定："以暴力、胁迫或者其他方法抢劫公私财物的，处3年以上10年以下有期徒刑，并处罚金；有下列情形之一的，处10年以上有期徒刑、无期徒刑或者死刑，并处罚金或者没收财产：……⑥冒充军警人员抢劫的；……"

甲作为军警人员，展示自己的身份并实施抢劫，是否适用抢劫罪的加重情节？有学者认为，军警人员展示自己的身份实施抢劫，是比假冒军警抢劫更为严重的情况，而"冒充"可以解释为"假冒"和"充当"。因此，军警人员展示自己的身份实施抢劫的，也属于"冒充"军警人员抢劫。

问题： 结合材料，试从刑法解释、罪刑法定原则、罪刑相适应原则角度评价上述材料中的观点。

_____

_____

_____

_____

解答思路

S1：建立论述框架，确立每一段的核心思想。

段　落	论述核心	关键词
第一段	扩大解释和类推的界限	扩大解释；类推；可预期
第二段	罪刑法定和罪刑相适应原则	罪刑法定；保障人权；罪刑相适应
第三段	"冒充"能否理解为包括"充当"	"冒充"

S2：填充框架，将论述核心和关键词通过完整的句子结构表达出来。

答案

刑法中，扩大解释和类推的界限在于是否超过国民的预期，在一般人看来是否具有语言的可预测性。对刑法分则条文的解释，必须同时符合两个要求：一是不能超出刑法用语可能具有的含义，二是必须符合刑法分则条文的目的。

因此，在对语词进行理解的时候，需要兼顾与平衡"罪刑法定原则"与"罪刑相适应原则"的关系。一方面，刑法禁止不利于行为人的类推。由于"罪刑法定原则"通过立法权限制了司法权的不当扩张，而立法者事先规定犯罪与刑罚的内容，使得国民能够提前预测自己行为的法律效果，起到保障人权的作用，因此，对刑法中语词的理解必须遵循一般人的认知，不得超出社会一般人的认知范围，否则就与刑法通过文字形成的规范指引国民的目的相悖。另一方面，"罪刑相适应原则"要求犯罪人所犯的罪行与应承担的刑事责任应当相当，重罪重判、轻罪轻判。在对刑法中语词进行理解的时候，需要同时遵循"罪刑法定原则"与"罪刑相适应原则"的要求。

军警人员展示自己的身份实施抢劫的，由于动摇了军警人员的公信力，因此在社会危险性上高于假冒军警抢劫的情形。根据"罪刑相适应原则"的要求，军警人员展示自己的身份实施抢劫的情况更加应当按照抢劫罪加重处罚。但是，从"罪刑法定原则"的角度来说，"冒充"一词有其在日常生活中相对固定的用法，将"冒充"理解为"假冒"和"充当"不符合一般人的表达习惯，超出了国民的预期。因此，为了维护刑法中最基本的"罪刑法定原则"，不宜将军警人员展示自己的身份实施抢劫的情形纳入"冒充军警人员抢劫"的解释范畴，而是应当通过立法的方式填补法律漏洞，做到罪刑相适应。

声　明　1. 版权所有，侵权必究。

　　　　　2. 如有缺页、倒装问题，由出版社负责退换。

图书在版编目（CIP）数据

2023年国家法律职业资格考试主观题沙盘推演.刑法/陈橙编著.—北京：中国政法大学出版社，2023.6

ISBN 978-7-5764-0955-0

Ⅰ.①2… Ⅱ.①陈… Ⅲ.①刑法－中国－资格考试－自学参考资料 Ⅳ.①D920.4

中国国家版本馆CIP数据核字(2023)第111299号

出 版 者	中国政法大学出版社
地　　址	北京市海淀区西土城路25号
邮寄地址	北京100088 信箱8034分箱　邮编100088
网　　址	http://www.cuplpress.com（网络实名：中国政法大学出版社）
电　　话	010-58908285(总编室) 58908433（编辑部）58908334(邮购部)
承　　印	三河市华润印刷有限公司
开　　本	787mm×1092mm　1/16
印　　张	14.25
字　　数	345千字
版　　次	2023年6月第1版
印　　次	2023年6月第1次印刷
定　　价	77.00元

厚大法考(北京)2023年二战主观题教学计划

班次名称	授课时间	标准学费(元)	授课方式	阶段优惠(元) 7.10前	阶段优惠(元) 8.10前	配套资料
主观旗舰A班	6.6~10.10	56800	网授+面授	2022年主观题分数≥90分的学员,2023年未通过,全额退费;≤89分的学员,2023年未通过,退46800元。		本班配套图书及内部讲义
主观旗舰B班	6.6~10.10	36800	网授+面授	已开课		
主观集训A班	7.15~10.10	46800	面授	2022年主观题分数≥90分的学员,2023年未通过,全额退费;≤89分的学员,2023年未通过,退36800元。		
主观集训B班	7.15~10.10	26800	面授	18800	19800	
主观特训A班	8.15~10.10	36800	面授	2022年主观题分数≥90分的学员,2023年未通过,全额退费;≤89分的学员,2023年未通过,退26800元。		
主观特训B班	8.15~10.10	19800	面授	14800	15800	

其他优惠：

1. 3人（含）以上团报，每人优惠300元；5人（含）以上团报，每人优惠500元。
2. 厚大老学员在阶段优惠基础上再优惠500元，不再适用团报政策。
3. 协议班次无优惠，不适用以上政策。

【总部及北京分校】北京市海淀区花园东路15号旷怡大厦10层　　电话咨询：4009-900-600-转1-再转1

二战主观面授咨询

厚大法考(上海)2023年主观题面授教学计划

班次名称		授课时间	标准学费(元)	阶段优惠(元) 7.10前	阶段优惠(元) 8.10前	备注
至尊系列	九五至尊班	5.22~10.12	199000（专属自习室）	①协议班次无优惠,订立合同；②2023年主观题考试过关,奖励30000元；③2023年主观题考试未过关,全额退还学费,再返30000元；④资深专业讲师博导式一对一辅导。		
			99000（专属自习室）	①协议班次无优惠,订立合同；②2023年主观题考试未过关,全额退还学费；③资深专业讲师博导式一对一辅导。		
	主观尊享班		45800（专属自习室）	已开课		
	主观至尊班	6.25~10.12	39800（专属自习室）	40000	已开课	
大成系列	主观长训班	6.25~10.12	32800	28800	已开课	本班配套图书及内部资料
	主观集训VIP班	7.20~10.12	25800	①专属辅导,一对一批阅；②赠送专属自习室。		
	主观集训班A模式			21800	23800	
	主观集训班B模式			①协议班次无优惠,订立合同；②2023年主观题考试未过关,退15800元。		
	主观特训班	8.20~10.12	22800	18800	19800	
	主观高效提分VIP班	9.3~10.12	18800	①专属辅导,一对一批阅；②赠送专属自习室。		
	主观高效提分班A模式			16800	17800	
	主观高效提分班B模式			①协议班次无优惠,订立合同；②2023年主观题考试未过关,退10000元。		
冲刺系列	主观短训班	9.20~10.12	13800	9800	10800	
	主观短训VIP班			①专属辅导,一对一批阅；②赠送专属自习室。		
	主观决胜班	9.25~10.12	12800	7800	8800	
	主观决胜VIP班			①专属辅导,一对一批阅；②赠送专属自习室。		
	主观点睛冲刺班	10.5~10.12	6800	4580	4980	

其他优惠：

1. 多人报名可在优惠价格基础上再享团报优惠：3人（含）以上报名,每人优惠200元；5人（含）以上报名,每人优惠300元；8人（含）以上报名,每人优惠500元。
2. 厚大面授老学员报名再享9折优惠。

PS：课程时间将根据2023年司法部公布的考试时间作相应调整。

【松江教学基地】上海市松江大学城文汇路1128弄双创集聚区3楼301室　咨询热线：021-67663517
【市区办公室】上海市静安区汉中路158号汉中广场1204室　咨询热线：021-60730859

厚大法考APP　　厚大法考官博　　上海厚大法考官博　　上海厚大法考官微

厚大法考(成都)2023年主观题面授教学计划

班次名称		授课时间	标准学费(元)	授课方式	阶段优惠(元)			配套资料
					7.10前	8.10前	9.10前	
大成系列 (全日制脱产)	主观集训A班	7.8~10.7	25800	直播+面授	16800	已开课		二战主观题资料包 (考点清单、沙盘推演、万能金句电子版)+ 随堂内部讲义
	主观集训B班	7.8~10.7	25800	直播+面授	签订协议,无优惠。2023年主观题未通过,退20000元。专属辅导,一对一批阅。			
	主观特训A班	8.10~10.7	22800	直播+面授	13800	14800	已开课	
	主观特训B班	8.10~10.7	22800	直播+面授	签订协议,无优惠。2023年主观题未通过,退17000元。专属辅导,一对一批阅。			
冲刺系列 (全日制脱产)	主观短训A班	9.18~10.7	16800	直播+面授	9080	9380	9580	沙盘推演+ 万能金句电子版+ 随堂内部讲义
	主观短训B班	9.18~10.7	16800	直播+面授	签订协议,无优惠。2023年主观题未通过,退15800元。专属辅导,一对一批阅。			
	主观衔接班	9.25~10.7	12800	直播+面授	8080		8580	随堂内部讲义
	主观密训营	10.1~10.7	11800	面 授	5080		5580	
周末系列 (周末在职)	主观周末全程班	4.3~10.7	20800	直播+面授	11800	12800	13800	二战主观题资料包 (考点清单、沙盘推演、万能金句电子版)+ 随堂内部讲义
	主观周末特训班	8.5~10.7	16800	直播+面授	9080	9380	9580	

其他优惠:

1. 多人报名可在优惠价格基础上再享团报优惠:3人(含)以上报名,每人优惠200元;5人(含)以上报名,每人优惠300元;8人(含)以上报名,每人优惠400元。
2. 厚大老学员(直属面授)报名再享9折优惠,厚大老学员(非直属面授)报名优惠200元。
3. 公检法司所工作人员凭工作证报名优惠500元。

【成都分校】四川省成都市成华区锦绣大道5547号梦魔方广场1栋1318室   咨询热线:028-83533213

厚大法考APP   厚大法考官博   成都厚大法考官微

厚大法考(郑州)2023年二战主观题教学计划

班次名称		授课时间	标准学费(元)	授课方式	阶段优惠(元)		配套资料
					7.10 前	8.10 前	
大成系列	主观集训 A 班	7.20~10.10	36800	网授+面授	2022年主观题分数≥90分的学员,若2023年主观题未通过,全额退费;2022年主观题分数≤89分的学员,若2023年主观题未通过,退26800元。一对一批改服务、班班督学、一对一诊断学情、针对性提升、课程全面升级。		配备本班次配套图书及随堂内部资料
	主观集训 B 班	7.20~10.10	29800	网授+面授	11300	已开课	
	主观特训 A 班	8.20~10.10	31800	网授+面授	协议保障,若2023年主观题未通过,退21800元。一对一批改服务、班班督学、一对一诊断学情、针对性提升、课程全面升级。		
	主观特训 B 班	8.20~10.10	25800	网授+面授	9800	10300	

其他优惠:

1. 多人报名可在优惠价格基础上再享团报优惠:3人(含)以上报名,每人优惠180元;5人(含)以上报名,每人优惠280元。
2. 厚大面授老学员在阶段优惠价格基础上再优惠500元,不再享受其他优惠,冲刺班次和协议班次除外。

【郑州分校地址】河南省郑州市龙湖镇(南大学城)泰山路与107国道交叉口向东50米路南厚大教学
咨询电话:杨老师17303862226　李老师19939507026　姚老师19939507028

| 厚大法考APP | 厚大法考官微 | 厚大法考官博 | QQ群:712764709 | 郑州厚大官博 | 郑州厚大官微 |

厚大法考(西安)2023年主观题面授教学计划

	班次名称	授课时间	标准学费(元)	授课方式	阶段优惠(元) 6.10前	7.10前	8.10前
大成系列	主观旗舰A班	5.12~10.8	36800	网授+面授	2022年主观题分数≥90分的学员,2023年未通过,全额退费。2022年主观题分数<90分的学员,2023年未通过,退28000元。		
	主观旗舰B班	5.12~10.8	18880	网授+面授	12380	已开课	
	主观通关A班	6.18~10.8	25800	网授+面授	2023年主观题未通过,退16000元。座位优先,面批面改,带练带背。		
	主观通关B班	6.18~10.8	16800	网授+面授	11880	12380	已开课
	主观集训A班	7.10~10.8	21800	网授+面授	2023年主观题未通过,退12000元。座位优先,面批面改,带练带背。		
	主观集训B班	7.10—10.8	13880	网授+面授	10880	11380	11880
	主观特训A班	8.20~10.8	18800	网授+面授	2023年主观题未通过,退10000元。座位优先,面批面改,带练带背。		
	主观特训B班	8.20~10.8	11880	网授+面授	8880	9380	9880

其他优惠:

1. 多人报名可在优惠价格基础上再享团报优惠:3人(含)以上团报,每人优惠300元;5人(含)以上团报,每人优惠500元;8人(含)以上团报,每人优惠800元。
2. 老学员优惠500元,不再享受其他优惠。
3. 协议班次无优惠,不适用以上政策。

【西安分校地址】陕西省西安市雁塔区长安南路449号丽融大厦1802室

| 厚大法考APP | 厚大法考官博 | 西安厚大法考微信公众号 | 西安厚大法考QQ服务群 | 西安厚大官博 |

厚大法考(广州)2023年主观题面授教学计划

班次名称		授课时间	标准学费(元)	阶段优惠(元)			配套资料
				7.10前	8.10前	9.10前	
全日制脱产系列	主观集训班	7.8~10.7	30800	18800	20800	——	二战主观题资料包(考点清单、沙盘推演、万能金句电子版)+课堂内部讲义
	主观暑期班	7.8~9.3	20800	11800	12800	——	
	主观特训班	8.10~10.7	23800	14800	15800	16800	
周末在职系列	主观周末全程班(视频+面授)	5.6~10.7	20800	已开课			
	主观周末特训班	8.5~10.7	16800	12300	12800	13800	
冲刺系列	主观短训班	9.18~10.7	19800	10300	10800		沙盘推演+万能金句电子版+课堂内部讲义
	主观衔接班	9.25~10.7	14800	8000	9000		课堂内部讲义
	主观密训营	10.1~10.7	11800	5500	6000		随堂密训资料

其他优惠: 详询工作人员

【广州分校】 广东省广州市海珠区新港东路1088号中洲交易中心六元素体验天地1207室
咨询热线:020-87595663 020-85588201

厚大法考APP　　厚大法考官博　　广州厚大法考官微

厚大爱题库
专于考试精于题

爱题库APP　　爱题库 微博

法考刷题,就用厚大爱题库!

多: 2002-2021,主观题客观题,模拟题真题,应有尽有。

细: 名词解析细致,法条罗列清晰,重点明确,解析精细。

新: 按照新考纲、新法条及时修改解析,越新越应试。

趣: 法考征途,边做题边升级,寓学于乐,助力法考!

2023年主观题民商事融合一本通

只需这一本解锁民、商、诉 稳拿分　　搭配64课时配套课程 免费学习

民商综合历年真题 (6道)

+

民综高质量10道模拟题

+

商法5年真题 (5道)

+

商法5道高质量模拟题

总计26道案例

一本书帮你拿下主观题一半分值

你要不要？

民事融合56分+商法28分=84分

高效备考　精选案例　专业讲解

紧扣命题规律，与时俱进
一本书，
足以解决你民商诉备考中面临的困扰。
懂你，更懂命题人！

图书邮寄　7月中旬开始陆续邮寄

课程时间　8月上旬配套课程开课

立即扫码购买

2023年主观题考前60天冲关班

| 全程督学 | 任务清单 | 专属答疑 | 人工批阅 | 考点带背 | 三位一体 | 专项提升 |

课程周期:8月中-10月14日

精选高质量模拟大案例

15道人工一对一精细化批阅

考点带背梳理知识体系

法条定位专项提升

三位一体多轮巩固

2023年主观题 考前60天冲关班
- 核心要点巩固·筑地基
- 知识法条案例·促输出
- 考点带背梳理·理脉络
- 人工精细批阅·稳提升
- 考前预测梳理·强聚焦

阶段设置

| 第一阶段 | 考点带背梳理 | 第三阶段 | 法条专项提升 |
| 第二阶段 | 大案例带写特训 | 第四阶段 | 三位一体 |

第五阶段　考前模拟预测

▶ 普通模式
扫码获取
更多课程介绍

▶ 协议模式
扫码获取
更多课程介绍